Alexandre Carathéodory

DE L'ERREUR
EN MATIÈRE CIVILE
D'APRÈS
LE DROIT ROMAIN
ET LE CODE NAPOLÉON

Elibron Classics
www.elibron.com

Elibron Classics series.

ISBN 0-543-97706-4 (paperback)
ISBN 0-543-97705-6 (hardcover)

This Elibron Classics Replica Edition is an unabridged facsimile of the edition published in 1860, Paris.

Faculté de Droit de Paris.

DE L'ERREUR

EN MATIÈRE CIVILE

D'APRÈS

LE DROIT ROMAIN

ET LE CODE NAPOLÉON

THÈSE POUR LE DOCTORAT

L'acte public sur les matières ci-après sera présenté et soutenu le jeudi 16 août 1860, à 9 heures et demie,

PAR

M. Alexandre CARATHÉODORY,
Né à Constantinople.

Président : M. VALETTE, *Professeur.*

Suffragants : MM. ROYER-COLLARD, PELLAT, *Professeurs.* LABBÉ, VERNET, *Agrégés.*

Le Candidat répondra en outre aux questions qui lui seront faites sur les autres matières de l'enseignement.

PARIS
TYPOGRAPHIE CHARLES NOBLET
18, RUE SOUFFLOT, 18

1860

A MON PÈRE, A MA MÈRE.

DE

L'ERREUR EN MATIÈRE CIVILE

D'APRÈS

LE DROIT ROMAIN ET LE CODE NAPOLÉON

« Il ne faut pas confondre les questions « où l'on doit répondre par la cause for- « melle avec celles où l'on doit répondre « par la cause efficiente, ni demander de « cause formelle de la cause formelle, ce « qui est une source de beaucoup d'er- « reurs, mais répondre par la cause effi- « ciente. »

ARNAULD,
(*Des vraies et des fausses idées*, ch. I.)

INTRODUCTION

I.

DE L'ERREUR EN GÉNÉRAL.

L'erreur est non-seulement le contraire de la vérité, mais plus généralement tout ce qui diffère de la vérité. En toutes choses il y a une vérité, et une seule, tandis que le nombre des erreurs peut être infini. Aussi, la connaissance et le classement des erreurs de notre esprit ont-ils défié, pour ainsi dire, à toutes les époques, les efforts et le génie des plus grands philosophes. Cet insuccès tient-il à la difficulté du sujet, ou bien y a-t-il, comme on l'a prétendu, contradiction à chercher la loi de la négation de la loi elle-même? Ce n'est pas ici le lieu d'approfondir cette question (1). Constatons seulement, avant de passer à l'examen de l'erreur juridique en matière civile (examen qui fait l'objet de ce travail), que la théorie de l'erreur traitée successivement par Aristote (2), par l'école Cartésienne (3), par Condillac (4), surtout par Bacon (5) et l'école Écossaise (6), envi-

(1) Kant., *Introd. à la Logique*, traduction Tissot, p. 79.

(2) Ἔλεγχοι σοφιστικοί. Philosophe logicien par excellence, Aristote a surtout traité des erreurs qui ont leur source dans un mauvais emploi des formes du raisonnement. V. aussi *Log. de Port-Roy.*, 3e partie, chap. 19.

(3) Le thème des Cartésiens n'est que le développement de cette idée du *Discours*, que l'erreur doit être rapportée à une seule cause : la précipitation à juger, l'abus de la liberté qui se porte à affirmer avant que l'esprit soit suffisamment éclairé. Cf. *Méditations*, édition de Jules Simon, p. 101.

(4) Exagérant peut-être les secours que le langage prête à la pensée, Condillac réduisait toutes nos erreurs à des malentendus. Sa proposition fondamentale, c'est qu'une *science achevée est une langue bien faite*. V. sur cette proposition l'*Essai de philos.*, par Amédée Jacques, etc., p. 283.

(5) *De dign. et augm.* l. v, ch. iv, et *nov. Org.*, l. i, aph. 39 et s. C'est là qu'on trouve la célèbre classification quadripartie de l'erreur en : 1° *idola tribus;* 2° *idola specus;* 3° *idola fori;* 4° *idola theatri.* Cf. *Pellissier*, Logique, 2e éd., p. 253 et s.

(6) Reid. *Essai. s. l. fac. intell.*, essai vi, § 8, t. v, p. 182.

sagée dans ces derniers temps sous un jour nouveau par les synonymistes (1) ; constatons, disons-nous, que cette théorie philosophique est en elle-même trop peu avancée pour qu'elle puisse fournir quelque secours pratique dans son application aux diverses sciences.

II.

DE L'ERREUR JURIDIQUE ET DE LA PLACE QUE SA THÉORIE DOIT OCCUPER DANS UNE EXPOSITION SYSTÉMATIQUE DU DROIT.

Le champ de la théorie de l'erreur juridique elle-même apparaît d'abord sans limites. Quel moyen y a-t-il, en effet, pour épuiser les combinaisons innombrables que peut présenter l'erreur sur une seule question ? Évidemment aucun ; mais, hâtons-nous de le dire, ce serait aussi se faire une idée bien fausse de la question, que de croire un pareil procédé nécessaire. De même que dans la quantité infinie des sons articulés, il n'y en a qu'un nombre relativement très-restreint auquel l'usage du langage a attaché un sens et des idées précises ; de même, il n'y a aussi qu'un petit nombre de faits que le législateur (2) a admis comme éléments de formation

(1) Lafaye, *Dictionn. des synonymes*, p. LXXII.

(2) Le mot législateur doit être entendu ici *lato sensu*. Il com-

des divers rapports juridiques (1). L'erreur tombe-t-elle ailleurs que sur un de ces points essentiels à la formation du rapport juridique ? Inutile de s'en préoccuper. Dans le cas contraire, l'erreur ou bien annule ou bien modifie l'élément sur lequel elle porte, et dans ces deux cas, la question résultante est la même, à savoir : l'ensemble de ces éléments ainsi modifiés par la présence de l'erreur constitue-t-il un rapport juridique, et quel est ce rapport ?

Supposons, pour rendre l'idée plus claire, que, tous l'empire du Code Napoléon, deux personnes rédigent leur contrat de mariage et que plus tard l'une d'elles refuse de se prêter à la célébration du mariage. Qu'en résultera-t-il ? D'abord, la nullité du contrat de mariage, la loi ne reconnaissant aucune efficacité à un pareil contrat tant que le mariage n'aura pas été célébré. Voilà pour ce qui a trait à cette relation juridique des parties contractantes. Quant aux illusions que l'une des parties a pu entretenir sur la bonne volonté de l'autre, sur son désir de contracter cette union, etc., toutes ces erreurs, soutes ces illusions sont absolument insignifiantes,

prend le législateur proprement dit, l'interprète officiel ou doctrinal, et la coutume, ou plutôt l'esprit de la coutume, car *celle-ci*, pour nous servir d'une expression très-heureuse, *n'engendre pas le droit; elle est seulement le signe auquel on le reconnaît*. Cf. Savigny, *Traité*, I, p. 34. — Puchta, *das Gewohnheitsrecht*.

(1) Sav., *Traité*, I, p. 7. — Puchta, *Instit.*, I, ch. 3. *System der Rechtsverhaeltnissen*,

puisque le plus ou le moins d'inclination des époux n'est pas pris en considération par la loi en pareille matière. Mais que la conduite de l'une des parties ait tant soit peu revêtu des allures plus nettement accusées, et aussitôt l'erreur dans laquelle l'autre partie est tombée pourra contribuer à former un ensemble de circonstances tel qu'il en résulte pour la partie trompée une action en dommages-intérêts, conformément à l'art. 1382 (1).

L'erreur peut-elle non-seulement contribuer à la formation du rapport juridique, comme dans l'exemple précédent lorsqu'il s'est agi des dommages-intérêts motivés par l'erreur, mais devenir aussi directement l'objet de dispositions législatives, comme on croit en général le voir dans l'usucapion?

Nous aurons l'occasion d'examiner plus tard cette question. Pour le moment, nous nous contentons de dire que, quant à une théorie générale de l'erreur qui puisse trouver rang dans la partie générale d'une exposition systématique du droit, théorie telle que celle

(1) Il est bon de faire remarquer qu'il en est des règles qui régissent le langage comme de celles qui régissent le droit. Elles se fondent sur des données positives, et tout ce qui reste en dehors de ces règles est une erreur, une construction vicieuse, qui logiquement n'aura aucun sens. Sur les analogies de l'étude des langues et de l'étude de la formation du droit, Cf. Puchta. *Instit* I, p. 36. — Jhering, *Geist. des R. R.*, I, p. 24. Pott., *Etymologische Untersuhungen, auf dem gebiete der Indo-Germanischen Sprachen*, I. p. 145.

qu'on place ordinairement à proximité du dol et de la violence (1), si le but de ce travail est atteint, il sera démontré qu'il n'en existe pas, et que notamment les principes sur lesquels on la fait reposer en droit romain sont loin d'avoir l'importance que les commentateurs modernes leur ont assigné.

(1) C'est ce qu'on voit dans les ouvrages de Savigny, Puchta, Vangerow.

DROIT ROMAIN

BIBLIOGRAPHIE.

Il est étonnant combien la littérature de cette partie du droit est pauvre. Cela tient probablement à la confusion des idées qui pendant longtemps a régné sur ce sujet et qui y règne en partie encore.

Dans presque tous les traités de droit romain publiés en Allemagne, on voit, il est vrai, une partie consacrée à l'erreur, mais rarement y trouve-t-on autre chose qu'une simple répétition des idées des plus anciens commentateurs. Aussi Cujas (1) et Doneau (2) parmi les anciens romanistes, Vange-

(1) Observ., v. 39. — Recit. in. Dig., XXII, 6, Opp., VII, 886-896. — *In Papin. quæst,* XIX, ad. l. 7, *De j. et f. ign.* Opp., IV, 502. — In Papin. defin., I., ad. l. 8, eod. Opp., IV, 1429.

(2) Donelli, comment. I, 18-23.

row (1) et Savigny (2) parmi les modernes, ont été nos principaux guides dans cette recherche; guides incertains puisque la plupart du temps ils sont loin d'être d'accord entre eux. M. de Savigny est incontestablement celui qui s'est livré à l'examen le plus minutieux; mais son travail, qu'on ne saurait trop admirer pour la variété et le nombre des textes qui s'y trouvent rapportés, ne mérite pas les mêmes éloges comme déduction juridique. Le procédé de M. Savigny consiste à mettre de côté comme inexactes les trois règles générales que les Romains ont laissées sur l'erreur et à y substituer d'autorité le principe de l'*excusabilité* ou de l'*inexcusabilité* de l'erreur, principe qui, par son élasticité même, peut fournir des conciliations faciles de lois discordantes en apparence, mais qui n'en doit pas moins être déclaré inadmissible. Un tel principe tend à faire dépendre en dernier ressort toute question de droit d'une question d'excusabilité, qui dominerait ainsi toutes les autres règles et les rendrait même inutiles.

(1) *Lehrbuch der Pandekten*, I, § 83, § 311, II, § 431, III, § 604, — et aussi Puchta, *Pandekten*, § 55-56, 65-66.

(2) Traité, III, p. 242, et App., VIII. V. aussi Muhlenbruch, *doctr. Pand.*, I, 95, 96. — Les auteurs suivants sont cités d'après les indications qu'on trouve dans les ouvrages de Vangerow et de Savigny. — Van Maanen, *De ignor, et err., nat. et effect.* Lugd. Bat. 1793. — Richelmann., *Comm. de fact. errore in convention.*, Goett. 1832. — Thibault, *Versuche*, V, II, n° 4. Hermann, *Giess Zeitschr.* N. F. VII, p. 121 et s., 229 et s., 439 et s., VIII, p. 104 et s.

Une synthèse hypothétique *à priori*, torturant ensuite les textes particuliers pour les soumettre à ses déductions, admettant en désespoir de cause des exceptions nullement justifiées, telle est en peu de mots la méthode dont M. Savigny a fait usage dans cette recherche. Afin d'éviter les mêmes écueils, nous allons suivre ici la méthode inverse : l'analyse précédera la synthèse ; et ce n'est qu'après avoir passé en revue les différentes décisions spéciales sur l'erreur que nous nous permettrons de généraliser nos conclusions.

DÉCISIONS FAUSSEMENT MOTIVÉES SUR L'ERREUR.

Il n'est pas nécessaire d'insister pour faire comprendre combien il importe d'écarter tout d'abord des cas qui, de l'aveu de tout le monde, doivent être considérés comme étrangers à la théorie de l'erreur. « Ce qui a beaucoup contribué, dit M. Savigny (1), « à jeter de la confusion sur la théorie de l'erreur, et « dont nous trouvons déjà des traces dans les anciennes « sources, c'est qu'on a rapporté à l'erreur des cas « qui sont hors de son domaine... Mais si l'erreur « se montre dans un cas où manque déjà une des « conditions essentielles des actes juridiques, ce n'est

(1) Traité, III. App., n° 34. Toutes les citations de cet ouvrage seront faites d'après la traduction française de Guenoux.

« pas l'erreur qui annule les conséquences d'un pa-« reil acte. » Voici de nombreux exemples de cette vérité importante : Lorsqu'une personne, ignorant son droit de propriété sur une chose, la laisse dans les mains d'autrui, elle ne perd pas son droit de propriété, *nisi alia causa intervenerit* (1).— Celui qui, ignorant son droit de propriété sur un objet, a assisté de ses conseils, comme avocat, une personne qui le revendiquait, ne peut pas, quand même il aurait été jugé que cet objet appartenait au revendiquant, être repoussé par l'exception de la chose jugée, s'il revendique ensuite lui-même cet objet qu'il a reconnu être à lui. Il ne peut être réputé avoir renoncé à un droit qu'il ne connaissait pas ; et il en serait de même s'il avait représenté comme procureur le revendiquant, toujours dans l'ignorance de son propre droit (2). C'est par la même raison qu'on décide que le véritable propriétaire, qui laisse recueillir les fruits de sa chose par celui qu'il croit propriétaire, ne perd pas sa propriété (3). De pareils

(1) L. 18, C. *De rei vind.*, 3, 32.

(2) L. 54, *De rei vind.*, 6, 1. « Vainement opposerait-on, dit « M. Pellat, *De la propriété*, p. 321, le texte de Paul qui forme la « l. 32., pr. *De inoffic. testament.*, 5, 2. Ici le fils savait que le tes- « tament était inofficieux, puisqu'il connaissait son exhérédation ; « en prêtant son ministère à la réclamation d'un légataire, et en « poursuivant ainsi l'exécution du testament, il a approuvé ce « testament. Or la plus légère approbation lui fait perdre le droit « de l'attaquer comme inofficieux. »

(3) L. 79,. *De leg.*, 2°, 31. V. sur cette loi Cuj., lib. XI. *Resp.*

actes ne compromettent pas la propriété, non par suite de quelque règle spéciale à l'erreur, mais parce que, par eux-mêmes, ils n'ont aucune portée juridique.

Conformément aux mêmes principes, on décide que, lorsque à l'occasion d'un testament *quod nullo jure constiterit*, l'héritier *ab intestat* traite les esclaves du *de cujus*, comme affranchis siens ou *orcini ex testamento*, il ne fait rien (1). « La nullité dans « ce cas, dit Vangerow (2), ne doit pas être considérée « comme le résultat de l'erreur; ce n'est pas l'er- « reur, mais bien le défaut de la volonté requise qui « fait que le *negotium juris* ne se réalise pas (3). » Ainsi encore celui qui, par erreur, déclare comme appartenant à la succession de sa mère un bien qui en réalité dépend de la succession de son père, n'est pas lié par un pareil acte; car, par cette déclaration, nous dit la loi, *mutari substantia veri minime potest* (4); de même encore celui qui, se croyant à

Pap., IV, 1301. Faisons remarquer dès à présent que la loi porte *juris ignoratione lapsi*, et que néanmoins le véritable propriétaire n'est pas moins admis à faire valoir ses droits.

(1) L. 8 et 9, C. *De jur. et fac.*, I, 18.

(2) *Lehrbuch*, I, p. 136.

(3) Il en est autrement lorsque l'affranchissement dépend de l'accomplissement de certaines formes solennelles où la volonté ne joue qu'un rôle secondaire; c'est ainsi que pour les esclaves affranchis *ex justa causa apud consilium*, d'après la loi *Ælia Sentia*, la vérité ou la fausseté de la cause importe peu : *Semel autem causa probata sive vera sit sive falsa non retractatur*. § 6, J., I, 6.

(4) L. 5, C., *De jur. et fact.*, I, 18.

tort incapable d'après les lois caducaires, s'empresse de faire sa déclaration au fisc afin de recevoir pour prix de cet aveu volontaire la moitié des choses léguées, ne perd rien, les droits du fisc se fondant sur l'incapacité réelle et non sur la déclaration (1). Citons encore le cas de celui qui, voulant commettre un vol, ravit sa propre chose à un tiers qui n'a sur elle aucune espèce de droits. Ici il manque nécessairement une des conditions essentielles à l'existence du vol, la violation du droit d'autrui (2). Il faut enfin ramener au même point de vue les cas désignés sous le nom de *error in corpore*. Il s'agit alors tout simplement d'un défaut d'accord de volonté rendant impossible la formation du contrat ; de même qu'il n'y a pas de contrat entre deux personnes, quand l'une fait une proposition que l'autre refuse, et que la première prend ce refus pour une acceptation (3).

Que ces décisions soient indépendantes de toute

(1) L. 13, pr., § 1 et 10, *De jur. fisc.*, 49, 14. — L'opinion que Callistrate émet, l. 2, § 7, *in fine eod.*, ne s'explique qu'en admettant avec M. Savigny une pure fiscalité (V. t. III, p. 412 et 414).

(2) C'est à l'occasion de cet exemple que M. Savigny fait la remarque suivante : « La procédure nous offre des cas semblables ; il s'a-
« git alors de savoir dans quelles conditions l'aveu d'une partie est
« indivisible en soi, ou susceptible de rectification. La réponse à cette
« question se trouve non pas dans la théorie de l'erreur, mais dans
« les lois spéciales sur la procédure. Telles sont les l. 6, § 1, *De off.*
« *præs.*, I, 18. — L. un., C., *Ut quæ desunt*, 2, 11. — L. 1, 2, 3, C., *De error. adv.*, 2, 10, et beaucoup d'autres textes. — En ce point nous acceptons pleinement l'opinion de M. Savigny.

(3) V. Savigny, *Traité*, § 135, 138.

théorie de l'erreur, c'est ce qu'il serait inutile de vouloir démontrer, tant c'est clair. Mais à notre avis, ce qui est vrai de ces décisions, est aussi vrai d'une foule d'autres, dans lesquelles de fausses apparences ont fait admettre à tort comme nécessaire la théorie de l'erreur. La démonstration de cette assertion exige que nous passions en revue la plupart des institutions du droit romain, une à une, afin de faire voir sur les textes mêmes combien était fausse et inutile l'idée de ce qu'on a appelé la théorie générale de l'erreur.

1. SI L'ERREUR EXERCE QUELQUE INFLUENCE EN MATIÈRE DE DISPOSITIONS PÉNALES.

La science rationnelle divise les délits en deux classes : en délits intentionnels et délits non intentionnels(1). Ce qu'on punit dans ces derniers, c'est le *fait* matériel. Dans les autres, c'est l'intention. Mais sur ce dernier point une sous-division semble nécessaire. S'il s'agit de crimes ou de délits de droit général, la raison qui est en chacun de nous suffit pour nous en faire connaître la criminalité et pour en justifier le châtiment. Qu'est-il besoin, pour qu'il y ait justice à punir l'auteur d'un meurtre, d'un vol, d'un incendie, de démontrer qu'il connaissait le texte

(1) V. Ortolan, *Éléments de droit pénal*, l. I, 2e part., ch. 2, § 5, *De l'intention*.

législatif applicable au crime qu'il a commis, et la peine édictée par ce texte ? En même temps qu'il met volontairement à exécution son projet, un pareil malfaiteur est censé violer sciemment la loi.

Mais en revanche s'il s'agit de prescriptions toutes de droit positif, on conçoit très-bien que le législateur, en voulant punir l'intention, ne puisse atteindre que le fait de celui qui, connaissant le prescrit positif de la loi, la viole néanmoins (1). En résumé punition pour le fait matériel (pourvu que les conditions générales d'imputabilité ne fassent pas défaut), punition pour le fait qui a lieu en connaissance des circonstances (et telles que la connaissance du prescrit de la loi soit présumée), punition pour l'acte qui a lieu en connaissance des circonstances matérielles et du prescrit positif de la loi, voilà les trois catégories de punitions infligées à trois catégories de faits dans lesquels l'erreur ne saurait trouver de place. Que l'exécuteur des hautes œuvres, trompé

(1) Il est évident d'ailleurs que les cas dans lesquels le législateur exigera la connaissance non-seulement des faits, mais aussi de la disposition législative qui punit ces faits, et ceux dans lesquels il se contentera de la connaissance des faits, variera selon les temps et les lieux. Ce que nous appelons *droit naturel*, tout en convergeant vers un type final, ne reste pas toujours le même. Et cette proposition est vraie que l'on prenne l'expression du droit naturel dans le sens de l'*idéal du droit positif* (V. Oudot, *Conscience et science du devoir*), ou qu'on lui fasse signifier cette somme de connaissances juridiques que tout homme est censé posséder, la *saburra juris*, comme disait Bacon, de toute personne vivant en société.

dans l'identité de la personne, ainsi qu'il arriva pour le dévoûment paternel de Loiserolles, mette à mort un autre que le condamné, dans ce cas la culpabilité constitutive du crime disparaîtra par la raison qu'il n'y a pas eu d'intention ; cependant on conçoit que, si l'agent a mis de la négligence, il puisse être puni de ce chef, les dispositions de la loi relatives à la négligence étant édictées précisément dans la prévision du fait matériel (1). L'erreur donc en droit pénal ne peut tout au plus que faire changer de rang au fait incriminé, non par quelque propriété particulière de l'erreur comme on l'a dit, mais tout simplement parce qu'elle marquera le défaut de quelqu'une des conditions exigées pour l'application de la loi pénale. — En supposant un Code pénal parfaitement rédigé, et dans les diverses dispositions duquel on pût voir aussitôt le rôle de l'intention, jamais il ne surgirait en pratique de discussion sur l'erreur (2). Mais ce degré de perfection qui

(1) Il n'y a pas contradiction entre ce qui est dit ici et la doctrine de M. Ortolan, *Élém. de dr. pén.*, § 387, comme on pourrait le penser tout d'abord. « L'ignorance, dit M. Ortolan, de certains faits « qui est le défaut de notion de ces faits, ou l'erreur qui en est la « notion fausse, peuvent faire disparaître l'intention du délit ; » établissant par là nettement le caractère négatif de l'erreur en matière pénale. V. aussi au § 388, l'explication et la justification de l'adage : *Nul n'est censé ignorer la loi.*

(2) Un code pénal n'est en effet qu'un ensemble de définitions *de choses*, bien entendu, et non de *mots*. (V. sur ces deux sortes de définitions Log. de Port-Royal, 1re part., ch. XII, et Kant, *Élém. métaph. de la doctr. du droit*, tr. Barny, p. 70) ; et dès lors on

n'est pas atteint dans les législations de nos jours (1) où pourtant le droit pénal occupe une place si importante, était loin d'être même entrevu chez les Romains (2). Chez eux un texte presque toujours laconique se posait comme une énigme devant les jurisconsultes; ceux-ci, hommes de pratique par excellence, ne recherchaient la pensée intime du législateur qu'à l'occasion du fait journalier. De là vient qu'au lieu de se dire : la pensée du législateur dans telle disposition législative est de punir l'inten-

voit pourquoi logiquement des proprietés négatives ne sauraient y trouver place. (V. sur un système de définitions légales et de rédaction systématique de formules de droit, G. Rousset, *De la rédaction et de la codification des lois*, p. 292 et s.)

(1) « On ne peut poser pour règle qu'il faille s'en tenir à cet égard « aux termes mêmes de la loi; car souvent les termes de la loi font « défaut et laissent à la jurisprudence le droit de discerner l'une de « l'autre ces deux variétés de délits. C'est donc à la jurisprudence à « résoudre la question pour chaque cas, en s'inspirant des principes « rationnels et de l'esprit de la loi qu'il s'agit d'appliquer. Ortolan, eod., p. 161. C'est un exemple entre mille de tout ce qu'il y a de défectueux dans la rédaction actuelle des lois. M. Jhering (*Geist des R. R.*, p. 20 et s.) prétend qu'il y a nécessairement infériorité de la formule vis-à-vis du principe, et qu'en matière de droit écrit i est impossible d'atteindre *le beau* qui, selon Hegel, n'est que l'identité de l'idée et de la forme (V. Lherminier, *Philos. du droit*, 3e édit., p. 433). Toujours est-il que, des Romains à nous, il n'y a pas même à signaler, nous ne dirons pas un perfectionnement, mais une amélioration dans cet art de la rédaction dont l'universel génie de Leibnitz avait sans doute entrevu les premières bases lorsqu'il indiquait au nombre des *desiderata* de la science juridique une *sciographia juris in artem redigendi.*

(2) V. pour les causes, Mommsen, *Roemische Geschichte*, vol. I, p. 406.

tion, tel cas ne saurait donc tomber sous l'application de la loi parce qu'il y manque une des conditions exigées, ils se sont toujours demandé si l'ignorance ou l'erreur de l'agent du délit pouvait être punie ou non. Leur procédé habituel était celui de l'induction, et non celui de la déduction, le seul dont le *jurisconsulte* ait à faire usage dans ses recherches (1).

Ces explications font voir pour quelle raison les nombreux textes relatifs à des dispositions pénales, où il est question d'erreur, ne présentent pourtant rien de particulier, rien qui ne soit la conséquence immédiate du prescrit de la loi, rien qui puisse rendre nécessaire de recourir à une théorie générale de l'erreur.

En voici de nombreux exemples. Celui qui viole les lois de douane n'échappe pas à la peine en alléguant le défaut d'intention, ces lois punissant le fait matériel (2). Il en est de même de celui qui ne se rend pas à une *in jus vocatio* (3), ou de l'affranchi qui se permet d'adresser sans autorisation préalable

(1) « Toutes les propositions de droit sont des propositions *a priori*, « car elles sont des lois de la raison. » *Introd.* de M. Barni aux éléments métaphysiques du droit, par Kant, p. XXIV.

(2) L. 16, § 5, *De publicanis*, 39, 4. — Dans la même hypothèse, on exige pour appliquer la peine aux mineurs qu'il y ait eu dol. l. 9, § 5, *De minor*, 4, 4.

(3) L. 2, § 1, *Si quis in jus voc.*, 2. 5.— D'après laquelle aussi la rusticité constitue une excuse. Nous parlerons plus bas de ces exceptions à propos de celles qui sont admises en faveur des mineurs.

à son patron une *in jus vocatio* (1) ; du tuteur qui épouse son ancienne pupille ou la donne en mariage à son fils (2) ; de la femme qui néglige de faire nommer un tuteur à son enfant (3) ; de celui qui se permet d'écrire lui-même le legs qui le concerne dans le testament que lui dicte le testateur (4) ; dans ces hypothèses et dans plusieurs autres on punissait le fait et dès lors il ne saurait y être question d'erreur. — Dans d'autres au contraire, la loi romaine exigeait la science, l'intention, le dessein coupable (*sciens dolo malo*) (5), et

(1) L. 2, C., *De in jus voc.*, 2, 2. Et dans cette hypothèse on n'excuse pas la rusticité.

(2) L. 1, C., *De interd. matrim.*, 5, 6. Ici encore on n'admet comme excuse ni l'*imperitia* ni la *rusticitas*. Mais on peut douter malgré l'autorité de M. Savigny, p. 377, que cette loi ait un caractère pénal, et qu'elle décide autre chose que la nullité simple du mariage.

(3) L. 2, C., *Si adv. del.*, 2, 35.—Cf., l. 8, C., *Qui pet.*, 5, 31.

(4) L. 15, pr. ad. L. Cornel, *De falsis*, 48, 10. Ici la loi elle-même ajoute : « *Et ne vel iis venia detur, qui se ignorasse edicti* » *severitatem prætendant.* » Le texte de l'édit de Claude, qui nous est conservé dans le fragment précité, ne porte pas *dolo malo sciens* ; aussi celui-là même qui, par négligence, par distraction, aurait écrit le legs qui lui était dicté, serait passible, d'après M. Savigny, des peines de la loi Cornélia. Mais n'est-ce pas trop dur ? Ne doit-on pas admettre que bien que l'expression *dolo malo* ne se trouvât pas dans la loi, il fallait y suppléer ? C'est effectivement ce qu'on a soutenu, mais avec peu de succès ; car on ne voit pas en quoi pourrait consister le dol du scribe, si ce n'est dans la connaissance de la loi.

(5) Rien de plus fréquent dans les textes de droit pénal romain. V. Brissonius, *De formulis*, 2, 32 et s. et id. *De verbor. signifcat.*, v° *Scire*. Rudorff, *Zeitschr., f. Gesch. Rechtswiss.*, vol. IX,

alors tantôt on se contentait de la connaissance de toutes les circonstances matérielles du fait, tantôt on exigeait aussi la connaissance de la loi. — A la première catégorie appartenaient les crimes les plus communs, dont la prohibition était censée écrite dans le cœur de tout Romain, tels que l'homicide, l'incendie, le vol (1), la rapine (2), le fait d'un sénateur qui épouse son affranchie (3) ; à la seconde catégorie appartiennent des prescrits de droit positif, tels

p. 396. Dans les inscriptions D. M. signifie *dolo malo.* V. Zell. *Handbuch der R. Epigraphik* vol. II, ch. 5, p. 265 et s.

(1) Il semble pourtant que l'on ne soit arrivé à décider qu'il n'y avait pas de *furtum* sans *affectus furandi* qu'après controverse. « Olim controversum fuisse videtur, Sabino scilicet (Gell. XI, 18) « fortasse et Labeone (l. 91. *De furtis* 47, 2), eum quoque, qui « *id se invito domino facere judicare deberet*, pro fure ha- « bente; cæteris rectius, cum nostro loco, veram scientiam poscenti- « bus (*si... intelligant*), sine qua scilicet dolus esse nequit, nec sine « dolo furtum. » Shrader, J., IV, 1, § 7. Mommsen (*Rom. Gesch.* I, p. 140) et d'autres auteurs pensent en revanche qu'il y eut un temps à Rome où le vol n'était pas puni du tout. — Comme applications du principe énoncé dans les Institutes et dans Gaius, 2, 50, V. Comm. 4 78; § 5, J. *De usuc*, II, 6. — l. 36, § 1 et l. 37 pr., *De usurp.*, 41, 3. — Gaius, III, 197.

(2) Ce délit offre ceci de remarquable que, tandis que dans le principe la culpabilité dépendait de l'intention coupable (*si dolo malo quisque rapuerit*), plus tard on en vint à punir le seul fait. (V. § 1, J., *De vi bon. rapt.*, IV, 2.)

(3) « Lege Julia ita cavetur : qui senator est... nequis eorum « sponsam uxoremve *sciens dolo malo* habeto libertinam, etc. » l. 44, pr., *De rit. nupt.*, 23, 2. On punit le sénateur qui a su qu'il épousait son affranchie lors même qu'il n'aurait pas connu la loi, mais on ne le punirait pas s'il avait épousé une femme qu'il ignorait être son affranchie. Au contraire, dans l'exemple de l'affranchi qui cite son maître en justice, on appliquait la peine non-seulement

que le fait d'avoir endommagé l'*album* (1), celui d'avoir ouvert le testament d'un citoyen assassiné avant que ses esclaves eussent été mis à la torture (*actio senatusconsulti Silaniani*) (2), celui d'avoir épousé une veuve avant l'expiration de l'année de deuil (3).—Nous citerons en terminant l'ancienne législation concernant l'inceste. Pour l'application des peines, la loi exige que l'inceste soit commis sciemment (4). Mais d'un autre côté on distinguait deux sortes d'inceste, l'inceste *juris gentium*, entre ascendants et descendants, et l'inceste entre collatéraux ou alliés (5) *id est : juris nostri*. S'agissait-il d'un inceste

quand il avait ignoré la loi, mais aussi quand il avait ignoré que celui qu'il avait cité en justice, sans permission, était son patron.

(1) L'édit portait (l. 7, pr., *De jurisd.* 2, 1) : « Si quis... id quod « in albo propositum est... dolo malo corruperit, etc., § 4... quod si « per imperitiam... vel casu aliquis fecerit hoc tenetur. » A la rigueur on pourrait peut-être aussi ranger cette loi parmi celles de la première catégorie ; l'*imperitia* comme la *rusticitas* servant à désigner là un état d'intelligence particulier, et non pas le simple fait d'avoir ignoré une loi seulement.

(2) L. 3, § 22, *ad. S. C. Silan*, 29, 5 : « et si sciens (occisum « esse) non tamen dolo malo aperuit non tenebitur... si forte... ignarus edicti aperuit. »

(3) L. 1 et l. 11, § 4, *De his qui not. inf.*, 3, 2. Il n'y a dans ces textes rien de bien décisif pour ranger la dernière de ces lois dans la seconde catégorie et non dans la première ; même, le contexte de l'édit où l'on ne semble exiger que la connaissance du fait matériel *cum eum mortuum esse sciret*, est plutôt défavorable à cette classification ; mais cette circonstance importe peu : elle ne change rien à ce que nous disons quant à l'influence de l'erreur.

(4) L. 4, C. *De incestis*, 5, 5, cf. Heffter Strafrecht, § 435.

(5) L. 58, *De ritu nupt.*, 23, 2.

juris gentium? il suffisait (à moins d'exceptions positives et explicites de la loi, à raison de l'âge, etc.), pour être passible des peines, de connaître les faits, et aucune distinction à cet égard n'était admise entre les hommes et les femmes; que si au contraire il s'agissait d'un inceste *juris nostri*, on distinguait entre les deux sexes : les hommes étaient punis lorsqu'ils avaient eu connaissance des faits, mais plus rigoureusement encore s'ils avaient eu connaissance de la loi (1) ; les femmes au contraire n'étaient pas punies lorsqu'elles avaient ignoré la loi (2).

Ces exemples, que l'on pourrait multiplier, montrent, suffisamment, comment et pourquoi l'erreur ne produit aucun effet spécial en matière pénale.— Insistons seulement, avant d'en finir avec les hypothèses où il est question de *dolus*, sur un sujet qui offre une analogie intime avec les exemples qui précèdent : la possession de mauvaise foi en matière de *rei vindicatio* et de *petitio hœreditatis*.

Il s'agit de savoir qui est *prœdo, quis scit bona ad se non pertinere?* Est-ce celui qui connaît seule-

(1) L. 38, § 2, *ad L. Jul., De adult.*, 48, 5, « Multum enim in-« terest errore matrimonium illicite contrahatur, an contumacia juris « et sanguinis contumelia concurrunt. »

(2) Eod., § 2 « Nam si sola juris nostri observatio interveniet, mu-« lier ab incesti crimine erit excusata » et § 4. L'explication et la conciliation proposée ci-dessus sont les seules qui mettent en harmonie les dispositions si controversées du droit romain en matière d'inceste.

ment les circonstances de fait, ou bien aussi celui qui, à cette connaissance, joint celle de la loi? Or, voici ce qu'Ulpien répond à cette question (1) : « *Bona scire ad se non pertinere utrum is tan-* « *tummodo, videtur, qui factum scit, an et is qui* « *in jure erravit; putavit enim recte factum tes-* « *tamentum cum inutile erat, vel cum eum alius* « *præcederet agnatus, sibi potius deferri? Et non* « *puto hunc esse prædonem qui dolo caret quam-* « *vis in jure erret.* » Ainsi, ce qui constitue le *prædo*, c'est l'intention, et elle ne se présume pas. On se place donc à côté de la question lorsque, à propos de mauvaise foi, on entremêle l'idée de l'*erreur* et que l'on examine si l'erreur est en *fait* ou en *droit*. L'essentiel, c'est de vérifier l'existence du dol, de la fraude (2). Dès lors, on ne saurait approuver que M. Savigny ait cherché à faire de ce texte un cas d'application de sa théorie sur l'erreur, encore moins qu'il s'en soit servi (3) « pour « montrer dans tout son jour l'inutilité du principe « de Papinien, d'après lequel l'erreur de droit servi- « rait à écarter un dommage et non à procurer un « bénéfice. » Ce principe est l'objet de bien des

(1) L. 25, § 6, *De hær. pet.*, 5, 3.

(2) Du *consilium fraudandi.* — § 3, J. *Qui quib. ex caus.*, I, 6. « —Fraudis interpretatio, dit Papinien (l. 79, *De reg. jur.*, 50, 17). « semper in jure civili non ex eventu duntaxat sed ex consilio « quoque desideratur. »

(3) Traité, III, p. 379.

controverses sur lesquelles nous reviendrons : mais il convenait de faire remarquer ici que M. Savigny ne l'arguait d'inutilité que sur un texte détourné de sa portée naturelle.

II. SI L'ERREUR EXERCE QUELQUE INFLUENCE DANS LES CAS D'OMISSION.

Nous faisons suivre ce qui concerne le dol de l'examen de certains cas d'erreur par omission. Ce sujet ne se rattache pas, il est vrai, intimement à celui qui précède. Cependant il nous fournit l'occasion de mettre en relief certaines idées générales qui nous seront particulièrement utiles dans ce que nous allons dire bientôt sur les restitutions. A ce titre il nous a semblé mériter d'être détaché de la partie dans laquelle nous traiterons de la théorie de l'erreur quant aux actes entre-vifs ou testamentaires.

Un premier cas d'erreur par omission est celui que nous fournit l'institution de la *bonorum possessio*. « La *bonorum possessio*, dit M. Savigny (1), doit « être acceptée dans un délai d'une année ou de cent « jours, sous peine de déchéance, mais si l'appelé « laisse par ignorance passer ce délai, que faut-il dé- « cider? Comme nous ne connaissons pas les termes « de l'édit, nous devons nous reporter à une autre

(1) Traité, III, 383.

« institution de l'ancien droit romain. Il était d'usage « d'instituer les héritiers *cum cretione* et souvent on « employait cette formule : *Titius heres esto, cerni-* « *toque in diebus centum proximis, quibus scieris* « *poterisque.* L'édit sur la *bonorum possessio* ren- « fermait certainement ces expressions ou d'autres « analogues, de sorte que le délai commençait seule- « ment à courir du moment où l'appelé connaissait « la mort et son titre de possession, le testament, la « parenté. » Quant à la connaissance qu'il aurait eue de la loi ou non, c'était là un point indifférent. Dès qu'ayant su les circonstances extérieures de la mort de celui auquel il devait succéder, il avait né- gligé de demander la *bonorum possessio*, il en était déchu. Il semble pourtant que si l'on eût voulu in- duire de son silence une renonciation, il eût été plus logique d'exiger aussi qu'il eût connu la loi ; mais tel n'avait pas été le sens dans lequel la loi avait été entendue. Et quant à rechercher la raison pour la- quelle la loi l'avait ainsi voulu, c'est là ce qui échappe à la compétence du jurisconsulte (1). Lorsque pour

(1) L'idée qu'en général on connait la loi, que les successions ne doivent pas rester longtemps vacantes, et l'origine même de l'insti- tution peuvent avoir motivé une pareille interprétation. Dans la cré- tion, ainsi que nous l'apprend Gaius (II, 172), il suffisait pour en- courir la déchéance de savoir qu'on était institué héritier (*dies compu- tantur quibus scierit quisque se heredem institutum*) et de ne pas faire la crétion dans le délai (*finito tempore cretionis excluditur*, § 166). V. aussi Ulp. frag., **22**, 32. Il n'était pas nécessaire de savoir qu'on était institué avec crétion et que cette crétion pouvait entraîner

justifier cette décision on allègue qu'en ne demandant pas la succession dans un délai donné, on est exclu parce qu'on commet une erreur de droit, on ne dit rien, ou plutôt on croit démontrer une vérité, en répétant en d'autres mots cela même qu'il faudrait démontrer. En effet, dire qu'on commet une erreur de droit, c'est dire que l'on a négligé de remplir une des conditions exigées par la loi, ainsi conçue : « Il faut pour que l'adition soit valablement « faite, qu'elle ait lieu dans un délai de........ à « compter du jour où l'on aura connu les faits qui « donnent ouverture à la vocation. » Mais du moment que l'on suppose un pareil principe implicitement contenu dans la loi, n'est-il pas naïf d'ajouter que si l'on est exclu, c'est parce que l'on a commis une erreur de droit? S'il fut jamais *pétition de principe*, c'est bien celle que nous signalons ici, et il ne sert de rien d'alléguer, comme le fait M. Savigny, des textes de droit romain (1). Ces textes en

une déchéance irréparable. Or, si la formule *quibus scieris* était ainsi interprétée dans les déclarations de volonté individuelle, ne devait-il pas en être de même *a fortiori* s'agissant de la formule législative de l'édit ?

(1) Traité, III, 384. L. 1, §§ 1 à 4, *De juris et fact. ign.*, 22, 6. La loi 1, § 1 décide que le délai court et la déchéance est encourue lorsque, connaissant la mort, on sait aussi toutes les circonstances qui font qu'on est appelé à la succession. Il en est de même du § 2. C'est là la paraphrase, pour ainsi dire, du mot *scieris* de la loi, tel qu'il doit être entendu. Le § 3 confirme ce qui précède lorsqu'il dit que si, connaissant la mort et l'ouverture de *la bonorum possessio* pour un autre, j'ignore que ce tiers a encouru la déchéance, dans ce cas, ne

somme ne prouvent rien ; ils sont au moins superflus, puisque, le seul texte de l'édit dans les mains, on arriverait absolument aux mêmes décisions. S'il restait d'ailleurs des doutes sur la manière dont en réalité cette omission devait être envisagée, les deux exemples que fournissent le *spatium deliberandi* et le bénéfice d'inventaire les dissiperaient. Voici en quels termes M. Savigny établit lui-même (1) que les déchéances qu'il présentait tout à l'heure comme des conséquences du principe *error juris nocet*, ne sont ici que la conséquence du prescrit positif de la loi. « Relativement à l'ancien *spatium deliberandi*, « il n'y avait pas besoin d'une protection particulière « pour le cas de l'erreur, car en général on n'accor« dait ce délai que sur la demande de l'héritier ap« pelé qui dès lors connaissait ses droits à la succes« sion. Dans le droit nouveau un droit spécial de « transmission était attaché à la faculté de délibé« rer. Cette faculté dure un an à partir du moment « où l'appelé a connu l'ouverture de la succession (2).

connaissant pas les circonstances d'où il faudrait conclure que je suis appelé, ce délai ne courra pas. D'où la conséquence que si, connaissant la mort, je connaissais aussi la date de la délation à ce tiers, et sa non-pétition de la *bonorum possessio* dans le délai légal, j'encourrais à mon tour la déchéance. Le § 4 n'est qu'une répétition de ces mêmes principes, ainsi que la loi 3, C., *De jur. et fact. ign.*, 1, 18; la loi 10, *De bon. poss.*, 37, 1 et la loi 6, C., *Qui admitti ad b. p.* 6, 9.

(1) Traité, III, 385.

(2) L. 19, C. *De j. delib.*, 6, 30.

« De même une loi de Justinien (1) ordonne à l'hé-
« ritier qui veut se garantir contre toute perte de
« commencer à faire inventaire dans le délai de 30
« jours, et elle ajoute *expressément* que ce délai
« commence à courir du jour où l'héritier connaît
« l'ouverture de la succession. » Or ce que les lois du Code avaient fait expressément, l'édit du préteur l'avait fait implicitement, et les interprétations des jurisconsultes ayant suppléé à ce qu'il pourrait y avoir de défectueux dans la manière dont l'édit du préteur s'exprimait, toute invocation d'une règle relative à l'erreur de droit ou de fait est ici, encore une fois, superflue.

Le second cas d'erreur par omission que nous allons examiner ici, est relatif aux délais de la prescription des actions. Ils courent à partir de l'*événement extérieur,* comme on dit, sans que la connaissance des faits ou de la loi par celui contre lequel ils courent soit prise en considération, et ceci en vertu de la teneur même de la loi qui positivement exclut toute excuse tirée de l'erreur (2); de

(1) L. 22, § 2, C. eod. « Ut intra triginta dies post apertas tabu-
« las, vel postquam nota ei fuerit apertura tabularum, vel delatam
« sibi ab intestato hereditatem cognoverit » (en d'autres termes : s'il connaissait les faits nécessaires et suffisants pour conclure qu'il était appelé *ab intestat*), numerandos exordium capiat inventarium. Cf. Tambour, *Du bénéfice d'inventaire,* p. 114 et s.

(2) « Nulla scientia vel ignorantia expectanda, ne altera dubitationis
« inextricabilis oriatur occasio. » (L. 12, C. *De præscr. long. temp.* 7, 33.) « Post hanc vero temporis definitionem nulli movendi ulterius

même, dans les délais qui se rapportaient à la classe très-nombreuse des actions avec *utile tempus* (*quibus experiundi potestatem habebant*), on comptait, à partir de l'événement extérieur, indépendamment de toute connaissance ou ignorance des faits ou de la loi elle-même. C'est ainsi que les actions édiliciennes se prescrivant tantôt par un an, tantôt par un temps plus court, la prescription commençait toujours au moment où le contrat était passé (1); que la *doli actio* qui se prescrivait autrefois par un *annus utilis*, finit par se prescrire par deux ans consécutifs (*continui*), qui commençaient à courir au moment où la fraude était commise (2); que l'*actio Pauliana* durait un an qui se comptait à partir de l'aliénation des biens du débiteur frauduleux (3), et non du moment où le créancier en a connaissance; que le délai de restitution durait autrefois une année

« facultatem compellare censemus, etiamsi se legis ignorantia excusare « tentaverit. » (L. 3. C. *De præscr.*, XXX, 7, 39.)

(1) L. 19, § 6, *De æd. edict.*, 21, 1. Les l. 2, C., *De ædil. act.* 4, 58 et l. 55 *De æd. edict.* 21, 1, relatives à l'esclave fugitif, présentent une antinomie dont on peut voir des essais d'explication peu heureux dans Savigny. (Traité, III, 391.)

(2) L. 8, C., *De dolo*, 2, 21. *Ex eo die quo adseritur commissus dolus.* Bien entendu que l'*action in factum* (in id quod locupletior factus) dure 30 ans si la fraude a profité à son auteur. V. l. 28, 29, *De dolo*, 4, 3.

(3) L. 6, § 14. — L. 10, § 18, *Quæ in fraud.* 42, 8. V. Sav., *Traité* III, p. 392. La traduction de Guenoux porte : « Un an, qui se compte à partir de l'aliénation frauduleuse faite par le débiteur. » C'est une erreur.

(plus tard quatre années) qui se comptait, pour les mineurs, du jour de leur majorité, pour les absents, du jour de leur retour (1); que les poursuites, en vertu de la *lex Julia de adulteriis* se prescrivaient pour les deux sexes par cinq ans, à partir du moment où le crime avait été commis, et, en outre, par six mois pour les femmes (2). Quel rôle jouait dans tout cela l'erreur? aucun! Pour fixer le jour de départ du délai, on s'attachait exclusivement au prescrit positif de la loi; et voici une nouvelle preuve que nous fournit l'interdit *quod vi aut clam* : cet interdit se donnait pendant un an, à partir de l'entreprise injuste et non à partir de la connaissance qu'en aurait eue la partie lésée (3), sauf le cas où l'entreprise est de telle nature que le demandeur ne pouvait la connaître que par hasard. Or, dans ce cas même, comment procède-t-on? *Causa cognita*, secours extraordinaire et spécial qui n'était accordé que lorsque les principes du droit n'offraient aucune ressource (4). Mais pourquoi donc n'invoquait-on pas ici la maxime *error facti?...* Pourquoi recourait-on à la *causæ*

(1) L. 19, *De minor.*, 4, 3.— L. 7, C., *De temp. i. i. r.* 2, 53.

(2) L. 29, § 5. *ad L. Jul. De adult.*, 48, 5. L. 1, § 10, *ad. S.C. Turp.*, 48, 16. Les exemples ci-dessus sont tirés de Savigny, III, p. 390 et suiv.

(3) L. 15, § 4, *Quod vi*, 43, 24... « Annus autem cedere incipit, « ex quo id opus perfectum est, aut fieri desiit. »

(4) Eod, § 5. M. Savigny n'y voit pas un cas de restitution; mais peu importe, il y avait toujours *causæ cognitio*.

cognitio, si l'efficacité de cette maxime était aussi générale qu'on a voulu le dire (1)?

En résumé, nous croyons pouvoir affirmer, après ce qui précède, que, dans ces deux cas d'omission, l'erreur ne jouait aucun rôle.

III. SI L'ERREUR EXERCE QUELQUE INFLUENCE DANS LA MATIÈRE DES *restitutiones*.

On donnait le nom de *restitutiones* à certaines ressources extraordinaires qu'on trouvait dans les pouvoirs du préteur contre les conséquences rigoureuses du droit positif qui semblaient incompatibles avec le sentiment du droit et de l'équité, tel qu'il se développait avec le progrès du temps et des mœurs. Chef de la magistrature romaine, le préteur, non-seulement modifiait plus ou moins directement la loi civile en accordant des actions et des excep-

(1) Pour l'action pénale *De calumnia*, l'édit portait : « In eum, « qui ut calumniæ causa negotium faceret vel non faceret pecuniam « accepisse dicetur; intra annum in quaduplum, post annum in fac- « tum » (l. 1, pr., *De calumn.*, 3, 6).

Or ce mot unique d'*annus* exprimait d'après les jurisconsultes une année dont le point de départ n'était pas le même (eod. l. 6). Dans la personne de celui qui donne l'argent pour qu'on ne lui fasse pas un procès, l'année court du moment qu'il a donné l'argent, dans la personne de celui contre lequel on devait agir, l'année se comptait du moment qu'il aurait connu les faits. Cet exemple montre combien étaient larges les principes d'interprétation juridique chez les Romains.

tions, mais souvent il changeait l'ordre de tout un procès au moyen de la *restitutio in integrum* (1). Inutile d'ajouter que ce qui avait eu lieu d'abord pour un procès, se répétait toutes les fois que des circonstances identiques se représentaient et finissait ainsi par devenir, en réalité, une règle modificative du droit existant. Un tel procédé, quelques avantages qu'il pût présenter au point de vue politique (2), était, certes, insoutenable en logique. Mais en revanche, il avait l'avantage de respecter, au moins en apparence, les lois établies. Et c'est ainsi que les *restitutiones* qui ne fonctionnaient plus que comme des moyens réguliers et usuels de procédure, présentaient même dans le dernier état du droit un caractère de mesures extraordinaires, spéciales, absolument comme les *judicia* recevaient la dénomination d'*extraordinaria*, à une époque où il n'existait plus d'autres. Quoi qu'il en soit du sort de cette institution, quels en étaient les rapports avec l'erreur?

Pour ce qui concerne les mineurs, nous trouvons

(1) Les mêmes circonstances qui motivaient les *in integrum restitutiones* donnaient aussi quelquefois naissance à des actions que l'on confond souvent avec les véritables restitutions, bien qu'elles en diffèrent essentiellement. V. pour tous ces points Bonjean, *Actions*, t. II, p. 440 et suiv.

(2) V. Laboulaye, *Essai sur les lois criminelles des Romains*, etc., liv. I, ch. 1 et 2, et *Réflexions préliminaires à l'histoire de la procédure civile des Romains, de Walter*, p. 22 et suiv.

un texte qui nous dit que l'ignorance de droit étant permise aux mineurs, ils sont restituables de ce chef (1). Mais il nous sera facile d'apprécier cette règle immédiatement à sa juste valeur, et de démontrer qu'il n'est nullement nécessaire d'imaginer quelque théorie spéciale aux mineurs qui ignorent la loi et le droit, pour arriver à la décision de ce texte, conséquence immédiate des principes concernant les restitutions. — Celles-ci prennent en effet leur base dans la lésion (2), et la lésion est entendue lorsqu'il s'agit de mineurs dans un sens très-large (3). Si donc les mineurs sont restitués, c'est qu'ils sont lésés, et ils sont lésés toutes les fois qu'agissant autrement ils se seraient trouvés dans une situation plus avantageuse. Dès lors, dans le cas où, ignorant la loi, ils auraient subi quelque dommage, il est évident qu'on devrait les restituer, car il est à présumer que

(1) L. 9, *De jur. et fact.*, 22, 6.

(2) Savigny, *Traité*, § 318. — Vangerow, *Lehrbuch*, etc., I, p. 338. (Cet auteur s'appuie particulièrement sur les lois, 7, § 6, *De minor.*, 4,4.—L. 27, *Ex quib. caus. maj.*, 4, 6).—Puchta, *Pandekten*, § 101 et s. — Keller, *Der Roemische civil process*, § 79, — Ortolan, *Instituts*, §§ 265, 2017.—Ducaurroy, §§ 282, 505, 1261.

(3) L. 4,4. *De minor.*, 4,4. « Non omnia, quæ minores viginti « quinque annis gerunt irrita sunt, sed ea tantum, quæ causa co- « gnita, ejusmodi deprehensa sunt, ut', si ab aliis circumventi, « vel sua facilitate decepti, aut quod habuerunt, amiserunt, aut quod « adquirere emolumentum potuerunt omiserunt, aut se oneri quod « non suscipere licuit, obligaverunt. » Savigny, loc. cit et s. Keller, § 80, n. 935. Ueber das eminent freie Ermessen, und dessen Gesichtspunkte anstatt bindender Regeln, etc.....

s'ils eussent connu la loi, ils n'auraient pas souffert cette perte. Mais ce n'est pas dire qu'un mineur qui connaîtrait la loi ne serait pas restituable. Car si un mineur versé dans la législation de son pays vendait un objet lui appartenant à un prix inférieur à celui qu'il aurait pu obtenir, il n'ignorerait certes aucune loi, et pourtant sa restitution ne pourrait faire l'objet d'un doute. En somme, le préteur n'a à faire, lorsqu'il s'agit de mineurs, qu'une appréciation de circonstances, pour vérifier s'il y a ou non lésion (1), et dans ces conditions, tout principe relatif à l'erreur de droit ou de fait, toute considération sur l'erreur mise de côté, on conçoit, aisément, comment une loi qui atteindrait les majeurs, qu'ils l'aient sue ou qu'ils l'aient ignorée, ne s'appliquera que sauf restitution aux mineurs qui l'ont ignorée, puisque leur erreur ne peut qu'entraîner la lésion, du chef de laquelle ils sont toujours restituables (2).

(1) Les expressions dont se servait l'édit étaient calculées en effet de manière à laisser au préteur sur ce point la plus grande latitude. « Prætor edicit : *Quod cum minore viginti quinque annis natu* « *gestum erit, utiquæque res erit animadvertam.* » (L, 1. § 1, *De minor.* 4, 4.)

(2) Cette protection ne s'étend pas bien entendu aux délits et en général à tous les cas où il y a dol du mineur. L. pr., *De just. et fact. ing.*, 22, 6. — L 9. § 2. *De minor.*, 4, 4. — M. Roemer (*die Beweislast*, etc., p. 34, et s.) établit fort bien que le mineur n'est pas tenu à prouver l'erreur de fait, mais seulement la minorité et la lésion.

Des textes spéciaux (1) accordaient aussi des restitutions aux femmes (2), aux *rustici*, aux militaires, *qui avaient ignoré la loi* (3). De sorte que ce qui, pour les mineurs, était l'effet de la lésion, deve-

(1) Il serait peu intéressant de parcourir ces textes un à un. En voici les principaux, d'après M. Savigny : *pour les femmes*, l. 8, § 2, *Qui satis*. 2, 8, — l. 1, § 2-5, *De edendo*, 2, 13 ; — l. 2, § 1, *De inspic. vent.*, 25, 4. ; — l. 38, § 2, *ad leg. Jul. De adult.*, 48, 5. — La l. 9, C. *ad. S.C. Vell.*, 4, 29, ne présente pour nous rien de particulier aux femmes, car nous admettrons plus bas la répétition de ce qui a été payé par erreur de droit, comme étant de droit commun. — Pour les *rustici*, l. 8, C. *Qui admitti*, 6, 9 ; — l. 1, § 2-5, *De edendo*, 2, 13 ; — l. 3, § 22, *ad S. C. Silan.*, 29, 5. — Pour les *soldats*, l. 9, § 1, *De jur. et fact.*, 22, 6 ; — l. 1, C. *De restit. milit*, 2, 51 ; — § 6, J. *De hered. qualit.*, 2-19 ; — l. 22, pr. C., *De jur. deliber.*, 6, 30 ; l. 5, C., *De his qui sibi adscr.*, 9, 23.

(2) Pour les femmes il y a ceci de particulier que d'après la l. 13, C., *De jur. et fact.*, 1. 18 (confirmée par la l. 3, C. Th., *De integ. restit.* 2, 16, de l'an 414, qui elle-même se trouve reproduite sauf une omission de trois mots dans la l. 8, C., *De i. i. r. minor.*, 2, 22) elles auraient joui jusqu'en 469, sous l'empereur Léon, d'un privilége de restitution générale comme les mineurs. Mais ce point est passible de bien des controverses. Comment croire que sur une question de cette importance l'antiquité ne nous ait laissé, pour tout témoignage probant, que la loi précitée du Code Théodosien ? N'est-il pas plus probable d'admettre que dans la l. 13, C., *De jur. et fact.* 1, 18, Léon repousse une tentative d'assimilation entre les femmes et les mineurs, plutôt qu'il n'en parle comme d'un point de législation accepté ? D'ailleurs en supposant le contraire, cette circonstance ne changerait rien à nos raisonnements ; car, dans cette hypothèse, il faudrait dire que les femmes assimilées aux mineurs dans la pratique étaient restituables pour simple lésion.

(3) *Puchta*, Instit., § 209, t. II, p. 116, relève la différence que présente la restitution des mineurs d'avec celle de ces autres classes de citoyens.

nait ainsi pour ces autres catégories de personnes la conséquence immédiate de lois spéciales. Or, ce caractère de spécialité et d'exclusion que présentent ces lois suffirait tout d'abord à lui seul pour montrer qu'elles ne se rattachent nullement à quelque principe général sur l'erreur; mais il y a plus: et si laissant de côté les accidents de langage pour rechercher le fond des choses, nous nous demandons si quelqu'une de ces lois est *réellement* motivée sur l'erreur même *spéciale*, il sera aisé de soutenir et de prouver le contraire.

Prenons comme objet de notre raisonnement la déchéance encourue pour n'avoir pas demandé dans le délai légal la *bonorum possessio*. A l'origine, tous les citoyens romains étaient soumis à cette déchéance, qu'ils eussent connu ou ignoré la loi. Plus tard, on admit une exception pour les *rustici* (pas pour les femmes), lesquels tombant *jure civili* sous le coup de la déchéance prononcée par la loi, en étaient relevés *jure prætorio*, moyennant restitution, toutes les fois qu'ils avaient ignoré la loi. La loi ainsi formulée se fondait en apparence sur l'ignorance, sur l'erreur des *rustici*. Nous disons qu'il n'y avait là qu'une apparence, car du moment que le droit divisait les citoyens en deux classes, les *rustici* et les *urbani* (1), il devenait évident que les lois spéciales à chacune de ces deux

(1) *Urbani* par opposition à *rustici*, comme on dit *paganus*, par opposition à *miles*.

classes n'étaient que des *différences* nullement des exceptions à la règle, des caractères différentiels de deux *espèces* (*urbani*, *rustici*), qui, subordonnées toutes deux à un *genre* (*cives*), ne rentraient point l'une dans l'autre. D'après ces considérations, la formule rationnelle de la pensée législative eût été la suivante :

I. Les *urbani* encourront déchéance dans le délai de.... à partir du moment où ils auront connaissance des circonstances de la mort.

II. Les *rustici* encourront la même déchéance dans les mêmes conditions s'ils ont connaissance de la loi précédente.

Dans ces formules, expression de la réalité et non de la marche historique de l'institution des *restitutiones*, il n'est plus question d'erreur. La connaissance de la loi figure seulement comme une condition, comme une circonstance exigée par le législateur pour l'application de ses dispositions, et rien de plus. Or, une pareille conversion de formule (1), dans

(1) Il n'est pas difficile de se rendre compte de la raison qui a fait que les Romains ont parlé dans tous ces cas d'erreur, d'ignorance plutôt que de connaissance de science. Grâce au développement historique du droit romain, les changements que le progrès des mœurs rendait nécessaires en législation, étaient introduits sous forme d'exception, formulée par une négation suivie d'un verbe affirmatif (V. sur ce point Vangerow, *Lehrbuch*, III, p. 412.— Thibaut, *Ziwil. Abhh.* § 184, fgg). Cette même tournure d'expression prévalut aussi en matière de restitution. Après avoir dit : « sont soumis à cette « règle tous les citoyens romains, » ils ajoutèrent : *ne sont pas com-*

laquelle le mot et jusqu'à l'idée de l'erreur disparaît, eût été aussi impossible ici qu'elle l'est dans les autres matières du droit, si l'erreur avait tenu à autre chose qu'à un simple accident de langage. Rien ne donne mieux l'idée de ce que nous voulons dire ici que l'institution du testament militaire. Lorsque la restitution de ce chef eut été élevée à la hauteur d'une institution régulière, on n'en parla plus comme d'une conséquence de l'erreur, mais comme d'un privilège des militaires. Leur ignorance du droit ne fut plus donnée que comme une considération qui avait préoccupé le législateur, nullement comme une circonstance pouvant influer sur la décision juridique (1). Et si pour les *rustici* on n'alla pas aussi loin, toujours est-il que c'est dans le même esprit qu'on

pris dans cette règle les *rustici* qui *ignorent* la loi (pour ne pas dire *qui ne connaissent pas*, ce qui aurait fait deux négations l'une à la suite de l'autre). Mais cette double négation équivaut évidemment à une affirmation : les *rustici* seront déchus, etc. (V. sur le caractère des formules législatives, Rousset, *De la codification*, etc., p. 304 et s. et sur la conversion des propositions négatives en affirmatives, Bossuet, *Logique*, l. 1, ch. XVI. « *Les idées sont positives, quoique* « *souvent exprimées en termes négatifs.* »)

« (1) Bien que les empereurs, dit M. Savigny (*Traité*, III, p. 408), « aient souvent déclaré excusable l'ignorance de droit chez les sol- « dats, cette ignorance n'a jamais été pour eux le motif d'une resti- « tution générale, mais seulement de plusieurs privilèges importants. « Un de ces privilèges a été transformé en une institution régulière et « dès lors ne figure plus comme motif de restitution. C'est le testa- « ment militaire institué, comme la loi le dit expressément, pour « venir au secours de l'ignorance des soldats. »

doit envisager le privilége qui leur a été accordé de n'être pas soumis aux déchéances prononcées par la loi aux mêmes conditions que les *urbani* (1).

Cette manière d'envisager l'erreur, dans les cas signalés plus haut, nous fournit la véritable explication de certaines singularités qu'on avait cru apercevoir dans la rédaction de l'édit. Deux textes qui ouvrent dans le Digeste la série des dispositions concernant les *restitutiones* (2), contiennent l'énuméra-

(1) Cela est si vrai, que, dans la plupart des passages signalés plus haut, les expressions *propter ignorantiam* et d'autres analogues peuvent être rendues bien plus par ces mots : *parce que le législateur a pris en considération l'ignorance dans laquelle ils* (les *rustici*, les soldats, les femmes) *se trouvent*, que par ces autres, *s'ils ignorent la loi*. Aussi un des auteurs qui ont traité la matière de la restitution avec le plus de détail (Burchardi, *Wiedereinsetzung*, p. 136), a-t-il pu croire que de pareilles exemptions étaient accordées quelquefois *ipso jure*. Sur ce point, la critique qu'en fait M. Savigny *Traité*, XII, p. 397, g) paraît très-fondée. Cependant les observations qui précèdent servent à faire voir l'élément de vérité qui se trouve dans cette opinion. — Il faut certes admettre que dans la *forme* les restitutions sont toujours restées un secours *extraordinaire* (V. sur les expressions *extraordinarium auxilium*, *commune auxilium*, l. 16, pr., *De minor.*, 4., 4), mais parce qu'elles n'atteignirent pas toutes à une modification radicale de la loi, comme dans le cas du testament militaire et de quelques autres institutions (V. le paragraphe suivant), parce qu'elles n'étaient, pour nous servir des expressions de M. de Savigny (*Traité*, XII, p. 113), « que des règles qui n'avaient « pas encore atteint leur maturité et leur perfection, » il n'est pas dit que dans les limites où elles s'exerçaient, elles n'étaient pas, quant au fond, de véritables règles modificatives du droit, équivalant à des changements ou à des remaniements de la loi. Voilà ce qui a trompé Burchardi.

(2) L. 1 et l. 2, *De in int. rest.*, 4, 1.

tion suivante des motifs de restitution : violence, dol, minorité, absence, *capitis deminutio*, erreur (*justus error*). Sur quoi on a fait deux remarques : 1° Qu'il est étonnant que, tandis que l'édit consacre aux cinq premiers motifs de restitution des dispositions spéciales, et qu'ils sont aussi l'objet de titres spéciaux dans le Digeste (1), aucune disposition de l'édit, aucun titre du Digeste ne soit accordé à celui de ces motifs qui semble pourtant le plus important de tous, *à l'erreur*, et que même il ne soit parlé de l'*erreur*, comme motif de restitution, que dans un texte unique du *Corpus juris*, tiré des Sentences de Paul (2); 2° Qu'il n'est pas moins embarrassant

(1) *Metus*, Quod metus causa gestum erit (lib. 4, t. 2). — *Calliditas*, De dolo malo (eod., t. 3).—*Ætas*, De minoribus viginti quinque annis (t. 4). — *Capitis deminutio*, De capite minutis (t. 5). — *Absentia*, Ex quibus causis majores (viginti quinque annis) in integrum restituuntur (t. 6).

(2) La l. 2, *i. i., rest.*, 4, 4, forme, en effet, partie du § 2, 7, 1 des Sentences. « Les témoignages de *Paul et d'Ulpien*, dit à ce « sujet M. de Savigny (*Traité*, VII, p. 202), ne laissent aucun doute « sur l'existence d'une restitution pour cause d'erreur. Il semble, « néanmoins, qu'on lui a attribué moins d'importance qu'à la vio- « lence et à la fraude (qui comme motifs de restitution en avaient « une bien minime depuis l'introduction des actions et des exceptions, « *metus* et *doli*). Aussi l'édit ne renferme aucun passage sur l'en- « semble de ce cas, et le Digeste, qui reproduit l'ordre suivi dans « l'édit, ne lui consacre aucun titre (disons mieux, aucun *texte*) spé- « cial. » M. Savigny avance évidemment une inexactitude en disant qu'*Ulpien et Paul* citent *l'erreur* comme une cause de restitution ; le texte qui forme la l. 2, *De i. i. r.*, est de Paul, et il ne sert de rien de préparer les voies à cette assertion, en disant, comme le fait M. Savigny quelques pages plus haut (p. 138, g.), que « ce té-

d'expliquer pourquoi ni Paul ni Ulpien n'assignent comme motifs de restitution la rusticité, l'état militaire, la fragilité du sexe, etc.

Or, ces deux apparentes singularités s'expliquent très-aisément en admettant l'ordre d'idées exposé plus haut. Pourquoi donc l'*erreur* ne figure-t-elle pas dans l'édit, ni dans aucun texte relatif aux restitutions, excepté dans le seul texte de Paul (1)?

« moignage de Paul ne doit pas être considéré comme distinct et in« dépendant de celui d'Ulpien qui précède, puisque c'est unique« ment pour compléter le texte d'Ulpien que l'on a inséré au Digeste « quelques mots tirés des *Sententiæ* de Paul. » Cette assertion de M. Savigny que le texte de Paul faisant suite dans la compilation de Justinien à celui d'Ulpien doit être considéré comme appartenant à la fois à Ulpien et à Paul, est vraiment inouïe! Elle prouve combien on tenait pour les besoins de la cause à étayer ce fragment unique de Paul qui donne l'*erreur* parmi les divers motifs de restitution. — Il y a même mieux : M. Savigny, revenant (pag. 139) sur la même question, dit : « Du reste, que l'erreur figure parmi les motifs de res« titution, cela n'est nullement douteux et Ulpien lui-même l'a formel« lement reconnu ailleurs. » Et il renvoie en note à la L. 1, § 1, 6, *Quod falso*, 27, 6, et à quelques autres textes de Gaius qu'il est inutile de citer parce qu'il n'y est question que de dol. Mais la l. 1 d'Ulpien elle-même ne parle que du *falsus tutor*. Or personne n'a nié qu'Ulpien ait parlé d'après l'édit de ce cas, et M. Savigny prend évidemment le change sur ce *quod erat demonstrandum*; il s'agissait de montrer un texte où il soit question de l'*erreur* comme motif de restitution; et c'est ce que M. Savigny n'a pas fait. Pourtant ces mêmes affirmations insoutenables de M. Savigny se trouvent répétées dans une foule d'auteurs (voy. Vangerow, *Lerhbuch*, I, p. 345), et ce n'est pas la moindre preuve de l'autorité de ce grand commentateur en droit romain.

(1) Les commentateurs ont été très-embarrassés pour déterminer le domaine de l'erreur dans les *restitutiones*. M. Savigny a émis l'opinion que le domaine de l'erreur consistait : 1° au cas traité dans l'édit

Commençons par rappeler à ce sujet deux cas de restitution tombés en désuétude, celui de la *capitis deminutio* (1) et celui de l'*alienatio judicii mutandi causa facta.* Dans le premier cas, la restitution disparut avec le principe qu'elle était destinée à corriger ; dans le second, elle devint la source d'une institution nouvelle (2). Observons la marche suivie dans ce changement, elle est caractéristique.

touchant le *falsus tutor.* « Celui qui, plaidant contre un impubère « acceptait par erreur l'*auctoritas* d'un *falsus tutor,* perdait entière« ment son action. Le préteur promet la restitution contre cette er« reur. » L. 1, § 1, *Quod falso*, 27, 6 (*Traité*, VII, 204); — 2° à l'oubli de certaines formes rigoureuses de l'ancienne procédure. Cette opinion a été admise par la plupart des auteurs allemands qui se contentent de renvoyer à M. Savigny. M. Bonjean (*Traité des actions*, II, p. 452) dit ces simples paroles sur la restitution pour cause d'erreur : « On trouve çà et là dans le Digeste des exemples « de restitution pour erreur. »

(1) « Quand un débiteur subissait une *minima capitis deminutio* « par adrogation, adoption, émancipation, etc., d'après l'ancien droit, « toutes ses dettes se trouvant éteintes (Gaius, III, § 84, IV, § 38), « le préteur accordait une restitution qui faisait revivre les créances « perdues. Mais cette restitution n'*en avait que le nom sans au*« *cun des caractères essentiels.* En effet, elle n'*était pas laissée* « *à la libre appréciation du préteur*, mais elle s'accordait sans « conditions et sans examen préalable des circonstances particulières « de l'espèce. C'était donc en réalité une *abolition* pratique de l'an« cien principe, cachée sous la forme d'une restitution par respect « pour l'ancien droit civil. Le droit de Justinien abandonna avec « beaucoup de raison le principe même auquel se rapportait cet « adoucissement. » Sav., *Traité*, VII, p. 218.

(2) « L'*al. jud. mut. causa facta* (id., ib., p. 219) était réelle« ment un motif *de restitution* établi par les préteurs. » M. Pellat est, croyons-nous, plus dans le vrai en ne faisant pas ici mention de restitution. « Le préteur, dit-il (*De la propriété*, p. 233,

Autrefois on restituait le demandeur quand le défendeur avait aliéné l'objet en litige, *judicii mutandi causa*. Or, cette restitution, tendant à donner l'action contre celui qui avait aliéné frauduleusement, les jurisconsultes, au lieu de dire: *le demandeur ne peut intenter l'action contre qui ne possède pas; mais il est restitué contre cette impossibilité, si le défendeur est dolosif;* réunissent ces deux propositions en une seule, et disent: *La revendication est accordée même contre le non-possesseur dolosus*. En d'autres termes, dans ce cas, la restitution (si restitution il y a) avait été reconnue expressément pour ce qu'elle était, c'est-à-dire pour une modification de la loi. Mais de ce que, dans les autres cas, la reconnaissance expresse a fait défaut, le caractère fondamental de l'institution n'échappa pas à l'esprit pratique des jurisconsultes et du préteur, qui n'avaient vu dans les cas qui nous sont donnés aujourd'hui comme des applications de la restitution pour cause d'erreur (1) que des changements lé-

« donna d'abord une *action in factum* contre le possesseur qui s'é« tait défait de la possession par dol *avec l'intention* d'opposer un « autre possesseur à son futur adversaire (L. 4, § 1, *De al. jud.* « *mut. c. f.*, 4, 7). » Mais l'idée que ce ne fut qu'à la suite du S. C. Juventianum (l. 20, § 6, *De her. pet.*, 5, 3), relatif à la pétition d'hérédité, que l'on décida que la revendication serait donnée contre ceux qui frauduleusement avaient cessé de posséder même avant la *litis contestatio*, cette idée, disons-nous, est purement conjecturale. Au reste, ce n'est qu'à titre d'exemple que nous citons ici la *restitution* pour aliénation *judicii mutandi causa facta*.

(1) Voy. pag. 40 (1).

gislatifs. Et de fait, lorsqu'on dit que l'on pourra, moyennant restitution, revenir sur l'action intentée contre un *falsus tutor*, affirme-t-on autre chose, si ce n'est qu'en réalité les conséquences de la *litis contestatio* sont mises de côté lorsqu'il s'agit d'un *falsus tutor ?* Qu'en d'autres termes, la compréhension des principes de la *litis contestatio* ne s'étend pas à ce cas (1)? Lorsqu'on permet, sous certaines

(1) Le texte fondamental de cette restitution, c'est la l. 1, § 1 et 6, *Quod falso*, 27, 6. Les termes de l'édit étaient ceux-ci : « Quod « eo auctore, qui tutor non fuerit, si id actor ignoraverit, dabo in « integrum restitutionem. » Il s'agit d'une personne qui a intenté une action contre un pupille autorisé par un *falsus tutor*. Pour ce qui concerne le pupille, un tel procès était complétement insignifiant du moment que un *non tutor* avait donné son autorité. Lors même que le pupille eût été condamné on n'aurait pu intenter contre lui l'*actio judicati ;* mais pour ce qui concerne le demandeur, le procès était parfaitement valable, et il n'aurait pu renouveler l'action consommée par la *litis contestatio*, sans qu'on lui opposât l'*exceptio rei in judicium deductæ*. Aussi arrivait-on à son secours au moyen de la restitution. (V. Vangerow, *Lehrbuch*, I, p. 366. — Keller, *Litis contestatio*, § 68). — On ne peut s'empêcher de faire remarquer ici combien la règle *error juris nocet, error facti non nocet*, entendue comme le veulent MM. Savigny, Vangerow, etc., dans ce sens que l'erreur excusable ne nuit pas, l'erreur inexcusable nuit, combien, disons-nous, cette règle serait incompréhensible et contradictoire dans un cas pareil. D'abord les jurisconsultes romains ne font aucune distinction, ni dans ce cas, ni dans les suivants entre l'erreur de fait et l'erreur de droit. Ensuite, s'il était vrai que l'erreur de fait (erreur excusable) ne nuit pas, on ne comprendrait pas la nécessité qu'il y avait à accorder une restitution à celui qui, trompé par la renommée publique et par une foule de circonstances qu'il n'était pas maître de contrôler, aurait intenté son action contre un *falsus tutor*. Ne lui suffisait-il pas de prouver qu'il se trouvait dans un cas d'erreur excusable, pour suspendre les effets de

conditions, dans l'action intentée contre un insolvable, de revenir sur ses pas, fait-on encore une fois autre chose que surseoir pour ces cas aussi aux effets de la *litis contestatio* (1), fait-on autre chose que proclamer en partie au moins la condamnation des effets du vieux formalisme romain (2)? Quelle dif-

la *litis contestatio?* Et notez que M. Savigny ne dit pas que là où il est question de restitution, le principe *error juris*, etc., est suspendu. Au contraire, il présente tous ces cas de restitution donnée (à ce qu'il prétend au moins, V. *supra*, p. 40 (1)) *pour erreur*, comme des applications du principe! « Il y avait, dit-il, dans l'ancienne « procédure romaine plusieurs actes qui, par *leur forme seule*, « avaient des effets rigoureusement déterminés, et qui dès lors pou- « vaient causer un grave préjudice à celui qui les aurait faits im- « prudemment; il trouvait contre ce préjudice une garantie dans les « *principes généraux sur l'erreur*, c'est à-dire qu'il fallait d'abord « prouver l'erreur, ensuite qu'elle ne fût pas une erreur de droit ou « une erreur de fait facile à éviter. Cette garantie consistait dans une « restitution (Savigny, *Traité*, III, p. 370.) » Ainsi, parce qu'on appliquait le droit commun, il fallait recourir au secours extraordinaire de la restitution; parce qu'on pouvait appeler à son secours le *jus*, il y avait nécessité de demander un remède *extra jus!* En vérité, il nous est de toute impossibilité de saisir le sens de ces propositions.

(1) V. l. 18, *De interrog.*, 11, 1. Quand on réclamait en totalité une dette de la succession à un des cohéritiers qui se donnait faussement comme seul héritier, celui-ci était tenu d'acquitter toute la dette, et le créancier n'avait plus de recours contre les cohéritiers. Mais si l'héritier assigné en paiement de toute la dette se trouvait insolvable, le préteur accordait une restitution contre les autres héritiers. Ici encore même observation que dans la note précédente; s'il fut jamais erreur excusable, c'est bien celle dans laquelle tombe un demandeur dans ce cas, et pourtant, point d'autre ressource que la restitution.

(2) Les appréciations de Keller, *Litis contestatio*, § 68, concordent bien avec les nôtres sur ce point.

férence y a-t-il entre ces cas-ci ou autres semblables (1), et ceux dans lesquels, comme dans la

(1) Une partie qui, ayant le droit de demander une caution dans une procédure, accepte en cette qualité un individu plus tard reconnu esclave, et dès lors incapable de s'obliger comme caution, se fait restituer contre ce préjudice (l. 8, § 2, *Qui satisd.*, 2, 8.) Cette loi modifie évidemment, pour un cas spécial, les anciennes règles formalistes. Elle signifie qu'on n'est plus seulement tenu à accomplir les formalités d'une prestation de caution, peu importe que cette caution soit solvable ou non, mais qu'on est tenu à fournir bien réellement une caution solvable. — Gaius (IV, 53) et Justinien (J. IV, 6, § 33) nous parlent de restitutions contre la plus-pétition ; mais Gaius nous dit d'abord que cela n'avait lieu que *quibusdam casibus* (ce qui prouve que ce n'était encore là qu'une modification partielle du principe de la plus-pétition, modification introduite à l'occasion d'autres actes législatifs) ; ensuite Justinien lui-même ne procède que par énumération. Il met en première ligne, comme pouvant être restitués contre la plus-pétition, les mineurs, ce qui n'est qu'une conséquence du principe général de la restitution des mineurs pour cause de lésion. Il ajoute aussitôt après : « Si tam magna causa erroris « interveniebat, ut etiam constantissimus quisque labi posset, etiam « majori viginti quinque annis succurrebatur ; veluti si quis totum « legatum petierit. » Mais ces expressions de Justinien laissent complétement dans le doute la question de savoir si l'édit prévoyait en général l'erreur invincible en matière de *plus petitio*, ou s'il donnait spécialement une restitution pour le cas où, dans l'ignorance de codicilles découverts plus tard, on ne déduisait pas la quarte Falcidie. Les deux sens sont également admissibles ; le mot *velut* dont se sert Justinien, pouvant également signifier *exempli gratia*, et aussi *duntaxat*. (V. Dirksen, *Manuale latin.*, et Brisson, *De verb. sign.*, v° *veluti*). — Ces deux sens ne présentent rien dans l'édit de contraire à la spécialité de la restitution pour erreur (avec la première acception ce serait une modification législative des principes de la plus-pétition, avec la seconde, la modification serait spéciale à la loi Falcidie) ; néanmoins, nous préférons le sens le plus restreint des deux. Nous croyons que l'édit n'accordait de restitution pour erreur contre la plus-pétition, qu'à l'occasion de la loi Falcidie. C'est le seul moyen de mettre d'accord Justinien et Gaius.

capitis deminutio, tout le monde reconnut un changement législatif? Evidemment une différence du moins au plus, d'un changement partiel de la loi, ou du principe en vigueur, à un changement total de cette même loi, de ce même principe. Mais ce changement s'opère dans la sphère législative. Toutes les fois qu'une nouvelle disposition où il est question d'erreur vient s'ajouter à l'édit, c'est bien moins une conséquence de quelque principe abstrait touchant l'erreur qu'on y voit, que l'abolition, la modification en tout ou en partie de quelque disposition particulière. Et c'est ce qui, non-seulement explique, mais justifie aussi le silence que les ju-

M. Savigny cite enfin comme un autre motif de restitution l'erreur dans les *confessiones*. Mais *pas un* des textes cités ne parle de restitution. (L. 13, pr., *De interrog.*, 11, 1.— L. 23, § 11. — l. 24; l. 25, pr., *ad L. Aquil.*, 9, 2. — L. 8, *De confessis*, 42, 2.) Ainsi dans la plupart de ces lois on s'occupe de l'hypothèse où j'aurais avoué avoir tué un homme qui vit encore. En pareil cas *remittitur confessio*, dit le jurisconsulte. Car, ajoute-t-il, après ma confession je ne serais plus admis à prouver que ce n'est pas moi qui ai tué un homme mort, mais on ne pourrait pas, prenant acte de ma confession, m'imputer une chose logiquement impossible, telle que la mort d'un vivant. On ne comprend pas non plus ce que peut avoir de commun avec l'exemple précédent la l. 2, *De confessis*, 42, 2, qui porte : « non fatetur, qui errat, nisi jus ignoravit. » Cette loi ne peut signifier qu'une chose bien simple à, savoir : que si celui qui interroge et celui qui répond s'entendent, la prétention du répondant qu'il ne connaissait pas le droit ne peut lui servir. La confession est pour les Romains une *forme* qui sert de point de départ à des relations juridiques ; une fois accomplie, il est absolument indifférent qu'on en ait connu ou non la portée.

risconsultes et l'édit ont gardé sur ce point (1).

Les mêmes raisonnements nous montrent pourquoi Paul et Ulpien et avec eux tous les autres jurisconsultes n'ont pas rangé la rusticité, l'état militaire, parmi les motifs de restitution. Du moment qu'un *rusticus* n'était pas restitué comme tel, mais simplement parce qu'il se trouvait dans telle ou telle circonstance *spéciale* (2), les jurisconsultes y voyaient et avec raison non pas un motif de restitution, mais, comme nous le disions tout à l'heure, une modification législative, concernant l'application de telle ou

(1) En disant ceci nous sommes loin de prétendre que Paul, dans la l. 2, *De i.*, *i. r.*, 4, 1, n'ait pas formulé un principe contraire. Mais de l'opinion isolée de Paul nous appelons à l'autorité du préteur et à celle de tous les autres jurisconsultes. Nous n'oserions pas l'affirmer, mais tout porte à croire que Paul avait essayé de donner à la théorie générale de l'erreur une importance que les plus anciens jurisconsultes s'étaient gardés de lui assigner. Ainsi outre la l. 2, *De in integr.*, qui montre que Paul seul avait essayé de ramener à un principe les différentes dispositions spéciales de l'édit où il était question d'erreur, d'ignorance, il est à remarquer que les deux textes les plus importants que nous offre le titre : *De juris et facti ignorantia*, sont tirés d'ouvrages de Paul. Les autres textes sont insignifiants, on ne sait même pas trop, le plus souvent, à quelle hypothèse les ramener. De plus, l'un de ces deux textes de Paul est tiré d'une monographie de ce jurisconsulte intitulée : *De juris et facti ignorantia.* Ce fragment est d'ailleurs le seul emprunt que les compilateurs aient fait à cet ouvrage. Cette circonstance prouve que dans cette recherche Paul n'avait obtenu aucun résultat nouveau. Et, quant à la légitimité de sa méthode, nous n'y reviendrons pas ici après tout ce que nous avons dit. Comment espérer formuler de véritables règles scientifiques en s'attachant à des caractères négatifs ?

(2) V. les textes cités, p. 34 (1).

telle règle de droit commun aux *rustici*, aux femmes, etc. (1). Il ne pouvait donc jamais leur venir à

(1) V. ce que nous avons dit touchant ce point, p. 34 et s. — Les dispositions introduites par des lois spéciales en faveur des *rustici*, des *femmes*, des *soldats*, constituaient dans leur ensemble ce que l'on pourrait appeler la *définition de chose* de ces classes de citoyens. — Après avoir pourvu tant bien que mal, moyennant les restitutions contre les déchéances de procédure, au chef de l'*erreur* signalé par Paul, les commentateurs se sont trouvés singulièrement embarrassés pour trouver un motif de restitution, parmi ceux signalés par Ulpien et par Paul, à ces cas de restitution signalés dans le texte. *Tot capita tot sensus*. Les plus hardis (il serait inutile de citer des noms, on n'en finirait pas), profitant de la généralité des termes qui terminent le texte de l'édit relatif à l'absence (l. I, § 1, *Ex quibus caus. maj.*, 4, 6) et de la construction obscure du texte lui-même (V. le vrai sens. Sav., VII, p. 170), ont soutenu que la *clausula generalis* (item si qua alia mihi justa causa esse videbitur, in integrum restituam) avait une portée générale, et que pour toute cause équitable le juge pouvait et devait accorder la restitution, selon sa propre conviction. On ne tarda pas à s'apercevoir pourtant que, malgré tous les correctifs imaginés, une pareille *clausula* supprimait du coup tout le droit. Aussi bien, a-t-on admis, généralement, que la *clausula* ne se rapportait qu'à des cas d'absence non spécifiés dans le texte. Mais alors on est obligé d'avouer que l'énumération faite par Ulpien et Paul est des plus défectueuses. Les plus habiles ont cherché à tourner la difficulté autrement, en essayant de s'établir entre les deux extrêmes. Posant en principe que la *clausula generalis* ne se rapporte qu'aux cas d'*absence*, ils n'admettent pas qu'on soit restituable pour d'autres hypothèses que pour celles spécialement établies dans le Digeste. Seulement, s'autorisant de quelques passages, ils affirment que le mot absence doit être ici entendu *lato sensu*. Et partant de là, ils font si bien que le mot *absence* se trouve appliqué, non-seulement au citoyen en prison, en esclavage, au militaire en expédition, etc. (tous cas qui présentent en effet de l'analogie avec l'absence), mais, qui plus est, au *rusticus*, *à la femme*, etc. Ils ignorent le droit, disent ces ingénieux auteurs, donc c'est comme s'ils étaient absents, dans tous les cas dans lesquels ils sont restituables.

l'esprit de mettre sur la même ligne, comme motif de *restitutio*, la rusticité et la minorité (1).

Et après cela, comment ne pas dire que, pour qu'un tel système ait eu autant de succès, il fallait qu'on fût bien à court d'une explication quelconque? Aussi, bien des auteurs ont-ils cru que le plus sûr était encore de s'abstenir de prendre parti. C'est ainsi que M. Bonjean (*Actions*, II, p. 454) se contente de donner pour toute explication du chef de l'absence, le texte si embarrassé et si obscur de l'édit, en ajoutant *que le texte montre suffisamment l'importance de ce chef de restitution*. Seulement, à la fin du texte, il supprime la *clausula generalis*, dont pour lui il n'est pas question.

(1) Comme la *capitis deminutio* et l'*alienatio judicii mutandi causa facta* ne figurent plus parmi les motifs de restitution, que l'*erreur* n'y a jamais figuré, et que la sphère du *dol et de la violence*, quant à la restitution, se trouve singulièrement restreinte, grâce aux actions et exceptions *metus et doli* (si tant est qu'il existe encore des restitutions de ces deux derniers chefs), il en résulte que nous ne trouvons en définitive dans le Digeste que deux motifs de restitution, l'*absence et la minorité*. « En faisant un résumé sommaire de l'institution, dit M. Savigny, *Traité*, VII, p. 168), on « pouvait fort bien ne parler que de la minorité et de l'absence comme « des deux seuls cas ayant un intérêt pratique. » « Dans l'origine et « pendant longtemps, dit aussi Burchardi (*Wiedereinsetzung*, « p. 148), l'absence et la minorité furent les seuls motifs de restitu- « tion. »

Or on a vu que, grâce aux textes de l'édit (*uti quæque res erit animadvertam*, pour les mineurs, la *clausula generalis* pour les absents), dans ces deux cas précisément, la restitution était laissée la plupart du temps à l'appréciation arbitraire du préteur; et cette circonstance mérite d'être remarquée. Elle nous explique comment on a pu dire avec Modestin (l. 3, *De in i. r.*, 4, 1) que, dans toute demande en restitution, le préteur devait apprécier, *causa cognita*, s'il y avait vraiment lieu à restitution. Ceci serait inexact à la rigueur (V. p. 41, 1). Mais rien n'est plus vrai si l'on réduit la restitution à ses deux cas principaux, la minorité et l'erreur. Alors la lésion devenant la base (*Die Veranlassung*, par opposition à *Restitutionsgrund*) de l'institution, il est évident qu'il ne s'agit

En résumé donc, l'*erreur* ne pouvait et ne devait pas servir de motif à restitution. Et cette idée est en tout confirmée par l'autorité tant du législateur que des jurisconsultes de Rome.

Après avoir ainsi montré que l'erreur, 1° était étrangère à toutes les décisions pénales motivées, ou sur le dol ou sur le fait; 2° qu'on lui aurait à tort attribué quelque influence dans ce qu'on appelle des *cas d'omission*; 3° qu'elle n'a pas servi de motif aux restitutions, nous allons examiner maintenant quel rôle elle joue dans les actes entre-vifs ou testamentaires. Nous commencerons par ces derniers.

IV. SI L'ERREUR EXERCE QUELQUE INFLUENCE SUR LES ACTES TESTAMENTAIRES.

D'après un rescrit d'Antonin le Pieux, ne peuvent point tester *de statu suo dubitantes* (1). De là les jurisconsultes avaient conclu que les *de suo statu errantes* ne pourront pas tester non plus, et avec grande raison. En effet, il est d'abord évident que si, étant esclave, je me crois homme libre, mon tes-

plus pour le préteur de vérifier les conditions matérielles, il lui faut de plus toujours se livrer à une appréciation morale. Voilà pourquoi aussi les jurisconsultes se seront refusés à assimiler la restitution des mineurs avec celle des *soldats*, des *femmes*, des *rustici*. Dans ces derniers cas, il n'y avait pas lieu à appréciation, à véritable *cognitio*.

(1) L. 14, l. 15, *Qui test.*, 28, 1. — *Ulp. F.*, xx, 11.

tament ne vaudra pas, puisque pour tester il faut *être* libre; si au contraire étant libre, et pouvant tester, je me crois esclave et incapable de tester, et que pourtant je teste, il est clair qu'alors le testament ne doit pas valoir en vertu du rescrit d'Antonin: si le *doute* suffit, à lui seul, d'après ce rescrit, pour frapper de nullité mon testament, il en sera ainsi à *fortiori*, de la conviction dans laquelle je suis d'être esclave, Les jurisconsultes ne distinguent pas en pareil cas entre l'erreur de droit et l'erreur de fait, ou plutôt l'erreur n'exerce ici aucune influence (1).

D'autres dispositions de droit positif sont celles relatives aux institutions d'héritier, et, aussi aux révocations de ces institutions : tout dépend dans ces cas de la formule (2).

(1) La l. 15 eod. prouve bien que tel était le raisonnement d'Ulpien, puisque c'est à propos du rescrit *de suo statu dubitantes* qu'Ulpien ajoute *vel errantes*. Pour ce cas ainsi que pour les suivants M. Savigny a bien reconnu la nécessité de mettre de côté la distinction entre l'erreur de fait et l'erreur de droit. Mais c'est, dit-il (III, p. 364 et s.), « que l'erreur exerce une influence *plus marquée* sur les actes ju- « ridiques relatifs au droit de succession que sur les actes entre- « vifs ! »

(2) Le § 117 du comm. II de Gaius nous fait voir clairement combien était rigoureux le droit positif sous ce rapport. Pour la révocation V. l. 22, *De adimendis*, 34, 4.— L. 36, § 3, *De test. milit.*, 29, 1.— La l. 5, § 10, *De dol. mal. et met. exc.*, 44, 4, ne dit rien de contraire. Si l'institution d'héritier n'est pas révoquée de la manière exigée par la loi, la simple volonté du testateur ne révoquera rien : les expressions *et ideo heres qui non habet voluntatem, per exceptionem doli repellitur*, doivent être entendues dans ce sens : que une demande de l'héritier véritable contre un débiteur de la

A cette règle généralement admise, quelques auteurs reconnaissent deux exceptions qu'ils attribuent à l'influence de l'erreur.

A. « L'institution d'héritier est nulle, dit-on (1), si « elle a été faite dans la supposition erronée du décès « d'un héritier *ab intestat*, ou d'un héritier institué « antérieurement. » Mais les deux textes sur lesquels se fondent ces auteurs, n'ont nullement la portée qu'on leur donne. Ce sont des décisions rendues dans des espèces exeptionnelles, et où, grâce à des circonstances spéciales, on a pu concilier les exigences de l'équité avec le prescrit rigoureux de la loi :

Voici ces espèces.

A institue régulièrement B pour son héritier et lui substitue son père (le père de B) : ce dernier est tué et le bruit est répandu que B aussi a péri. A fait alors un nouveau testament au profit d'un tiers, avec ce préambule, *hàc præfatione* : « *Comme il ne m'a pas été possible d'avoir ceux que j'ai voulu pour héritiers, Titius heres esto.* » C'est dans ces circonstances que B s'adressa aux empereurs, lesquels, *cognitione suscepta*, décident, *ex voluntate testantis*, que l'hérédité doit revenir à B et que les legs du deuxième

succession, dont la libération était dans la volonté du testateur, mais ne résulte pas d'un legs valable selon le droit civil, peut être repoussée moyennant l'exception de dol. Il s'agit donc ici, comme dit avec raison M. Savigny (*Traité*, III, p. 365, c.), d'un cas semblable à celui mentionné l. 6, § 1, *De pecul. leg.*, 33, 8.

(1) Savigny, *Traité*, III p. 365.

testament doivent être conservés (1). Mais dérogent-ils par là aux principes fondamentaux de la matière : que les héritiers doivent être *scripti solemni modo*, que deux testaments ne peuvent pas coexister? Pas le moins du monde. Ils se bornent à interpréter largement la *præfatio*, circonstance décisive dans l'espèce. Le testateur ayant dit : *quoniam heredes quos volui continere non potui*, ils ont pu y voir une condition tout comme s'il eût dit *si heredes quos volui*, etc. Dès lors ce second testament a paru plutôt comme une substitution, que comme un testament indépendant. Cette manière de voir est confirmée par cette autre circonstance que les legs du second testament ont été conservés. — Le second exemple cité par M. Savigny est le suivant (2): une mère, croyant que son fils est mort, l'omet dans son testament. Adrien décide que la succession ira au fils qui respectera les legs et les affranchissements. Le jurisconsulte s'empresse de faire remarquer que le testament n'est pas argué d'inofficiosité, car : *cum inofficiosum testamentum arguitur, nihil ex eo testamento valet* (3); or, ici, les legs du second testa-

(1) L. 92, *De hered. inst.*, 28, 5.

(2) L. 28, *De inoff. test.*, 5, 2.

(3) Tel est aussi le sens de la loi d'après les *Basiliques*, 39, 1, 24, où le scholiaste ajoute : ὡς ἂν ἔλεγε, διὰ τοῦτο τὰς ἐλευθερίας ἐνταῦθα ἐῤῥῶσθαι, εἰρήκαμεν καὶ τὰ λεγάτα, ἐπειδὴ μή ἐστι δεινοφικιόσο ἡ κινουμένη. « Quasi dixerit ideo hoc loco libertates et legata valere « diximus quod non sit actum querela inofficiosi. » Au reste le scholiast

ment sont respectés, aussi ne reste-t-il d'autre ressource que de considérer comme sous-entendue l'institution du fils. On sait en effet que la rigueur de l'institution et de la révocation n'était pas la même pour la mère que pour le père. Si la mère eût inséré dans ce testament une *præfatio, quoniam filium quem heredem esse volui*, etc., comme dans l'exemple précédent, l'institution du fils n'aurait pas fait de doute. Or, vu les circonstances de la cause, l'empereur Adrien a pu décider qu'on sous-entendrait ces expressions ou quelque chose d'analogue. Ces interprétations n'étaient pas, il est vrai, dans les pouvoirs du juge ordinaire : aussi les jurisconsultes nous disent-ils que ces décisions sont dues à des décrets impériaux. Mais ce qu'il y a de remarquable dans ces deux cas, c'est que l'*erreur de fait* est incontestable, et que pourtant il n'en est pas fait mention. Les titres seuls d'ailleurs des ouvrages d'où ces fragments sont tirés montrent qu'il ne s'agit pas d'applications de règles de droit commun, mais bien d'interprétations exceptionnelles (1).

B. A la règle que nous avons signalée plus haut et qui en matière d'institution d'héritier fait tout

qui ne veut y voir qu'un privilége accordé aux militaires, se trouve embarrassé pour expliquer la validité des legs.

(1) La l. 92, *De her. inst.*, 28, 5, est tirée d'un livre de Paul intitulé : *Imperiales sententiæ in cognitionibus prolatæ*, seu *Decreta.*— La l. 28, *De inoffic. test.*, 5, 2, d'un autre livre du même auteur ayant pour titre : *De septemviralibus judiciis*.

dépendre de l'observation de la formule (1), M. Savigny note une seconde exception. « L'institution d'héritier « est nulle, dit-il (2), si elle a été faite dans la croyance « erronée d'un lien de parenté existant entre le tes- « tament et l'héritier. Si l'héritier est un enfant sup- « posé du testateur, la succession est dévolue au fisc « pour cause d'indignité, dans tous les autres cas l'ins- « titution est réputée non écrite. » Mais cette prétendue exception, attribuée à un effet particulier de l'erreur, n'est que la conséquence des principes les plus élémentaires. Ainsi Ulpien et Gordien nous disent (3) que celui qui est appelé à hériter comme fils du *de cujus* sera écarté de la succession s'il est prouvé qu'il est *suppositus*, en d'autres termes, s'il est prouvé que la formule ne lui est pas applicable, et qu'il est d'ailleurs évident que si le testateur eût connu la vérité, son choix eût été tout autre. Or qu'y a-t-il là de spécial à l'erreur? Rien que nous sachions (4).

(1) Nous renvoyons sur ce sujet au très-curieux livre de Brisson, *De formulis*, 6, 7. Cf. l. 88, § ult., *De leg.*, 2°, 31.

(2) Traité III, 365.

(3) L. 1, § 11, *De carbon. ed.* 37; l. 4, C., *De hered. inst.*, 7, 24.

(4) Une loi d'Hermogénien, l. 46, pr., *De jur. fisc.*, 49, 14, postérieure au rescrit de Gordien, décide que dans les mêmes hypothèses la succession sera dévolue au fisc. C'est là une mesure fiscale qui ne peut avoir d'importance théorique. On assimilait le fils *suppositus*, et qui dès lors était exclu à la succession, à un indigne, *quasi-indigno*, dit le texte. Nous passons aussi sous silence, à dessein, la

Le rescrit de Gordien offre même une analogie évidente avec la célèbre décision de Tibère sur le legs fait à son esclave Parthénius (1). De même que Gordien écarte de la succession celui qui n'est appelé que comme *fils*, lorsqu'en réalité il est *suppositus*, de même aussi Tibère ne regarde pas comme valable l'adition faite par l'esclave que le testateur avait pris pour un homme libre. Seulement Tibère établit en pareil cas entre l'institué et le substitué un concours et un partage qu'aucun système ne peut se charger de justifier (2).

l. 7, C., *De her. inst.*, 6, 24. L'espèce en est discutée. Il s'agit d'une adoption de *frère* qui, disent les empereurs, ne vaut pas même entre pérégrins. Dès lors, quand un père ayant fait adopter un tiers à son fils en qualité de *frère*, laisse sa fortune à ses *fils*, la lettre même de l'institution repoussera le frère adoptif, qui ne peut être fils puisqu'il n'est pas frère du fils ; car, comme dit la loi 5, C. *De testament.*, 6, 23, confirmant tout ce qui précède : « Neque professio « neque adseveratio nuncupantium filios qui non sunt, veritati præ- « judicat ; et quæ ut filiis testamento relinquuntur, juxta ea quæ a « principibus statuta sunt, non deberi, certi juris est. »

(1) § 4, J. II, 15.

(2) En effet, s'attache-t-on à la lettre même de la formule *Parthenius heres esto*, il importe peu que Parthenius soit libre ou esclave. Au contraire, s'attache-t-on à la pensée du testateur, ainsi que le fait Tibère, Parthenius devra être exclu en entier. La condition sous-entendue *si paterfamilias est* n'est pas vérifiée. Partager, ainsi que le fait Tibère, la succession en deux, c'est prendre la moyenne entre la *formule* et la *pensée du testateur*, deux données qui, n'étant pas homogènes, ne peuvent avoir aucune moyenne logique. C'est ainsi d'ailleurs que cette décision est appréciée par tous les auteurs : Vangerow, *Lehrbuch*, II, 107, y voit : eine sonderbare, und jedenfalls ganz willkuerliche Entscheidüng. Schrader (Inst., *loc. cit*) aussi dit avec raison : « Cur autem substitutus pro parte removeatur, ejus

Les règles sur l'exhérédation, conséquences immédiates du prescrit positif de la loi (1), ne nous présentent non plus, quoi qu'on en ait dit, aucune particularité découlant des principes de l'erreur. Ainsi (2) un père, ayant exhérédé son fils dans ces termes : *ille quem scio ex me natum, non esse, exheres esto*, et le fils, ayant prouvé plus tard sa filiation légitime, Africain décide qu'il ne peut être considéré comme exhérédé. On n'exhérède, en effet, que ses enfants. Or exhéréder celui qu'on déclare ne pas reconnaître son fils, c'est évidemment ne rien faire, c'est dire en d'autres termes: *j'exhérède celui qui n'a pas besoin d'être exhérédé.* Une telle exhérédation ne vaut donc pas; et le fils viendra à la succession, pas en vertu de quelque principe sur l'erreur, qui n'a rien à faire dans cette question, mais comme *n'ayant pas été* exhérédé régulièrement, et partant comme *étant* toujours appelé à succéder (3).

« rationem neque noster locus, neque alius ullus docet. Fortasse me-
« dia via electa est inter strictam rationem et æquitatem. Ita enim
« et philosophis passim placuit. »

(1) Il suffit, pour se persuader de cette vérité, de considérer les exhédérations *nominatim factæ, inter cæteros*, les formules rigoureusement exigées, etc. Gaius, II, 127 et s.

(2) L. 14, § 2, et l. 15, *De lib. et posth.*, 28, 2.

(3) Dans la loi 25, pr., *De lib. et posth.*, le doute vient de ce que le testateur ayant un fils et d'autres descendants, on pouvait prétendre, vu les circonstances de l'espèce, que la formule d'exhédération ne concernait pas le fils. Cf. Vernet, *De la quotité disponible*, p. 31. On se demande, en d'autres termes, si la règle *qui filium in potestate, etc.*, a été observée ou non.

La matière des legs fournit aussi plusieurs décisions relatives à l'erreur. Mais il serait inutile de les parcourir. Autrefois, il y avait certaines formes de léguer dont l'observation était de rigueur (1). Plus tard, on se relâcha de ces anciens principes, et, assimilant les legs aux fidéicommis, on ne se guida plus que sur la volonté du testateur (2). Tout devint alors une question d'appréciation pour le juge. En supposant l'erreur du testateur prouvée sur certains points, la seule question qu'on avait à résoudre était celle de savoir si le testateur eût fait le legs ou non, même en ne le supposant pas dans l'erreur : question d'interprétation qui ne peut qu'être faussée lorsqu'on veut voir dans les textes que nous trouvons au Digeste concernant la matière, autre chose que des décisions bonnes pour les espèces dans lesquelles elles ont été rendues. Mais, même avant Justinien, la volonté du testateur était toute-puissante en matière de legs. Pour léguer valablement, il eût fallu respecter la *forme*, employer les *certa verba*, mais il n'était pas dit que toutes les fois qu'on se serait

(1) § 2, J., *De legatis*, 2, 20. « Sed olim quidem erant legatorum « genera quatuor ;... et certa quædam verba cuique generi legatorum « adsignata erant. » Cf. Gaius, 2, 192 et s. Il en était ainsi même des fidéicommis. Gaius, eod., 249. « Verba autem *utilia* fidei- « commissorum hæc... esse videntur. P. S., 4, 1, 6, « *relinquo*, etc. « nullam fideicommissi pariunt actionem. »

(2) L. 1, C. *Commun. de leg. et fideicom.*, 6, 43. — § 2, J., *De leg.*, 2, 20, « Defunctorum voluntates validiores esse cupientes, « et non verbis sed voluntatibus eorum faventes, etc. »

servi de ces termes le légataire aurait eu le legs. Restait toujours la ressource de l'exception de dol, et nous trouvons dans le Digeste les exemples les plus variés de l'usage de cette exception (1).

Ce que nous avons dit nous paraît suffisant pour prouver combien sont gratuites les difficultés qu'on se crée, en inventant sur l'erreur des règles, des exceptions, des sous-distinctions, aussi arbitraires les unes que les autres, pour expliquer des décisions qui peuvent s'en passer parfaitement. Aussi ceux mêmes des auteurs qui ont admis, en thèse générale, le système de M. Savigny se croient-ils obligés de le critiquer dans la matière que nous venons de traiter (2);

(1) « Si quis quid ex testamento contra voluntatem petat, exceptione doli mali repellitur. » (L. 4, § 10, *De dol. except.*, 44, 4.) — Voy. aussi l. 17, § 2 et 3; l. 72, § 6 (Falsam causam legato non obesse verius est; quia ratio legandi legato non cohæret; *sed plerumque doli exceptio locum habebit, si probetur alias legaturus non fuisse*). *De condit.*, 35, 1. — § 31, J. *De legatis*, 2, 20. — L. 1 - 5, C. *De falsa causa*, 6, 44. — L. 22, *De adimendis*. 34, 4. — L. 36, § 3, *De test. milit.*, 29, 1. — Les décisions rendues sur le legs de la chose d'autrui concordent entièrement avec les précédentes. Un pareil legs est nul, à moins qu'il ne soit fait à une personne, telle qu'un parent rapproché, par exemple, *cui legaturus esset, etsi scisset rem alienam esse*, § 4, J, *De legat.*, 2, 20. — L. 67, § 8, *De legat.* (2º), 31. — L. 10, C. *De leg.*, 6, 37.

(2) Vangerow, *Lehrbuch*, II, p. 108, § 431. — Sera-ce au légataire à prouver que le testateur lui aurait légué même s'il n'eût pas commis d'erreur, ou bien à l'héritier à prouver que le testateur n'a légué que parce qu'il est tombé dans l'erreur? Ce sera à celui qui a la possession contre lui à faire la preuve. Le légataire a-t-il la lettre du testament pour lui? Ce sera à l'héritier à faire la preuve *alias le-*

et nous serions complétement de leur avis, s'ils ne substituaient aux distinctions de M. Savigny d'autres pour le moins tout aussi arbitraires. Un autre tort de ces critiques, c'est de tomber dans l'inconséquence. Une théorie sur l'erreur ne peut être vraie en un point, fausse en un autre : c'est le cas, ou jamais, de se dire avec Rousseau : « Si ces principes sont vrais, tout est vrai ; s'ils sont faux, tout est faux. » M. Savigny s'est jeté dans l'arbitraire pour éviter l'inconséquence. Ses critiques ont voulu éviter l'arbitraire et ils ont sacrifié le principe.

La théorie de l'acquisition de l'hérédité et de la prétendue influence que l'erreur y exerce, dans certains cas, serait, peut-être, mieux à sa place, plus bas, là où il sera question aussi de l'acquisition de la propriété. Mais « *cum omnimodo*, dirons-nous avec « Gaius (1), *de testamentis, deque heredibus qui « testamento instituuntur, locuti sumus, non sine « causa sequenti loco poterat hæc juris materia « tractari.* » D'autant plus, qu'il n'en résulte aucune obscurité, aucun embarras dans l'exposition.

gaturum non fuisse (L. 72, § 6, *De cond.*, 35, 1). Découvre-t-on au contraire que la chose léguée par le testateur n'était pas à lui ? En vertu de lois spéciales (§ 4, J. *De leg.*, 2, 20. — L. 21, *De Probat.*, 22, 3), la preuve devra être administrée par le légataire, car ces lois établissent contre lui une *præsumptio juris*.

(1) Comm. 2, 191.

V. SI L'ERREUR EST DE QUELQUE INFLUENCE EN MATIÈRE D'ACQUISITION D'HÉRÉDITÉ.

Quelles sont les conditions auxquelles on fait valablement acte d'acceptation ou de répudiation d'une succession? C'est là une question à laquelle le législateur peut seul répondre. A Rome, on eut dans les premiers temps la formalité de la *cretio;* plus tard, on s'en remit à la simple expression de la volonté de l'appelé, de la volonté éclairée bien entendu, pour l'efficacité de laquelle on exigeait, par conséquent, que l'héritier présomptif connût que la succession était ouverte et qu'il y était appelé à tel ou tel titre. C'était la règle. Mais comme une foule d'autres, cette règle progressivement élaborée dans l'esprit des jurisconsultes ne dut se formuler d'abord que sous une forme négative; et de fait, pour ce qui concerne les conditions d'adition d'hérédité, nous trouvons dans le Digeste deux séries de textes, les uns formulant des conditions positives, les autres au contraire procédant par exclusion, et sous forme de décision concernant l'erreur (1). Il est même à remarquer que

(1) Textes positifs, l. 19, *De acq. r. omitt. her.*, 29, 2. « Qui « hereditatem adire vel bonorum possessionem petere volet, *certus* « *esse debet*, defunctum esse testatorem. » — L. 22, eod. Ut quis « pro herede gerendo, obstringat se hereditati *scire debet*, qua ex « causa hereditas ad eum pertineat, etc. L. 23, ib. In repudianda « hereditate, *certus* esse debet. »

le nombre des textes négatifs l'emporte sur celui des textes positifs. Les jurisconsultes romains ne partageaient donc pas un défaut que Bacon (1) nous représente comme très-fréquent et qui consiste : « A « être plus affecté et plus excité par les preuves affir- « matives que par les preuves négatives, quoique sui- « vant les règles de la droite raison notre esprit dût « se prêter également aux unes et aux autres, et les « peser toutes avec le même soin; *d'autant qu'on « peut tenir pour certain que lorsqu'il s'agit d'éta- « blir ou de vérifier un principe, l'exemple négatif « a beaucoup plus de poids* (2). »

La double série de textes relatifs à l'adition prouve de plus combien les règles positives sont en

Textes avec formules négatives. L. 13, § 1. eod. « Si quis *dubitet*, « vivat testator necne : repudiando nihil agit. » L. 15, ib. « Is qui pu- « tat se necessarium cum sit voluntarius, non poterit repudiare; *nam « plus est in opinione quam in veritate* » (Cf la fin de cette loi avec la deuxième loi de la première série). — L. 16, ib. « Et e con- « trario qui se *putat* necessarium voluntarius existere non potest. » L. 32, pr. eod. « Heres institutus, si *putet* testatorem vivere, quam- « vis jam defunctus sit : adire hereditatem non potest, § 1. Sed « etsi scit, se heredem institutum, sed utrum pure an sub condi- « tione *ignoret*, non poterit adire hereditatem, licet pure heres insti- « tutus sit; et sub conditione, licet paruerit conditionis, § 2. Sed « etsi de conditione testatoris *incertus* sit, non poterit adire here- « ditatem. » Voy. aussi l. 34, *eod.*

(1) *Nov. Org.*, I, aph., 46, par Buchon.

(2) On saisira mieux la vérité de cet aphorisme baconien, en se rappelant ce que disait Charles Comte (*Traité de législation*, l. 1). « Dans les sciences morales, le nombre des erreurs qui sont à détruire « excède le nombre des vérités qui sont à démontrer. »

droit préférables lorsqu'il s'agit, non pas, comme dit Bacon, de donner des exemples, mais de poser des principes. Un principe positif, en effet, exclut tous les cas qui ne rentrent pas dans ses termes, tandis que le principe négatif n'est bon que pour l'hypothèse spéciale pour laquelle il est posé. Mais la principale considération que nous fournisse cette matière, c'est une objection invincible, croyons-nous, au système de l'erreur de droit ou de fait, au système d'excusabilité. En effet, M. Savigny a la prétention de retrouver dans les textes négatifs signalés plus haut « la restriction ordinaire qui exclut l'erreur de droit (1). » Mais comme ces textes négatifs ne sont, ainsi que nous l'avons dit, que la contre-partie d'autres textes positifs beaucoup plus généraux, il s'ensuivrait que, moyennant le principe sur l'erreur, le système de M. Savigny aurait la vertu de faire trouver et d'établir, lors même qu'elles n'existeraient pas, des lois *positives* telles que celles que constituent les trois textes positifs de la première série ; ce qui est absurde. Ensuite l'exemple cité par M. Savigny à ce sujet ne prouve rien (2). Il s'agit de quelqu'un qui, majeur de 25 ans, a fait adition d'hérédité dans les conditions exigées par la loi pour la validité de l'adition. Dans ces circonstances il demande à être restitué ; ce que l'empereur déclare impossi-

(1) *Traité*, III, p. 368.
(2) L. 2, C., *De jur. et f.* 1, 18.

ble, parce que lors même qu'il serait dans l'erreur sur quelque point, il n'a pas moins accompli ce que la loi exige pour qu'il soit définitivement lié.

Conformément à ces principes et grâce au prescrit positif de la loi qui n'admettait pas même d'aditions conditionnelles, on décidait que l'erreur relative au montant de la succession était complétement indifférente. Mais Adrien accorda d'abord un bénéfice spécial, et plus tard Gordien accorda à tous les militaires la faculté d'être restitués sous certaines conditions (1). Après ce que nous avons dit plus haut touchant le chapitre des restitutions, nous n'insisterons pas sur celle dont il s'agit ici, nous ne pourrions que nous répéter. Signalons seulement combien la théorie de l'erreur de fait ou de droit ou celle de l'excusabilité sont en défaut ici encore. S'il fut erreur de fait, c'est bien celle dans laquelle on tombe quant aux forces d'une hérédité. Et pourtant elle est sans remède. Pourquoi cela?

Quia ita leges voluerunt. Parce que de par la loi l'*adition* et son efficacité avaient été organisées indépendamment de toute considération quant à la fortune du *de cujus,* quant à la valeur du patrimoine. Parler ici de *scientia* ou d'*error*, c'est tout

(1) Gaius, II, 163. — § 5, 6, J. *De her. qual.*, 2, 19. —M. Savigny (*Traité*, III, 368) soutient que la disposition de Gordien en faveur des militaires dut subsister même après les innovations de Justinien, pour ceux qui auraient négligé de faire inventaire.

simplement prendre le change sur ce qu'il importe de savoir. La théorie de l'adition, pour nous servir d'expressions romaines, *suas habet conditiones* (1). Ce sont celles-là qu'il faut rechercher; et quant à aligner, comme M. Savigny, les uns à la suite des autres les passages du Digeste où il est question d'erreur (et c'est ce que d'autres pourraient faire à propos de la *scientia*), pour ensuite les relier par une sorte de soi-disant théorie, c'est là un procédé analogue à celui d'une exégèse rabbinique qui compte le nombre de fois dont certains mots se trouvent répétés dans la Bible, et leur position respective, pour en tirer des sens aussi *ésotériques* que peu judicieux.

(1) Voici un exemple qui montrera comment les règles relatives à l'adition l'emportent sur d'autres plus générales. Le patron acceptant la succession testamentaire de son affranchi, dans l'ignorance des aliénations frauduleusement faites par ce dernier, ne peut plus invoquer son erreur, lorsqu'il a fait adition d'hérédité. Tandis qu'il aurait pu demander la *bonorum possessio contra tabulas propter ea quæ alienata sunt*. (L. 3, pr., *Si quid in fraud. patr.*, 38, 5.) Le tout en vertu, non de quelque principe sur l'erreur, mais des règles qui régissent l'adition. — Un autre texte (l. 1, § 17, *De separ.*, 42, 6) nous dit que les créanciers de la succession, après avoir demandé la séparation des patrimoines, peuvent, lorsqu'elle leur est désavantageuse, obtenir restitution en justifiant complétement de leur erreur. Mais d'après ce qui a été longuement établi dans le chapitre où nous avons traité des restitutions, ces deux propositions : « La séparation des patrimoines est définitive; les créanciers néanmoins peuvent se faire restituer pour erreur, » reviennent évidemment à cette règle unique : Pour que la séparation des patrimoines soit définitive, il faut que les créanciers aient connaissance suffisante des forces de la succession; qu'ils ne soient pas lésés.

VI. SI L'ERREUR EST DE QUELQUE INFLUENCE DANS LA THÉORIE DES CONTRATS.

C'est ici le lieu de faire une remarque d'une importance majeure, à savoir : que dans la législation romaine, nous ne trouvons aucune action, aucune exception motivée sur l'erreur.

Cette circonstance qui a passé presque inaperçue était cependant de nature à donner de très-sérieux soupçons sur la légitimité de ce qu'on a appelé la théorie de l'erreur. Les mots *error*, *ignorantia*, se trouvent à chaque instant dans la bouche des jurisconsultes romains. La moitié, sinon les trois quarts des textes qui sont au Digeste contiennent ces expressions ou leurs analogues. Et pourtant, pas une disposition qui puisse faire soupçonner qu'on se préoccupe de l'erreur, soit dans les actions et les exceptions, soit dans les *restitutiones*. Or, y a-t-il aucun raisonnement qui puisse avoir, auprès de tous ceux qui ont étudié le mécanisme de la législation romaine, la même force démonstrative, quant à l'inutilité de toute théorie sur l'erreur, que cette simple circonstance qu'elle ne donnait lieu ni à action, ni à exception, ni à restitution? Cette circonstance ne montre-t-elle pas, à elle seule, que l'*erreur* n'est destinée en droit romain comme dans toute législation qu'à fournir l'exemple, le plus souvent négatif, des propositions affirmatives dont se composent en résumé les lois de toutes les nations (1) ? Que le Digeste offre énormément de textes où il est question d'erreur; rien de plus légitime. C'est en donnant des décisions sur des cas d'erreur (et on en verra encore de nombreux exemples dans ce chapitre), que les Romains précisaient par exclusion, le plus souvent, le domaine d'une loi ; qu'ils donnaient mieux à comprendre la portée des termes législatifs, qu'au besoin même (ainsi que nous l'avons montré à propos des *restitutiones*), ils modifiaient les lois existantes. Mais de là à conclure, comme on l'a fait, qu'il y a une *théorie de l'erreur*, c'est vraiment se faire une singulière illusion. Et pourquoi donc ne prétendrait-on pas alors que tous les mots qui sont dans le Digeste ont leur théorie, par exemple la *cogitatio*, la *celebratio*, etc. (2)?

(1) Ce qui confirme cette idée, c'est que dans la plupart des traités de droit naturel on ne trouve rien, ou presque rien, sur l'erreur. D'après ce que nous disons dans le texte, cela doit être ainsi ; c'est le juge seul qui est appelé à se prononcer sur des cas d'erreur. (V. Bentham, *Traité de législation*. — Schilling, *Naturrecht.*)

(2) C'est là que mène pourtant l'ardeur des monographies. Sur quelques mots on bâtit un système ; le système vous donne alors une formule de tout le droit *possible*, et non, ce qui importe, du droit *vrai*. L'idée de telle ou telle institution est faussée, et cette première erreur de combien d'autres n'est-elle pas bientôt suivie ? — La longue monographie de M. Savigny sur le sujet qui nous occupe, est l'exemple le plus frappant qu'on puisse donner de ce genre de défaut. Et cependant n'est-ce pas Puchta qui a dit que c'est grâce à M. Savigny qu'on avait retrouvé les vrais principes sur l'erreur?

Mais revenons aux contrats (1) et montrons à l'occasion de l'un des plus usuels et peut-être du plus important, à l'occasion du contrat de vente, auquel se rapportent d'ailleurs la plupart des décisions rendues sur l'erreur par les jurisconsultes romains, combien, toute théorie particulière de l'erreur mise de côté, on peut se rendre et l'on se rend très-bien compte de toutes les décisions données à ce sujet, en vertu des seuls principes du contrat de vente (2).

Parcourons diverses hypothèses :

S'il y a eu erreur sur la nature du contrat, si j'ai cru faire un louage, vous une vente : il n'y a rien de fait, parce qu'il n'y a pas eu *consensus*, parce que la base même de toute convention a manqué (3).

S'il y a eu erreur sur l'identité de l'objet, *error in corpore*, il n'y a non plus rien de fait, l'existence d'un seul et même objet étant essentielle à la formation de la convention (4).

(1) Sur cette matière, V. Savigny, *Traité*, presque tout le 3e vol. Vangerow, *Lehrbuch*, p. 276 et suiv.

(2) Notez 1o que le contrat de vente est un contrat de bonne foi, c'est-à-dire : qu'il oblige à tout ce que les usages ou les circonstances particulières présentent comme naturel de sous-entendre dans la convention ; 2o qu'il a pour but le *habere licere*, bien que la plupart du temps on soit obligé, par la bonne foi, à opérer la translation de propriété.

(3) L. 18, pr. et § 1, *De r. c.* 12. 1.—L. 9, pr. *De contr. empt.* 18, 1. — L. 3, § 1, *De o. et a.* 44, 7. — L. 5, pr. *De neg. gest.*. 3, 5. Appliquez la règle *error facti non nocet*, vous n'avez aucun sens.

(4) L. 5, 7, *De obl. et act.* 44, 7. — L. 9, pr. *De cont. empt.*

Si l'erreur ne tombe que sur un accessoire, le contrat principal reste parfaitement valable, et quant à ce qui concerne l'accessoire, le *vendeur* n'est obligé que pour ce que *lui vendeur* a entendu donner (1). Voici le développement de cette importante décision qui n'est qu'une conséquence forcée des principes les plus élémentaires en matière de vente : Il est de règle que les pactes obscurs s'interprètent contre le vendeur. Mais ce principe ne s'applique évidemment que lorsqu'il est certain que vendeur et acheteur ont voulu la même chose, et lorsque le doute ne porte que sur ce point : laquelle de deux choses également probables ont-ils voulu tous deux (2)? Si,

18, 1. — L. 83, § 1 (V. Pellat, *De la propriété*, p. 134). —L. 137, § 1, *De v. o.* 45, 1. — L. 10, C. *De donat.* 8, 54. V. aussi *supra*, p. 12, n. 3.—Bien entendu, nous ne parlons ici que de la formation du contrat, nullement des effets que pourra amener la tradition qui suivra le contrat et dont nous traitons dans un chapitre spécial.

(1) L. 34, pr. *De contr. empt.* 18, 1. Cujas est revenu sur cette loi à deux reprises (Obss. 1, 10, XVIII, 31 et comm. in libr. XXXIII. Paul, ad. ed. ad. h. l. in opp. v, 504.) pour soutenir qu'au lieu de *quem venditor intellexerit*, c'était *quem emptor intellexerit* qu'il fallait lire.

(2) L. 21, *De cont. empt.* 18, 1. « Labeo scripsit (et c'est de Labéon qu'est aussi la décision en apparence contraire de la l. 34, pr. *De contr. empt.* 18, 1.) *obscuritatem* pacti nocere, potius « deberi venditori. » L. 33, eod. « Primum spectari oportet quid « acti sit ; si non *id appareat, tunc* id accipitur, quod ven- « ditori nocet ; *ambigua* enim oratio est. » (ἀσαφὴς ἡ ἀπόφασις, Bas. 19, 1, 31.) — L. 39, *De pactis*, 2, 14. « Veteribus placet, « *pactionem obscuram* venditori et cui locavit nocere, etc. » Dans toutes ces lois, il s'agit de trouver ce que les deux parties ont voulu.

dans ce cas, aucun indice ne vient révéler au juge l'intention des parties (1), il interprètera la convention contre le vendeur. Mais dans l'hypothèse dont nous nous occupons, il n'est pas douteux, il est certain que les parties ne se sont pas accordées sur l'accessoire (2). S'il ne se fût agi que de l'accessoire, le contrat aurait été inexistant : pour *error in corpore ;* mais comme il est logique que le principal entraîne ici l'accessoire, et qu'il faut bien arriver à une conclusion sur ce point, le jurisconsulte se décide pour le *quod minimum* ou plutôt pour ce que le débiteur avoue devoir (3).

non si elles ont voulu la même chose, car alors le contrat lui-même serait mis en question. C'est ainsi que la l. 26, *De reb. dub.* 34, 5 (l. 38, § 18, *De v. s.*), porte : « Cum quæritur in stipulatione *quid* « *acti sit*, ambiguitas contra stipulatorem est. » (Cf. l. 99, *De v. s.*), tandis que s'il était douteux que les parties eussent voulu la même chose, on ne pourrait pas condamner le promettant, car « 1o Si Stichum stipulatus de alio sentiam, ille de alio, *nihil* actum est. » (L. 83, § 1, *De v. o.* 45, 1.) « 2o Probatio incumbit actori. » Ces nuances n'ont pas été toujours saisies par les commentateurs.

(1) Nous disons aucun indice, car, comme le dit la loi 219, *De v. s.* « In conventionibus contrahentium voluntatem potius quam verba « spectari placuit. »

(2) La l. 34, pr., etc., porte : « Neque intelligatur, quis ex pluri- « bus accesserit, *cum de alio emptor de alio venditor* senserit. » La dernière partie montre bien qu'il s'agit d'un cas de *non consensus*. Aussi, les expressions *neque intelligatur quis ex pluribus accesserit*, se trouvent-elles omises dans les *Basiliques*, 19, 1, 39.

(3) Ce qu'il peut y avoir de dur quelquefois pour l'acheteur, dans cette décision, est tempéré par la ressource de la diminution du prix, qu'offre le caractère *bonæ fidei* de l'action *empti*. V. l'explication ci-

L'erreur peut porter sur l'objet, auquel cas il y a lieu de distinguer.

I. Tombe-t-elle sur l'existence même de l'objet? Suppose-t-on la chose entièrement périe? Le contrat est nul faute d'objet, et il est inutile même de parler d'erreur (1).

Il en est de même et pour les mêmes raisons, dans les cas où, non pas l'objet matériel en entier, mais ce qui aux yeux des contractants constituait le véritable objet du contrat a péri (2).

Si la chose n'est périe qu'en partie (avant le contrat), et que le contrat soit unilatéral, on l'exécutera naturellement dans la limite du possible; mais si le contrat est synallagmatique, il y a lieu d'appliquer les l. 57 et 58, *De contr. empt.*, 18, 1, lois qui ont été l'objet des controverses les plus vives (3). Voici quant à nous les décisions que nous semblent contenir ces lois, décisions qui toutes, il est facile de s'en convaincre, ne sont que des applications des règles les plus simples du contrat.

après des expressions *æstimatione boni viri arbitratu habita* dans la l. 57, pr. *in fin. De contr. empt.* 18, 1.

(1) L. 15, pr. L. 8, pr. L. 44, *De contr. empt.* 18, 1. L. 1, 7, *De hered. v. act. vend.* 18, 4.

(2) L. 57, pr., l. 58, *De contr. empt.* 18, 1. L. 1, § 9, *De o. et a.* 44. 7 (terrain bâti, maison brûlée, etc.)

(3) V. la liste des commentateurs dans Vangerow, *Lehrbuch*, III, p. 279, et surtout dans Schimmelpfeng, *Hommel redivivus, leg. cit.*— Ducaurroy, *Inst. expliqués*, § 1048 (*a*), trouve vraisemblable l'opinion très-invraisemblable de Noodt qui veut que ces deux textes soient apocryphes.

A.—Si la maison a brûlé en entier, à l'insu de l'acheteur et du vendeur, rien n'est fait (1). Sera assimilée à cette hypothèse celle où l'acheteur ayant acheté un fonds en contemplation des arbres, ceux-ci se trouveraient abattus (2); dans les deux cas, il n'y avait pas d'objet. Lorsque la chose a péri en partie, il faudrait examiner si, d'après ce qui en reste, on peut considérer la chose comme tout à fait inexistante, ou bien comme simplement diminuée. Dans le premier cas, on raisonnera comme si la destruction avait été complète (3) ; dans le second, au contraire, la vente vaudra, mais il y aura lieu à diminution du prix, *æstimatione boni viri arbitratu habita* (4). Le contrat de vente est en effet,

(1) « Domum emi, cum eam et ego et venditor combustam ignora-
« remus : Nerva, Sabinus, Cassius, nihil venisse quamvis area ma-
« neat ; pecuniamque solutam condici posse aiunt. »

(2) L. 58. « Arboribus quoque vento dejectis vel absumptis igne,
« dictum est emptionem fundi non videri esse contractam, si contem-
« platione illarum arborum (veluti oliveti) fundus comparabatur. » — Les Romains assimilaient encore à ce cas celui où la vente ayant eu lieu pour plusieurs choses considérées dans leur ensemble, la perte de l'une d'elles mettait à néant l'ensemble qu'on aurait eu en vue. (Quadrige, symphonistes, etc.) Cf. l. 44, *De contr. empt.*; l. 34, 35, 36, 38, § 13, *De ædil. ed.*, 21, 2.

(3) L. 57. « Sed si pars domus maneret, Neratius ait, in hac quæs-
« tione multum interesse, quanta pars domus incendio consumpta
« permaneat ; ut si quidem amplior pars domus exusta est, non com-
« pellatur emptor perficere emptionem ; sed etiam quod forte ab eo
« solutum est repetet. »

(4) « Sin vero vel dimidia pars, vel minor quam dimidia exusta
« fuerit ; tunc coarctandus est emptor venditionem adimplere, æsti-

nous le disions tout à l'heure, *contractus bonæ fidei* : et rien n'eût été plus injuste, plus contraire à la bonne foi que de faire payer la totalité du prix en regard d'une partie de la chose.

B. — Jusqu'ici nous avons supposé que les deux parties étaient également ignorantes de la vérité des choses. Supposons maintenant que l'acheteur ait connaissance de la destruction partielle (on conçoit aisément pourquoi nous ne parlons pas de destruction totale) de la chose, il sera censé avoir acheté pour la totalité du prix qu'il a donné le restant de la chose : sa manière d'agir n'aurait sans cela aucun sens (1). Que si c'est le vendeur qui savait que la maison avait brûlé en partie (2), la vente vaudra, mais le vendeur sera tenu de fournir à l'acheteur *id quod interest*.

C. — Enfin une dernière hypothèse est celle où les deux parties, connaissant la vente totale ou par-

« matione boni viri arbitratu habita, ut quod ex pretio propter incen-
« dium decrescere fuerit inventum, ab hujus præstatione liberetur. »

(1) L. 57, § 2. « Ubi emptor quidem sciebat, venditor autem « ignorabat, et hic oportet venditionem stare et omne pretium ab « emptore venditori, si non depensum est, solvi ; vel si solutum est « non repeti. »

(2) Si la maison ayant brûlé en entier, le vendeur le savait, il n'y aurait rien de changé dans la décision rendue pour le cas où vendeur et acheteur ignoraient la perte : tout serait nul. Ainsi, l. 57, § 1. « Sin autem venditor quidem sciebat domum esse exustam, nullam « venditionem esse, si tota domus ante venditionem exusta sit : » et l. 58. « Emptionem fundi non fieri : sive sciente sive ignorante « venditore. »

tielle de la maison, contractent néanmoins, faisant semblant d'ignorer ce fait. Ici le jurisconsulte voit deux parties qui cherchent mutuellement à se tromper l'une l'autre, et partant il déclare tout *judicium bonæ fidei* impossible. Les choses donc resteront en état : si l'acheteur n'a pas payé il ne sera pas tenu de payer, s'il a payé il ne pourra répéter (1).

II. Si, comme on vient de voir, aucune théorie n'est nécessaire pour résoudre les questions qui se présentent à l'occasion de l'existence de l'objet, elle n'est pas plus utile pour les hypothèses qui ont trait

(1) On peut rapprocher de cette discussion la l. 34, § 3, *De contr. empt.*, où ces mêmes hypothèses sont passées en revue à l'occasion d'une *res furtiva* (Cf. § suiv.). Si vendeur et acheteur connaissent que la chose a été volée, et qu'ils cherchent tous deux à se surprendre : rien ne sera conclu. La vente est un contrat de bonne foi incompatible avec le dol réciproque. Mais rien bien entendu n'empêcherait que les deux parties ne fissent sciemment une convention concernant le bien d'autrui. — Si le vendeur sait le vice de la chose, et que l'acheteur l'ignore, *utrinque obligatio contrahitur;* pour lui, acheteur, peu lui importe, en droit romain, comme en droit français, qu'au moment du contrat la chose soit ou non dans le patrimoine du vendeur; et quant à ce dernier puisqu'il savait que la chose était *furtiva*, c'était à lui de prendre les mesures nécessaires pour remplir l'obligation qu'il contractait; mais si l'acheteur connaissant le vice dont la chose est entachée, le vendeur l'ignorait, il n'en serait plus de même. Un homme qui s'oblige à vous procurer une chose qui n'est pas *furtiva*, pourrait avoir mille raisons pour ne pas s'obliger à vous la livrer lorsqu'elle est entachée de ce vice. Dans l'hypothèse présente, le vendeur ne sera pas tenu et cela avec d'autant plus de raison que l'acheteur connaissait la nature vicieuse de la chose. Voyez sur toute cette controverse, entre autres auteurs, Matthiæ, *Controversen Lexikon*, v° *Kaufcontract*, VII et s.

à la qualité de l'objet. Ces hypothèses, d'ailleurs, ne peuvent pas se rapporter à des contrats unilatéraux. Dans ce genre de contrats, il suffit qu'il y ait *consensus* quant à l'identité de l'objet, le reste importe peu (1). Il en est tout autrement lorsque le contrat est synallagmatique. Pour ce cas, autrefois on distinguait l'*error in substantia* de l'*error in bonitate*; cette distinction, insuffisante en elle-même, a de nos jours été remplacée par une autre que M. Savigny formule ainsi qu'il suit (2) : « L'erreur sur une qualité « de la chose est essentielle lorsque, d'après les idées « admises dans les relations de la vie réelle, la qua- « lité faussement supposée range la chose dans une « autre classe d'objets que celle dont elle fait partie. « Pour cela, la différence de la matière n'est ni une « condition nécessaire ni une condition toujours « suffisante, et dès lors l'expression *error in subs-* « *tantia* est une désignation impropre. » Pour notre part, nous l'avouons, à la place de cette formule passablement longue et pas suffisamment claire, nous aimons mieux nous en tenir à l'idée de l'identité de l'objet entendue *civiliter*, ainsi que cela convient dans des contrats de bonne foi. Nous avons dit

(1) L. 22, *De v. o.*, 45, 1. — L. 1, § 2, *De pignor. act.*, 13, 7. Voici la première de ces deux lois, elle est décisive : « Si id quod « aurum putabam, cum æs esset, stipulatus de te fuero, teneberis « mihi hujus æris nomine quoniam in corpore consenserimus; sed « ex doli mali clausula tecum agam, si sciens me fefelleris. »

(2) *Traité*, III, p. 287.

qu'un élément essentiel à la validité de toute vente était l'identité de l'objet. Or, comment connaissons-nous les objets ? Par leurs propriétés, par leurs qualités principales, ou du moins par celles qui nous frappent le plus lorsque nous les considérons. Dès lors, quand cette propriété principale essentielle vient à manquer, cet objet, individuellement le même, n'est plus le même pour nous ; ainsi, l'*error in substantia* peut atteindre jusqu'à l'*error in corpore*, et, dans ce cas, il est inutile d'ajouter que le contrat lui-même sera annulé. Sans disparaître tout à fait, cette propriété essentielle peut encore être tellement en défaut que cela équivaille à une absence totale (1), et qu'il y ait lieu à nullité. Enfin de même que, le contrat subsistant, il peut y avoir lieu à diminution du prix, par suite de destruction partielle, de même on peut concevoir de ces règlements de compte entre vendeur et acheteur pour cause de défaut partiel de cette qualité, de cette substance qu'on avait eue surtout en vue. Ramener ainsi à un même principe les idées d'objet et de substance, ce n'est pas se jeter dans la confusion, c'est mettre de côté des abstractions métaphysiques pour envisager au point de vue du jurisconsulte aux yeux de qui il n'y a pas d'objets sans qualités, ni de qualités sans objets. C'était aussi le point de vue des Romains qui ne

(1) V. p. 69, l. 57, pr., *De contr. empt.*, 18, 1.

parlent de l'erreur sur la substance ou sur la qualité que d'une façon tout à fait secondaire et accessoire (1).

Deux réserves sont pourtant bonnes à faire ici, afin de prévenir tout malentendu : 1° La question d'identité d'objet (identité de substance) est souvent une question d'appréciation ; 2° il y a une grande différence entre les deux hypothèses suivantes : Je vous demande expressément une paire de chandeliers en argent, ou, sans que je me sois exprimé d'une manière formelle, il est impossible que vous vous mépreniez sur mon intention d'avoir des chandeliers de ce métal, et, dans ces circonstances, vous m'en offrez en alliage ; première hypothèse. Seconde hypothèse : Je vois dans votre boutique des chandeliers que je prends à tort pour des chandeliers en argent, et je les achète comme tels, sans que vous ayez deviné mon intention, qui était de n'acheter que des chandeliers en argent. Au premier cas, il y a nullité du contrat, défaut d'objet, et partant de *consensus* (à moins de ratification postérieure) ; au second cas, au contraire, le contrat vaudra, à moins que la différence de prix et d'autres circonstances antérieures ou concomitantes ne fussent de nature à me constituer, moi, vis-à-vis de vous, acheteur

(1) Au reste on peut remarquer que les Romains n'admettaient aucune différence d'effets, ainsi que cela a lieu d'après le C. Nap., entre l'*error in corpore* et l'*error in substantia*.

de telle ou telle substance. Parcourons les textes :

Vous me vendez une table recouverte d'argent pour une table d'argent massif, que je vous avais demandée, *nulla est emptio* (1). On ne peut réellement pas dire qu'il y a eu *consensus*. Je vous demande du vin et vous me donnez du vinaigre, *nulla est emptio*, pour la même raison ; mais il en serait autrement si vous m'aviez donné du vin qui est devenu aigrelet, la vente sera parfaitement valable, sauf l'indemnité que je pourrai obtenir moyennant l'*actio empti* (2). — Des héritiers trouvent, parmi les biens de la succession, un ornement qu'on dit être d'or ; le prix en est débattu ; un d'eux l'achète, et plus tard on découvre que ce qu'on avait pris pour de l'or, n'était en grande partie que de l'alliage ; *quid juris?* La vente vaudra, d'après le jurisconsulte et avec raison (3). Dans ce cas, en effet, il n'y a pas d'abord un acheteur et un vendeur à proprement parler ; des cohéritiers s'étaient seulement fixés sur le prix d'un objet de la succession, *pretio exquisito*, nous dit le texte ; cette circonstance n'est pas la seule : l'or n'est que mélangé en partie, ce qui

(1) Jul., l. 41, § 2, *De contr. empt.*, 18, 1.

(2) Ainsi entendue la l. 9, § 2, *De contr. empt.* (Ulp.), qui a donné lieu à tant de plaisanteries, semble présenter un sens satisfaisant. L'expression *vinum acuit* peut très-bien signifier du vin qui devient ou qui commence à devenir aigre, sans que pour cela on puisse dire que c'est du vinaigre. Cf. l. 1, pr., *De peric.*, 18, 6.

(3) Ulp., l. 14, *De contr. empt.*

prédomine, c'est encore l'or; c'est bien le même objet que le cohéritier avait eu en vue, seulement il est de valeur moindre; l'héritier a fait un mauvais marché, voilà tout (1). Quelqu'un achète de vieux habits à la place des habits neufs qu'il voulait acheter. *Quid juris?* Connaissait-il que les habits fussent usés? Tout est dit. Si non, *emptori præstandum id quod interest* (2)? Ici on suppose que l'acheteur avait demandé des habits neufs, et que le vendeur lui en avait donné qui ne l'étaient pas tout à fait (3). Et dès lors la décision qui est fournie par Marcien n'est nullement en contradiction avec celle qui précède.

L'erreur peut encore porter sur la quantité de l'objet. Livre-t-on plus ou moins que ce que l'on doit livrer? L'action du contrat est là pour obliger l'une ou l'autre partie à exiger ou à reprendre ce qui est en plus ou en moins (4). Si l'objet a été

(1) C'est dans le même ordre d'idées que Paul dit (l. 10, eod.) : Si voulant acheter de l'or, j'achète de l'or mélangé à un métal moins précieux, la vente vaudra. *Si aurum fuerit deterius autem emptio valet.* Mais il est évident que ce n'est que d'après les circonstances que le juge décidera que dans cette espèce on m'a donné de l'*aurum deterius*, et non un alliage, ce qui rendrait la vente nulle.

(2) L. 45, *De contr. empt.* V. dans Vangerow, *Lehrbuch*, III, p. 283, et dans Savigny, les nombreuses controverses auxquelles a donné lieu la conciliation de cette loi avec la loi 14 d'Ulpien.

(3) Le texte parle de *vestimenta interpola.*

(4) L 18, § 3, *De dolo*, 4, 3. — L. 5, § 1, *Si mens. fals.*, 11, 6. — L. 26, § 4, 6, *De cond. ind.*, 12, 6.

vendu à tant la mesure, et qu'il s'y trouve plus ou moins que la quantité indiquée, le prix en sera augmenté ou diminué proportionnellement (1); il peut se faire aussi que ce soit bien l'objet individuel qu'on a vendu, mais avec désignation de contenance, auquel cas, si l'acheteur ne trouve pas la contenance indiquée, il y aura lieu à nullité ou à dommages-intérêts, d'après les distinctions posées plus haut (2).

Il serait inutile d'insister plus longtemps sur les questions de cet ordre. On ne saurait trop se rappeler, en lisant les décisions qui s'y rattachent au Digeste, que ce ne sont là que des lois interprétatives qui, en somme, n'ont rien d'absolu; que tout ici dépend de la convention expresse ou tacite, et que ce n'est que sous cette forme que l'on peut avoir à envisager l'erreur dans les contrats (3). Les *essentialia contractus* existent-ils? La convention des parties, qu'a-t-elle décidé quant aux *naturalia* ou aux *accidentalia?* Voilà les seules questions que le juge ait à s'adresser, les seules auxquelles il ait à répondre (4). Nous nous bornerons donc à mention-

(1) L. 30, § 2, *De contr. empt.*, 18, 1.

(2) L. 45 et l. 69, § 6, *De evict.*, 21, 2.— L. 13, § 14. *De act. empt.*, 19, 1.

(3) V. l. 219, *De v. s.*, p. 68.

(4) Nous ne parlons pas des *motifs* du contrat, la loi n'en tenant aucun compte dans la définition de la vente. Mais notez que cela n'est vrai qu'autant que le *motif* ne dégénérera pas en *condition* (question d'appréciation) ou que ce contrat de vente lui-même ne prendra pa

ner seulement : que l'erreur peut être *in dominio*, comme disent les commentateurs, c'est-à-dire, qu'elle peut consister en ce qu'on s'est cru propriétaire lorsqu'on ne l'était pas (1) ; ou au contraire, en ce qu'on ne s'est pas cru propriétaire, tandis qu'on l'était (2) ; et qu'on a ainsi agi, en conséquence de

le caractère de quelque contrat innomé ; cas auquel le motif ou au moins certaine espèce de motifs est d'une grande importance. Cf. l. 3, § 7, *De cond. c. d.*, 12, 4. — L. 65, § 2, *De cond. indeb.*, 12, 6.

(1) Les l. 28 et 34, § 3, *De contr. empt.*, se rapportent à cette hypothèse, mais ne prévoient pas toutes deux la même espèce. La l. 28 déclare qu'il est toujours permis de contracter à l'occasion d'une chose qui appartient à un tiers ; la l. 34, § 3, est plus spéciale ; elle décide que le vendeur d'une chose qu'il croit lui appartenir, lorsqu'elle ne lui appartient pas, n'est pas tenu envers un acheteur qui, connaissant que la chose n'est pas au vendeur et que le vendeur est en erreur sur ce point, veut l'obliger à lui livrer la chose. La mauvaise foi de l'acheteur, l'importance de l'erreur du vendeur, sont ici par trop évidentes, pour s'étonner que le jurisconsulte prononce la nullité du contrat dans ce cas.

(2) C'est à cette hypothèse que se rapporte une loi célèbre de Marcellus (l. 49, *Mandati*, 17, 1), dont j'emprunte l'interprétation à Vangerow (*Lehrbuch*, III, p. 289. V. pour la bibliographie, Schimmelpfeng, *Hommel rediv. ad leg.*), qui la puise dans les considérations habituelles de la vente, du mandat, sans invoquer le moins du monde les prétendus principes sur l'erreur, que d'autres romanistes ont voulu y faire entrer à toute force. « Je possède de bonne foi un esclave, qui appartient en réalité à Titius, et je donne mandat précisément à Titius (qui ignore son droit de propriété sur l'esclave) de le vendre. Titius exécute le mandat, l'esclave est vendu, et ce n'est que plus tard qu'il apprend la vérité. Il n'en restera pas moins dans l'impossibilité de revendiquer. Son rôle a été celui d'un mandataire ; c'est vrai ; mais, en droit romain, le mandataire s'oblige personnellement et, d'ailleurs, il auroit pu contracter valablement, même sur la

ces idées erronées (1); enfin, que l'erreur peut encore porter sur la qualité de la personne avec laquelle on contracte (2), etc.

A l'occasion de la vente, on a encore l'habitude de signaler comme des exceptions à la règle générale concernant l'erreur en cette matière, les actions édiliciennes, et la garantie pour cause d'éviction. Il

chose d'autrui; donc *quem de evictione tenet*, etc., et la seule ressource qui lui restera, sera l'action en indemnité par la *mandati contraria*. La seconde hypothèse que Marcellus examine dans cette même loi, circonstance qui n'a pas peu contribué à la rendre obscure, est celle où quelqu'un ayant acheté, *bona fide*, l'esclave qui, en réalité, appartient à Titius, il arrive plus tard que Titius hérite de cet acheteur; Titius ne voit dans l'esclave qu'un bien de la succession; il donne mandat pour qu'il soit vendu, et ce n'est qu'après la vente qu'il découvre qu'il était propriétaire de l'esclave de son propre chef. Pourra-t-il revendiquer? Non pas; il serait repoussé par l'*exceptio rei venditæ et traditæ* (*exceptio doli*); mais du chef du *de cujus*, il pourra intenter contre le premier vendeur une action en éviction.

(1) Neque pignus, neque depositum, neque precarium, neque locatio rei suæ consistere potest. L. 45, pr., *De r. j.* — Cf. loi 15, *Depos.*, 16, 3. — L. 16, pr., *De contr. empt.*, 18, 1. — L. 9, § 6, *Locati*, 19, 2. — L. 21, l. 33, § 5, *De usuc.*, 41, 3.

(2) « Plus *in re* est quam *in existimatione* mentis » (c. à d. que lorsque les conditions *réelles*, celles exigées par la loi pour l'accomplissement et la perfection d'un *negotium juris* existent, peu importe ce qu'on peut en penser); « et ideo tametsi existimat se non a « domino emere, tamen si a domino ei tradatur, dominus efficitur. » L. 9, § 4, *De j. et f. ign.*, 22, 6. Voilà donc à quoi se réduit la théorie de l'erreur de droit et de fait. Son principal défenseur, nous devrions dire, son inventeur lui-même, car cette loi est de Paul, en est réduit à nous dire, que ce qu'il faut toujours considérer c'est moins l'*existimatio*, l'erreur, que les conditions du *negotium juris*, *rem ipsam*. La l. 32, *De r. cred.*, 12, 1, et autres analogues seront expliquées plus bas à l'occasion de l'erreur dans la tradition.

nous faut aussi en parler. Mais pour bien faire comprendre la nature de l'exeeption, il est bon de voir de quelle manière on présente la règle. « Pour ce « qui est de l'influence de l'erreur sur les contrats, « dit M. Savigny (1), il faut dire qu'elle n'exerce « aucune influence en principe, qu'elle soit de droit « ou de fait, excusable ou inexcusable. » Nous sommes arrivés nous-mêmes à ce résultat dans ce qui précède ; mais tandis que pour nous cette assertion, confirmée par les textes, n'était qu'une conséquence des principes généraux concernant les conditions de formation des contrats, dans M. Savigny, elle est posée d'autorité, sans aucune raison suffisante du moins en équité (2), tout aussi bien, que pour les actes testamentaires, il avait posé, sans aucune justification préalable, la règle diamétralement opposée. Aussi l'erreur sur les motifs qui, pour nous, ne pouvait influer, par la bonne raison que le motif n'entre pas dans la définition légale du con-

(1) *Traité*, III, p. 348.

(2) Ou plutôt M. Savigny (*ib.*) donne une raison, mais elle n'en est pas une ; dire comme il le fait « que la seule manière de protéger « le commerce contre l'arbitraire et une incertitude sans bornes était « d'ôter en pareille matière toute influence à l'erreur, et *cela sous « quelque forme que pût se montrer l'erreur*, » c'est en vérité ériger en règle, dans toutes les transactions commerciales, un formalisme d'une rigueur dont aucune législation du monde ne nous donne l'exemple ; c'est, en d'autres termes, confondre d'une manière impardonnable la partie obligatoire avec la partie libre et interprétative des lois.

trat (1), ne peut être déclarée indifférente quant au contrat, d'après M. Savigny (2), que parce qu'il est de principe que l'erreur n'y influe pas (3)!

C'est à la suite de ces prémisses, tout au moins singulières, que M. Savigny (4) arrive à formuler les *exceptions remarquables* dont nous parlions plus haut, et dont la première se rapporte aux actions édiliciennes. « Celui qui achète, dit-il, une chose « ayant certains vices cachés spécialement déter- « minés, peut à son choix demander la résiliation

(1) V. *supra*, p. 80, note 4.

(2) Eod. « Ainsi le contrat *déterminé par l'erreur* n'est pas nul en soi, et on ne saurait l'attaquer ni par une demande ordinaire ni « par une demande en restitution. »

(3) Une analyse sommaire des textes invoqués fera voir qu'ils sont conformes à nos assertions. Ainsi la loi 65, § 2, *De cond. ind.*, 12, 6, dit que la fausseté du motif d'une libéralité n'entraîne pas la nullité de la libéralité. — La l. 38, *De dol.*, 4, 3, ne parle que d'une acceptilation; or, on connaît le caractère rigoureux de cet acte; il n'est donc pas étonnant que l'on ne trouve d'autre ressource que l'action *doli*, lorsque l'acceptilation a eu lieu sur de faux motifs: mais il n'en aurait pas été de même si au lieu de l'acceptilation on avait affaire à un simple pacte. Voici encore l'espèce de la loi 18, § 3 *De dolo*, 4, 3. Si l'on achète des marchandises au poids, et que pour les peser un tiers fournit sciemment de fausses balances, la partie lésée peut réclamer l'exécution loyale du marché, en vertu des règles de la bonne foi. Mais si les balances ont été désignées spécialement dans le contrat, la partie lésée n'a d'autre recours que l'*actio doli* contre l'auteur de la fraude. Car il est évident, en pareil cas, que les parties se sont réciproquement déchargées par convention de toute réclamation provenant de la fausseté des balances. Le seul alors qui soit tenu, c'est ce tiers qui, sciemment, a causé le dommage.

(4) *Traité*, III, 350.

« de la vente ou une diminution de prix, et cela « uniquement à raison de son erreur, soit que le « vendeur ait connu ou ignoré le vice de la chose. « Sous ce rapport on ne doit pas assimiler les ac- « tions édiliciennes à l'action en garantie contre « l'éviction, bien que cette dernière implique une « erreur (1) ; car ici le motif de l'action *n'est « pas l'erreur, mais l'inexécution des conditions de « la vente* (2), et l'erreur figure en ce sens, *que si « l'acquéreur eût connu le droit du tiers, il per- « drait son recours contre le vendeur.* Aussi chez « les jurisconsultes romains, la garantie de l'évic- « tion n'était pas comme les prescriptions de l'édile, « une règle de droit positif, mais une consé- « quence naturelle de la vente, et on pouvait « l'exercer en vertu de l'*actio empti*, qui ne donnait « à l'acheteur aucun recours en cas de *vitium* ou « *morbus.* » Rien assurément de plus incontestable que cette observation de M. Savigny, à savoir, que l'action en garantie pour éviction ne doit pas être rapportée à la théorie de l'erreur (3), mais bien à

(1) L. 27, C. *De evict.*, 8, 45.

(2) L. 11, § 2, *De act. empt*, 19, 1. L. 8, *De evict.*, 21, 2.

(3) M. Savigny (*Traité*, III, p 350) déclare encore, avec raison, étrangère à la théorie de l'erreur l'action en résiliation de la vente, pour *læsio ultra dimidium*, « car si l'erreur sur la valeur de la « chose peut avoir déterminé le vendeur, celui-ci peut avoir cédé à un « besoin d'argent dont l'acheteur aurait abusé ; » et aussi le cas de fraude ; « car alors l'erreur cesse d'opérer comme telle, et la fraude « engendre des rapports de droit spéciaux. »

l'*inexécution des conditions de la vente*, ou, pour mieux dire, aux conditions sous-entendues dans tout contrat de ce genre, concernant les réclamations de l'acheteur pour le cas où il serait évincé ; mais en est-il autrement pour l'action édilicienne? Nous ne le pensons pas, et en vérité, il nous est impossible d'apercevoir aucune raison qui commande une appréciation différente de ces deux actions de l'acheteur.

On a de longue date établi combien les idées juridiques furent étroites chez les Romains, dans les premiers temps, comment, pendant une assez longue période, on ne put parer à cet inconvénient que par des expédients spéciaux (stipulation contre le dol, cautions, etc.) et comment enfin, la marche du droit romain a consisté à s'*humaniser*, comme dit M. Ortolan, c'est-à-dire, d'un côté, à rejeter de son sein tout ce qu'il y avait d'artificiel, et d'un autre, à compléter ses définitions juridiques en leur donnant un développement conforme aux exigences des temps et du progrès. L'*emptio venditio* a-t-elle existé de tout temps chez les Romains? C'est douteux. La garantie pour éviction fut-elle, à toute époque, une conséquence naturelle du contrat de vente? Ce point encore peut être controversé (1).

(1) « C'est surtout, dit M. Ortolan. (*Expl. hist. des Inst.*, § 1465), « au sujet des diverses obligations du vendeur, qu'on peut vérifier ce « que nous avons dit sur le développement graduel des effets attri- « bués au contrat consensuel par la doctrine et sur leur caractère peu

Mais ce qui peut paraître douteux quand il s'agit d'actions en garantie pour éviction, est indubitable quand il s'agit des actions édiliciennes.

« défini. A l'époque où le contrat consensuel n'était pas encore ad- « mis, ou bien où les principes quant aux obligations qu'il de- « vait produire n'étaient pas encore arrêtés, on y suppléait par la « stipulation. Ainsi, l'acheteur stipulait que le vendeur lui livrerait « la possession libre (*vacuam possessionem*), ou bien qu'il le garan- « tirait de l'éviction et des défauts de la chose... Enfin les édiles cu- « rules réglèrent avec beaucoup de soin, par leur édit, la matière des « ventes. Au sujet de l'éviction, ils *transformèrent en nécessité*, du « moins quant à la vente des choses précieuses et des esclaves, *l'u-* « *sage* de la stipulation du double ; de telle sorte que l'acheteur pou- « vait agir contre le vendeur, en vertu du contrat, pour se faire « faire cette promesse, etc. » V. dans le même sens Maynz, *Éléments du droit romain*, 2e *éd.*, t. II, p. 174. « Dans le droit nouveau la « garantie du chef d'éviction et la garantie des qualités promises et « des défauts sont donc des *conséquences naturelles* du contrat « de vente, et elles incombent au vendeur sans que l'acheteur ait « besoin de les stipuler expressément, » et aussi p. 176 : « On « finit donc par autoriser l'acheteur à intenter l'*actio empti*, « à l'effet que la stipulation se fasse. Bien plus on finit par « admettre que, même sans qu'aucune stipulation fût inter- « venue, l'acheteur pût se servir de l'action du contrat pour se « faire indemniser, tout au moins, du préjudice qui lui serait occa- « sionné par une éviction. Dès lors, l'obligation de garantie du chef « d'éviction est une conséquence naturelle du contrat, qui a lieu de « plein droit. » Ainsi donc les actions résultant de la stipulation et celles résultant de l'*actio empti* subsistèrent toutes deux pendant quelque temps, chacune ayant son genre d'utilité, en souvenir de leur origine différente. Pour le cas d'éviction, l'action *ex stipulatu* exigeait que l'acheteur eût été matériellement dépossédé, mais elle ne se donnait pas lorsqu'il se trouvait devenu propriétaire de la chose en vertu d'un autre titre postérieur à la vente, de plus, l'indemnité était calculée au double de la vente, etc. A part ces différences, des auteurs ont soutenu surtout à vue de la l. 31, § 20, *De ædil. éd.* 21, 1, que, pour obtenir ces résultats, il n'y avait même pas besoin

En principe, et en supposant même qu'à l'époque de l'introduction des actions édiliciennes, le contrat de vente eût été entendu d'une manière assez large, on conçoit parfaitement qu'il parût bon de trancher d'une manière législative les questions de nullité ou de règlements de compte que pouvait soulever la découverte tardive d'une *maladie*, d'un *vitium* de l'animal vendu. Ces sortes de marchés ayant lieu *en foire*, à vue de l'animal, en présence de l'acheteur et du vendeur, il n'aurait pas suffi, lors de la découverte du vice, de prouver que l'acheteur n'en savait rien, car le vendeur aurait toujours pu prétendre qu'il a entendu faire une vente telle quelle (1), prétention dont la vérification entraînait beaucoup de difficultés. Pour éviter ces embarras, les édiles imposèrent une promesse au vendeur et par suite de cette promesse et selon son objet ils accordèrent à l'acheteur les actions *ex stipulatu*, *quanto minoris*, *redhibitoria*, etc. L'usage aidant, on y suppléa, et même on finit tout naturellement, laissant de côté ce qu'il y avait de spécial à la stipulation, par en faire la conséquence immédiate du contrat de vente, de l'*actio*

de faire intervenir la stipulation et qu'on y suppléait ; absolument comme dans d'autres matières du droit, on en était venu à suppléer à la vraie cession d'actions en y supposant des cessions fictives. Au reste, la coordination historique et logique de ces diverses actions est encore un objet de discussion (V. Vangerow, *Lehrbuch*, III, p. 329.)

(1) V. *supra*, p. 77.

empti (1). En attachant ainsi à l'idée de vente l'idée de garantie pour certains défauts, on put agir contre le vendeur de la chose viciée, pas en vertu de la seconde exception à la règle sur l'erreur, comme le veut M. Savigny, mais en vertu de la convention tacite qui l'obligeait à cette prestation. Le pacte de garantie, *accidentel* à l'origine, devint *naturel*, grâce au développement donné à l'idée même du contrat de vente (2), et passa au nombre des obligations que la loi présume avoir été contractées par le vendeur; de sorte que l'ignorance de l'acheteur, la clandestinité des vices ne fut exigée que parce que dans le

(1) L. 31, § 20, *De æd. ed.*, 21, 1. « *Quia assidua est duplæ* « *stipulatio* placuit etiam ex empto agi posse, si duplam venditor « mancipii non caveat. » — L. 11, § 3, *De act. empt. et vend.*, 19, 1. « *Redhibitionem quoque contineri empti judicio*, et Labeo « et Sabinus putant et nos probamus. » — Et aussi L. 25, § 1, *De exc. rei judic.*, 44, 2.

(2) L'idée de *propriété* fournit un parfait exemple de la mobilité dont sont susceptibles les limites des définitions juridiques, qui reculent ou qui avancent selon les exigences de chaque époque. De même que l'on n'entend par *bona* que ce qui reste *deducto ære alieno*, de même la *plena in re potestas* ne doit être entendue comme signifiant la *propriété*, que déduction faite de ce qui *lege prohibetur*. Or ce *quod lege prohibetur* est variable, et voilà pourquoi la définition de la propriété ne peut être rigoureusement la même lorsqu'on la prend à deux époques différentes. Pour ne parler que des *servitudes légales et naturelles*, que de variétés selon les différents temps, et par conséquent que d'idées différentes de la propriété! (V. sur ce point Demolombe, *Traité des servitudes*, t. I, p. 15 et s.). Or ce que nous disons ici de la définition de l'idée de la propriété est tout aussi vrai de la définition du contrat de vente, etc.

cas où ce dernier en aurait été instruit, on aurait pu présumer la convention de non-garantie.

Vainement M. Savigny relève cette circonstance que la garantie pour éviction est de droit naturel dans le contrat de vente, tandis que la garantie pour défauts est de droit positif. La portée de cet argument, fût-il vrai, est énigmatique. Ensuite il n'est pas du tout prouvé que la garantie pour éviction soit exclusivement le résultat du travail des jurisconsultes. Mais qu'est-ce à dire? N'y a-t-il pas eu, comme nous l'avons exposé un peu plus haut, une époque où l'on vint à considérer la garantie pour défauts comme inhérente naturellement au contrat de vente? Pour cette époque, que devient l'argument de M. Savigny, quelque sens, quelque valeur qu'on lui attribue (1) ?

Nous croyons ne pas devoir insister plus longuement sur le rôle de l'erreur dans les contrats, sur le peu d'utilité que peut avoir sur ce point une théorie quelconque. Pour nous, toute décision concernant l'erreur n'est qu'une confirmation d'un autre principe reconnu en droit, et en conséquence, ce n'est

(1) La meilleure preuve d'ailleurs que les dispositions de l'édit n'avaient aucun caractère rigoureusement positif et arbitraire, c'est qu'on n'aurait nullement répugné à l'appliquer même à d'autres contrats si les termes de l'édit l'eussent permis. Ainsi Ulpien se demande (L. 63, *De ædil. ed.*, 21, 1) pourquoi les mêmes dispositions ne sont-elles pas applicables au louage, et il ne trouve d'autre réponse à cela, si ce n'est que les Ediles n'ont jamais eu le contrat de louage dans leurs attributions, et que *locationes non similiter ut venditiones fiunt*.

qu'en parcourant toute la partie consacrée *aux obligations*, que nous pourrions déterminer à quel principe se rattachent les innombrables décisions où il est parlé d'erreur à l'occasion du mandat, de la société, de la *mora*, de la *culpa* (1), etc. — Aussi n'ajouterons-nous à ce qui précède que deux mots que semble rendre nécessaires l'insistance avec laquelle M. Savigny (2) parle d'erreur, même à propos des sénatusconsultes Macédonien et Velléien : « Il y a « des cas, dit-il, où un acte juridique, *nul en soi*, de- « vient valable par suite d'une erreur qui couvre la « nullité ; tels sont ceux que nous présentent les « sénatusconsultes Macédonien et Velléien. » Or cette propriété extraordinaire de l'erreur de valider ce qui est nul en soi, est ici encore une mystification. Qui est-ce qui assure en effet M. Savigny que le sénatusconsulte rend l'obligation nulle et qu'elle n'est validée que par l'erreur, plutôt qu'il n'exige immédiatement comme condition de son application la *scientia*, c'est-à-dire que le créancier sache qu'il a affaire à un fils de famille (3) ? Aussi pouvons-nous

(1) Sur l'intéressante question : si, au point de vue de la logique de la morale, toute erreur est une faute, et si toute faute est seulement une erreur, V. *Manuel de Phil.*, par Amédée Jacques, etc., p. 295

(2) *Traité*, III, p. 356.

(3) D'ailleurs pourquoi M. Savigny ne dit-il pas la même chose pour le vol et pour tous les autres délits ? Ne pourrait-on pas soutenir de la même manière que l'erreur couvre le vol, et que tout individu, par exemple, qui a pris la chose d'autrui vole, sauf à lui à prouver

dire, comme nous l'avons fait pour une foule d'autres circonstances, que le texte du sénatusconsulte n'ayant parlé que de ceux *qui filiofamilias mutuam pecuniam dedissent*, la doctrine et les interprètes (1) intercalèrent, au moins intellectuellement, dans ces expressions, le mot *scientes ;* et nous pouvons dire cela avec d'autant plus de raison que le système de M. Savigny mène à un grave inconvénient. — De ce que le sénatusconsulte rend le prêt nul parce qu'il a été fait à un *filiusfamilias*, ce sera au créancier à prouver qu'il l'a fait *ignorans;* — s'il ne peut le prouver, il sera débouté, et dans tous les cas, comme nul n'est censé ignorer la loi, le fils ayant prouvé que ce prêt a eu lieu pendant qu'il était sous puissance, le créancier sera constitué par cela même à l'état de violateur du sénatusconsulte, et contrairement aux principes les moins contestables on présumera la mauvaise foi (2). On doit donc repousser

qu'il l'a fait par erreur? Mais la définition même du vol portant *contrectatio fraudulosa*, il est évident que c'est au demandeur à prouver le vol, etc.

(1) L. 3, pr.; L. 7, § 7; L. 19, *De s. c. Maced.*, 14, 6.

(2) Des dispositions relatives au cas de prêt de mineur à mineur se trouvent dans les L. 9, pr., *De jur. et fact.*, 22, 6. — L. 11, § 7, *De minorib*, 4, 4. Elles nous offrent des exemples de restitutions. Les jurisconsultes disent qu'il y a ici conflit entre la législation concernant les mineurs et le sénatusconsulte, mais qu'en somme ce sont les premières qui doivent l'emporter; *ut magis ætatis ratio quam senatusconsulti habeatur.* Le préteur envisagera la question au point de vue de la lésion et agira selon les circonstances.

comme vicieuse la manière dont ce qui concerne le sénatusconsulte Macédonien est présenté par M. Savigny; et il en est de même du sénatusconsulte Velléien, car un texte d'Ulpien (1) cite l'avis de Papinien d'après lequel on ne peut guère se servir utilement du sénatusconsulte contre le créancier qui, ignorant le mandat donné par la femme à l'*intercessor*, croit que c'est un fondé de pouvoirs qui agit pour son propre compte (2).

VII. SI UNE THÉORIE DE L'ERREUR EST DE QUELQUE UTILITÉ EN MATIÈRE DE TRADITION.

La tradition est une conséquence si fréquente des divers contrats, que nous avons pensé qu'il serait

(1) L. 6, *ad s. c. Vell.*, 16, 1.

(2) M. Savigny cite aussi, à l'occasion de ces deux illustrations du fait que l'erreur peut valider un acte nul en soi, l'exemple de l'esclave dont la présence parmi les témoins annule le testament, qui n'est validé que s'il y a eu erreur (§ 7, J., *De test. ordin.*, II, 10. —L. 1, C. *De test.*, 6, 23). Mais en y réfléchissant on trouve, comme dans tous les cas semblables, qu'il y a là bien moins un effet de la théorie de l'erreur, qu'une modification législative introduite en vertu d'un rescrit qui n'exigeait plus pour la validité du testament que les témoins fussent des citoyens libres, mais qu'ils fussent censés être libres. Il s'agit là encore d'une erreur de fait incontestablement, et si *error facti non nocet*, qu'avait-on besoin d'un rescrit, pour proclamer la validité du testament? Si l'on répond avec M. Savigny que c'est parce qu'il s'agissait de faire valider en considération de l'erreur un acte nul, eh bien! n'en faudrait-il pas dire autant dans tous les cas où il y a erreur de fait? Ne peut-on pas prétendre que toujours en pareille hypothèse il y aurait besoin d'un rescrit, puisque l'acte étant nul, il ne serait validé que par considération pour l'erreur de fait?...

bon, avant de passer aux quasi-contrats, de nous expliquer sur certains points importants, concernant l'erreur dans la tradition (1).

Je donne mandat à mon débiteur de payer à Titius à qui je donne mandat de recevoir. Plus tard, je révoque le mandat donné à Titius, et mon débiteur *ignorans* paie entre ses mains. *Quid juris?* A ne consulter que les principes *error juris nocet, error facti non nocet*, rien n'eût été plus facile que de répondre que le débiteur est valablement libéré. Pourtant les choses ne sont pas aussi simples pour Africain (2) et Ulpien (3), qui en parlent dans deux textes (4) dont les termes sont identiques au point de faire croire qu'Ulpien avait sous les yeux la décision d'Africain, mais qui n'arrivent pas moins pour cela à deux conclusions diamétralement opposées : Ulpien décide que le débiteur est libéré, Africain, au contraire, ne lui donne qu'une exception s'il cède les actions qu'il a contre le voleur. Ce qui nous importe, à nous, c'est

(1) Voy. sur toute cette matière, Pellat, *Textes choisis*, p. 95 et suivantes.

(2) L. 38, § 1, *De solut.*, 46, 3.

(3) L. 12, § 2, *eod.*

(4) La L. 3, § 12, *in fine*, *De donat. i. v.*, 24, 1, est écartée à dessein, parce qu'elle peut se rapporter à un autre cas que celui prévu dans les deux textes précédents. Voici l'espèce : Mon débiteur paie sur mon ordre à quelqu'un que je considérais à tort comme le procureur de mon créancier. Comme le mandat que j'avais donné à mon débiteur existait au moment du paiement, il est clair qu'il ne peut qu'être libéré et que l'action *furti* ne peut compéter qu'à moi.

moins de chercher à choisir parmi les nombreuses conciliations qui ont été proposées (1) que de relever le silence que les jurisconsultes gardent sur le principe de l'erreur de droit ou de fait, principe dont l'application se présentait dans ce cas-ci d'elle-même (2).

Autre exemple. Quelqu'un livre une chose à celui qui est bien réellement mon procureur, mais celui-ci, infidèle à son mandat, prend possession pour lui et non pour moi. Dans cette hypothèse, Julien (3) décide que la tradition sera sans effet (*nihil agetur*), et que la translation de propriété ne s'opérera pas, tandis qu'Ulpien (4) est d'avis que, malgré l'infidélité du représentant, la translation de propriété aura lieu selon l'intention de celui qui livre la chose. « Il « faut fermer les yeux à l'évidence, dit M. Pellat (5), « pour croire que Julien et Ulpien sont ici d'accord.

(1) M. Pellat les rejette toutes, comme insuffisantes ou arbitraires. V. *op. cit.*, p. 108. Il voit une divergence de principes entre Africain et Ulpien.

(2) Combinez d'ailleurs avec le brocard *error facti*, etc., cette autre règle que la science d'autrui ne doit pas nous nuire et que l'ignorance d'autrui ne doit pas nous profiter (L. 5, *De j. et f.*, 22, 6), et que partant la science et la mauvaise foi de celui à qui le débiteur paie ne devraient pas nuire au débiteur, et il sera inconcevable qu'Africain ait professé de pareilles idées. On peut rapprocher de ces textes la L. 1, 18, *De solut.*, 46, 3, où Ulpien décide que si, ayant contracté avec le maître, j'ai payé à l'esclave que j'ignorais avoir été affranchi, le paiement sera valable par assimilation de ce cas avec celui de mandat révoqué.

(3) L. 37, § 6, *De acq. rer. dom.*, 41, 1.

(4) L. 13, *De donat.*, 39, 5.

(5) *Op. cit.*, p. 111.

« On conçoit qu'on n'ait pas pu admettre facilement « que la possession et la propriété fussent acquises « au mandant, quand le mandataire en recevant la « chose a voulu la prendre pour lui-même ou pour « un autre. Cependant Ulpien a bien fait, à mon « avis, d'arriver à se prononcer pour cette acquisi- « tion malgré l'infidélité du mandataire, c'est un pro- « grès de la doctrine. » Répétons ici les mêmes observations qu'un peu plus haut. Voilà un cas d'erreur de fait, s'il en fut. S'il y avait eu chez les Romains des règles faites à ce sujet, Ulpien et Julien bien certainement se seraient accordés là-dessus, puisque rien dans le Digeste ne trahit entre ces jurisconsultes aucune divergence quant à la théorie de l'erreur. Pourquoi donc leurs décisions sur la question proposée sont-elles si divergentes? N'est-il pas évident, comme le dit M. Pellat, que ces textes nous signalent une divergence dans la manière dont ces deux jurisconsultes concevaient le rapport du mandant au mandataire? Et cette divergence elle-même n'est-elle pas la meilleure preuve du peu de cas que les jurisconsultes ont fait de la théorie concernant l'erreur?

Un désaccord analogue s'était manifesté encore entre les deux jurisconsultes sur la question de savoir quelle était l'influence d'un dissentiment résultant de l'erreur quant à la cause de la tradition (1).

(1) Jul., L. 36, *De acq. rer. dom*. 41, 1. — Ulp., L. 18, pr. *De reb. cred*., 12, 1.

La tradition, disait Julien, opère translation de propriété si cette translation a été dans l'esprit du *tradens* et dans celui de l'*accipiens*, lors même qu'ils auraient été en désaccord sur les causes de la tradition ; Ulpien, au contraire, identifiant la *causa* avec la translation de propriété (1), décidait qu'en pareille hypothèse la propriété continuerait à résider chez le *tradens*: par la raison que la tradition doit avoir pour fondement, pour cause, une affaire *in concreto* valable, et non le simple consentement sur la dation (2).

Quand ayant été envoyé *in vacuam possessionem* du fonds Cornélien, j'en prends possession comme si c'était le fonds Sempronien, il y a bien erreur sur l'identité de l'objet, erreur de fait, s'il en fut. Cependant Ulpien, en traitant la question (3), ne parle guère d'erreur et décide que, d'abord, je n'ai pas pu prendre réellement possession du fonds dont je me trouve simple détenteur, par suite du défaut d'*animus*, ensuite, que le *tradens* n'a pu perdre sa possession, l'intention d'abdiquer pour lui étant subordonnée à cette condition sous-entendue : *si j'acquiers*. Or, c'est précisément cette abdication con-

(1) Les opinions novatrices d'Ulpien sur les effets de la condition résolutoire en matière de translation de propriété confirment cette manière de voir. (V. Pellat, *De la propriété*, L. 41, *De rei vind.*, 6, 1. — LL. 29, 30, *De mort. c. donat.*, 39, 6).

(2) Ulp., L. 18, § 1, *De reb. cred.*, 12, 1.

(3) L. 34, *De acq. v. am. poss.*, 41, 2.

ditionnelle de la possession que Celsus tournait en ridicule (1). — Avec ce système des conditions sous-entendues, il n'est pas étonnant qu'Ulpien soit arrivé à décider (2) que, si mon procureur a *livré sa chose* croyant qu'elle était mienne, l'aliénation est nulle. Le texte pourrait certainement s'entendre aussi d'une erreur matérielle (*error in corpore*); mais il est plus naturel, pensons-nous, surtout en vue des difficultés que présenterait, dans cette hypothèse, l'explication d'un autre texte de Paul (3), où le même système ne pourrait être soutenu, il est plus naturel, disons-nous, d'admettre que, grâce au progrès des idées juridiques, Ulpien a pu dire que celui qui livre une chose comme procureur fait toujours tacitement ses réserves pour le cas où elle lui appartiendrait (4).

(1) L. 18, § 1, *eod.* — Celsus est un vieux jurisconsulte ; plutôt que d'admettre de ces abdications conditionnelles, il préférait suivre ici aussi la doctrine généralement reçue sur l'*in jure cessio*, où le cédant se trouvait souvent dévesti, sans que le cessionnaire fût investi. Pellat, *Textes choisis*, p. 129. — *De la poprriété*, p. 87 et suiv.

(2) L. 35, *De acq. rer. dom.* 41, 1. Pellat, *Textes*, etc., p. 130.

(3) L. 15, § 2, *De contr. empt.* 18, 1.

(4) On a vu plus haut, p. 81 (2), qu'il en serait autrement si le procureur avait vendu lui-même. Cf. l. 49, *Mandati*. — Dans un chapitre sur la *Conversion du mandat en mutuum*, M. Pellat (*Textes*, etc., p. 86), citant la l. 32, *De reb. cred.*, 12, 1, tire d'une décision rendue dans une hypothèse d'erreur, la règle très-positive que, pour « qu'il y ait véritablement *mutuum*, il faut que celui qui « reçoit l'argent sache de la part de qui cet argent lui est compté. » V. tout ce chapitre qui, aussi bien que le suivant, est une confirmation

VIII. SI UNE THÉORIE DE L'ERREUR EST DE QUELQUE UTILITÉ DANS LES QUASI-CONTRATS.

Les expressions *quasi-contrat*, *quasi-délit*, n'appartiennent pas aux jurisconsultes romains; ils ne parlent pas d'obligation naissant *ex quasi-contractu*, *ex quasi-delicto*, ils disent que telle personne doit ou qu'elle est obligée *quasi ex maleficio*, *quasi ex contractu*, et spécialement *quasi ex mutui datione*, *perinde ac si mutuum ei daretur* (1). Aussi lorsque certains auteurs (2) ont défini le quasi-contrat: tout fait non répréhensible qui, sans aucune convention, oblige son auteur envers d'autres et quelquefois aussi les autres envers lui, par suite d'un consentement que font présumer des motifs d'utilité ou d'équité; cette définition, qui semble n'avoir été faite qu'en vue de l'action *negotiorum gestorum*, s'est trouvée insuffisante quant aux obligations dont un héritier, un tuteur non volontaire se trouvent tenus. « La vérité est, dit Ducaurroy (3), qu'en as-

continuelle du principe posé par nous en ces termes : les décisions sur l'erreur ne sont, en réalité, que des exemples le plus souvent négatifs, ou bien des indices d'une divergence des jurisconsultes sur telle ou telle théorie, sur la définition de tel ou tel contrat.

(1) Gaius, l. 5, § 3, *De obl. et act.* 44, 7, — § 6, J. *De obl. quasi ex contr.*, 3, 27, — § 1 *eod. Quib. mod. re contr.* 3, 14.

(2) Vinnius, pr., J. 27, 3, nos 4, 5. — Heineccius, *Elem. jur.* 966.

(3) *Instit. expliq.*, § 1093. V. aussi Ortolan, *Inst.*, § 1198, 1622, etc.

« similant certaines obligations à celles qui naissent
« d'un contrat ou d'un délit, Gaius n'entend pas
« constater l'existence de ces faits ou actes indéfi-
« nissables et purement rationnels, pour ne pas dire
« purement imaginaires, qui depuis ont été appelés
« quasi-contrats, quasi-délits ; il commence par dé-
« clarer que dans tel cas on est tenu (1), puis il ob-
« serve que ce n'est pas par un contrat qu'on est
« obligé ; mais que ce n'est pas non plus par un dé-
« lit, et cette circonstance lui suffit pour dire qu'on
« est tenu *quasi ex contractu.* Le quasi-contrat est
« donc un effet et non pas une cause, puisque le qua-
« si-contrat résultera de l'obligation, et non l'obliga-
« tion du quasi-contrat. Ainsi pour caractériser les
« obligations dont il est question dans ce titre, il
« faut, si l'on veut exprimer une idée juste, dire
« avec Gaius (2) qu'elles dérivent *proprio quodam*
« *jure ex variis causarum figuris ; proprio quodam*
« *jure*, c'est-à-dire de certaines dispositions *spéciales*
« établies par le droit civil ou par le droit hono-
« raire. »

Les lignes qui précèdent nous ont paru dignes d'être rapportées, parce qu'elles donnent la raison de ce qu'il y avait d'indéterminé, de vague dans l'esprit des jurisconsultes, non-seulement quant à l'idée générale du quasi-contrat, mais aussi quant à la dé-

(1) L. 5, § 1 et 2, *De obl. et act.* 44, 7.
(2) L. 1, *De obl. et act.* 44, 7.

finition spéciale de chacun d'eux. Il est même arrivé qu'on ne trouve pas sur ce point de définitions formulées au Digeste; et cette circonstance mérite d'être remarquée. Dans ce qui précède on a vu toujours les décisions rendues sur des cas d'erreur, envisagées comme résultant d'effets particuliers propres, soit à l'erreur de fait, soit à l'erreur de droit; ici, au contraire, tous les auteurs, du moins pour ce qui est de la *negotiorum gestio*, n'y ont vu que des exemples fournissant les éléments constitutifs de la définition juridique. Si l'on eût défini tout d'abord la *neg. gestio :* un quasi-contrat qui a lieu lorsque je gère les affaires d'autrui avec l'intention de les gérer, on n'aurait pas manqué d'invoquer la théorie de l'erreur, dans le cas où j'avais géré mes propres affaires ou celles de Paul croyant gérer celles de Pierre. Mais le défaut de définition préalable a fait que l'on a cherché dans ce cas à tirer la définition de la décision, et non la décision de quelque principe abstrait, de quelque combinaison d'axiomes; *ut ex jure regula non jus ex regula sumatur* (1).

Comme nous n'avons pas l'intention de traiter ici d'aucun quasi-contrat, en particulier, il nous suffirait d'avoir fait, quant à la théorie générale de l'erreur, cette remarque dont personne ne s'avisera certes de contester l'exactitude. Néanmoins, il a paru

(1) L. 1, *De reg. jur.* 50, 17.

utile de donner, à l'occasion des deux principaux quasi-contrats, la *negotiorum gestio* et la *condictio indebiti*, quelques éclaircissements qui tendront à dissiper toutes les *difficultés.*

Negotiorum gestio. A quelles conditions l'action *negotiorum gestorum* se donnera-t-elle (1)? Le texte de l'édit par lequel cette action fut introduite nous a été conservé (2) : « *Ait prætor 'si quis negotia « alterius gesserit judicium dabo.* » C'est sur ce texte si laconique que durent se porter les méditations des jurisconsultes. Voici comment différents textes nous donnent une idée plus exacte de ce quasi-contrat. Pour qu'il y ait *actio negotiorum gestorum :*

1° Il faut d'abord qu'il s'agisse de *negotia aliena* (3).

(1) L'exposition suivante est empruntée principalement à Vangerow, *Lehrbuch*, III, p. 519 et suiv.

(2) L. 3, *De neg. gest.* 3, 5.

(3) C'était la condition exigée par le texte de l'édit lui-même. Julien nous en donne une démonstration négative en parlant d'erreur (l. 6, § 4, *De neg. gest.* 3, 5). « *Si quis ita simpliciter versatus « est, ut suum negotium* quasi meum gesserit, nulla nascitur ac« tio. » Un auteur allemand (Aarons, *Beitraege zur Lehre von der ng. go*) a entrepris, dans une publication récente, d'arriver à la solution des difficultés que présente la *negotiorum gestio* au moyen d'une définition rigoureuse de ce que l'on doit entendre par *negotium alienum.* Si nous ne nous trompons pas, c'est déplacer la question, ce n'est pas la résoudre ; s'attacher de préférence à l'idée de Doneau qui avait parlé de l'*alienum negotium,* plutôt qu'à celle de Cujas qui avait traité de l'*actio negotiorum gestorum*, c'est se laisser égarer par les mots et perdre de vue le fond même des choses. On

2° Il faut qu'il n'y ait pas eu mandat (1) ou plutôt qu'il n'y ait pas eu lieu à *actio mandati* (2).

Les conditions qui suffisent pour motiver l'*actio negotiorum gestorum directa* ne suffisent pas pour faire donner l'*actio negotiorum gestorum contraria*; pour cela il faut encore :

3° Que le gérant ait eu l'intention d'obliger un tiers (3).

De là trois conséquences :

1° Lorsqu'on a géré les affaires d'autrui les croyant siennes, on ne peut intenter l'action *contraire* (4), bien qu'on puisse être actionné par l'action *directe*; mais on admet à cela une exception pour le cas où, par une pareille *negotiorum gestio*, le *dominus* débi-

ne saura où il y a *alienum negotium* (*hoc sensu*), que là où on saura qu'il y a eu *gestio*, et *vice versâ*. Il est donc indifférent de commencer par examiner le *suum negotium*, ou l'*alienum*, ou la *gestio*.

(1) « Si cum *putavi*, a te mihi mandatum, negotia gessi, nascitur negot. gest. act. » L. 5, *De neg. g.* 3, 5.

(2) « Si libero homini, qui *bona fide mihi serviebat*, mandem, ut aliquid agat. » eod., l. 19, § 2. Cf. l. 14, § 15, *De relig.* 11, 7. — L. 6, *ad. s. c. Vell.* 16, 1.

(3) L. 14, § 1 et l. 29, pr., *Comm. div.* 10, 3. — Ces deux textes sont encore relatifs à des cas d'erreur.

(4) V. les deux lois de la précédente note, et l. 33, fin. *De cond. indeb.* 12, 6. — L. 14, *De dol. mal. et met.* 44, 4. Ces deux dernières prévoient aussi des cas d'erreur ; de sorte que le principe 3° ne se trouve, en réalité, écrit nulle part sous la forme positive qu'on lui a donnée ; aussi n'est-ce pas là un minime inconvénient. V. la note suivante.

teur se trouve valablement libéré d'une dette qui lui incombait (1).

(1) L. 49, *De neg. gest.* 3, 5. En règle générale, nous ne somme pas libérés parce qu'un tiers a payé à notre place se croyant, lui, débiteur (l. 31, init., *De h. p.* 5, 3. L. 17, *De solut.* 46, 3). C'est ce qui a lieu notamment lorsque l'héritier putatif paie des dettes ou des legs du *de cujus*. V. Vangerow, *Lehrbuch*, II, p. 416, et dès lors il ne peut avoir l'*actio neg. ges. contraria* contre nous; mais cela a lieu dans la loi 49 ci-dessus, parce que l'héritier putatif, en livrant sa propre chose au légataire de cette chose même, libère forcément l'héritier. Il en est de même dans les cas que nous présentent les l. 14, § 11, l. 32, pr., *De relig.* 11, 7, et l. 50, § 1, *De h. p.* 5, 1.

Dans ce qui précède, nous avons exposé l'opinion la plus généralement reçue, bien qu'elle ne soit pas la nôtre. Le principe 3° ne repose en effet que sur des arguments *a contrario* (V. la note précédente), arguments toujours dangereux, toujours incertains. Ainsi, dans la théorie de la *neg. gest.*, il est d'abord difficile de comprendre comment le système exposé concilie le caractère essentiellement *de bonne foi* de l'action, avec l'idée que les conditions d'existence de l'action directe et de l'action contraire ne sont pas les mêmes. Ne peut-on pas, par la force même des choses, arriver à dire, *a priori*, que, dans tous les cas où il y aura lieu à l'action directe, l'action contraire existera par cela même? Ensuite, on n'a qu'à jeter un coup d'œil sur les lois qui servent de fondement au principe 3°, et que nous avons mentionnées dans la note précédente, pour voir qu'elles sont toutes relatives à l'hypothèse où les dépenses ont eu pour but l'amélioration d'un fonds. Or ici le principe : *ædificium solo cedit*, fait que le *dominus* n'a guère besoin d'attaquer par l'action directe, et que la seule revendication lui suffit ; ces textes prouveraient donc le défaut complet de l'action directe et de l'action contraire, tout aussi bien que leur admissibilité simultanée dans le cas où le gérant aurait cru gérer ses propres affaires en gérant les affaires d'autrui. Quant à nous, nous ne voyons aucune raison décisive pour l'une plutôt que pour l'autre de ces deux opinions. Mais dans la pratique du droit romain, la dernière opinion a décidément prévalu ; c'est ainsi que Pothier, (Du *quasi-contrat, neg. ges.* n°s 191, 192), après avoir rapporté l'avis

2° Il ne peut en être question, non plus, lorsqu'on a géré les affaires d'autrui par libéralité ou par esprit d'usurpation. Dans ce cas on n'accorde une action contraire que *in id quod locupletior factus est.*

3° Le *dominus* ne doit pas avoir prohibé au gérant de se mêler de ses affaires (1), etc.

Nous pourrions insister sur les différentes particularités de l'*actio negotiorum gestorum* pour prouver qu'en réalité, toutes les décisions relatives à l'erreur ne présentent ici encore que des *éléments constitutifs* de la définition scientifique de ce contrat, mais nous le croyons inutile.

Condictio indebiti. — Quel est le fondement his-

conforme de Cujas et de Dumoulin, ajoute : « Dans notre jurisprudence française, qui n'admet pas les subtilités du droit romain, et qui regarde la seule équité comme suffisante pour produire une obligation civile et pour donner une action, il ne doit pas être douteux que celui qui a fait des dépenses dont je profite, doit avoir action contre moi, *jusqu'à concurrence de ce dont je profite.* » Il en a été de même en Allemagne (V. Matthiæ, *Controversen Lexikon*, v° *Neg. gest.*) où l'on accorda, dans différentes mesures, une *actio neg. gest. contr. utilis.*

Toute la difficulté est provenue de ce qu'on a voulu trouver dans le Digeste une solution qui ne s'y trouvait pas et que l'on a généralisé des décisions rendues pour des cas où le principe *ædificium solo cedit* devait amener des modifications importantes, que l'action contraire fût admise ou non. Doit-on accorder l'*actio neg. gest. directa* ou *contraria*, lorsqu'une *personne a agi dans l'idée qu'elle faisait ses propres affaires?* C'est une question, nous le répétons, qui ne nous paraît tranchée par aucune loi romaine.

(1) L. 8, § 3, *De neg. gest.*, 3, 5. — L. 40, *Mandati*, 17, 1. — L. ult, C., *De neg. gest.*, 2, 19.

torique des *condictiones*, à quel titre ont-elles figuré parmi les *legis actiones*, et comment en vinrent-elles à signifier : actions *stricti juris ?* Ce sont là des questions obscures, controversées, sans grande chance de recevoir une solution prochaine, dans l'état actuel des sources, mais qui heureusement ne touchent pas de près le sujet que nous traitons. Nous nous contenterons de savoir qu'il y a une *condictio* de ce qui a été payé par erreur, *per errorem soluti*, et ce que nous nous demandons, c'est de savoir si l'érreur exerce ici quelque influence particulière. Tout le monde affirme, il est vrai, que la base de toute *condictio indebiti* est l'erreur. Mais plus on examine la matière et plus on demeure convaincu que l'erreur ne figure ici que comme une condition négative, comme devant entraîner le défaut d'intention de libéralité, qui justifierait la dation. Or, s'il en est ainsi, la *condictio indebiti* n'est qu'une espèce d'un genre de *condictiones* très-vaste, celui des *condictiones sine causa*. Le transfert d'une valeur d'un patrimoine à un autre ne peut se faire sans cause, cause juridique bien entendu, reconnue par le droit civil. A cet effet et pour obvier aux résultats de la translation de propriété, de la formation d'un lien d'obligation, sans cause, les Romains accordaient des *condictiones*, dans lesquelles durent figurer les *condictiones indebiti*, comme n'étant que la conséquence forcée d'un appauvrissement sans cause. Jetons un coup d'œil rapide sur les principaux cas dans lesquels la *condictio indebiti* est admise (1).

Il faut, d'abord, qu'il y ait eu paiement de l'indu. Si donc il n'y a aucun fait qui puisse autoriser la supposition d'une obligation, si l'obligation est nulle dès le principe (2), ou si elle dépend d'une condition encore non accomplie (3), ou bien enfin si elle est éteinte *ipso jure*, ou par une exception perpétuelle qui ne laisse subsister pas même une obligation naturelle (4), dans tous ces cas, il y aura lieu à *condictio indebiti*. — Au contraire, celle-ci ne sera pas admise, s'il y avait obligation naturelle (5), ou lorsque l'*exceptio* est de celles qui n'éteignent pas l'obligation

(1) V. Vangerow, *Op. cit.*, III, p. 405 et s.

(2) L. 2, § 1. l. 37, *De cond. ind.*, 12, 6. — L. 16, *De contr. empt.*, 18, 1. — L. 7, *De hered. v. act. vend.*, 18, 4.

(3) L. 16, pr., § 1. l. 18, 48. l. 60, § 1. *De cond. ind.*, 12, 6.

(4) L. 26, § 3-7. — L. 30. — L. 32, § 1. — L. 40, pr., § 2. — L. 43, *De cond. ind.*

(5) L. 64, — L. 13. — L. 19, pr. — L. 59, eod. Le droit romain va si loin dans ce sens, qu'il exclut la *condictio* toutes les fois que la répétition aurait un caractère attentatoire à la *pietas*, aux bonnes mœurs, etc. C'est ainsi que la dot qu'une mère aura donnée à sa fille, se croyant à tort obligée de constituer une dot, ne peut être répétée. Il en est de même du paiement des *usuræ indebitæ*. Mais par *usuræ indebitæ*, il ne faut entendre ni les intérêts *prohibés* (l. 18, C., *De usur.*, 4, 32. — L. 26, pr., *De cond. ind.*, 12, 6), ni les intérêts au taux légal d'un capital imaginaire (l. 26, § 2, eod.); mais bien des intérêts, non dus (pas même *naturaliter?* V. l. 5, § 2, *De solut. et liber.*, 46, 3) d'un capital existant. V. Puchta, *Pandekten*, § 309.

naturelle avec l'action et qui laissent ainsi subsister un *naturale vinculum* (1). Elle ne sera pas admise non plus lorsqu'il y aura eu paiement d'une dette dont le débiteur, grâce à quelque *beneficium juris*, avait la *retentio*, non la *petitio* (2), lorsque la dette payée était à terme (3), ou qu'il y a eu jugement, transaction, etc. (4).— La *condictio* avait lieu encore lorsqu'il y avait bien dette, mais que le débiteur qui a payé a été dans l'erreur quant à l'objet de la dette (5), ou que l'erreur a porté sur la personne du créancier ou du débiteur (6). S'il y a deux débiteurs

(1) E. g., dans le cas du s. c. Macédonien (L. 40, *De cond. ind.*, 12, 6. — L. 14, *De reb. cred.*, 12, 1. — L. 9, § 4, 5. — L. 10, *Ad s. c. Maced.*, 14, 6) ou dans celui de l'exc. *quod quisque juris in alien. stat.* — L. 3, § 7, *Quod quisq.*, 2, 2.

(2) L. 51, *De cond. ind.*, 12, 6. — L. 21, *Ad s. c. Treb*, 36, 1. — Exc. comp. L. 9, *De cond. ind.* — L. 5, § 2, *De liber. leg.*, 34, 3. — Exc. divis. L. 49, § 1 fin. *De fidej.* 46, 1. — § 4. J. *De fidej.* 3, 20.

(3) L. 10, *De cond. ind.*, 12, 6.

(4) L. 42, 35. — L. 25, § 1, eod. — L. 34, *De reg. j.*—*Gaius*, II, 283. — Ulp., XXIII, 33.

(5) L. 19, § 3, *De cond ind.* — L. 32, § 3, eod. — Si le débiteur a payé plus qu'il ne devait, dans le cas où c'est une quantité, il exercera la *condictio* pour le surplus; que si c'est une *species*, il pourra la répéter pour le tout, « nemo enim invitus compellitur ad » communionem. » (L. 26, § 4, 5, eod.) Contrairement à la l. 32, § 3, eod., celui qui paie un legs qui est alternatif et qu'il croit simple, ne peut répéter. (L. 19, *De leg.* (II°, 31.) Il serait inutile de rapporter ici les différents essais de conciliation qui ont été faits.

(6) L. 15, § ult., *De cond. ind.*, 12, 6. Cette loi suppose que le payant se croit à tort débiteur; car s'il avait payé *alieno nomine*,

corréaux qui aient payé, le dernier payant pourra intenter la *condictio*, et si tous deux ont payé simultanément, ils auront le droit de répéter chacun *pro rata* (1). En somme, on le voit, la *condictio* a lieu toutes les fois que le paiement se fait sans cause, ou que le fait du paiement lui-même ne constitue pas un empêchement à ce que la *condictio* soit inten-

se croyant à tort obligé de payer pour autrui, il n'aurait rien à réclamer du créancier. Il ne lui resterait qu'une action en indemnité contre celui à qui son paiement a profité. C'est à cette hypothèse que se rapporte la l. 44, *De cond. ind.*, 12, 6. « Repetitio nulla « est ab eo qui suum recipit tametsi ab alio quam vero debitore so- « lutum est. » Et aussi l. 11, eod., où Ulpien dit: « Si is, cum quo « de peculio actum est, per imprudentiam plus, quam in peculio est, « solverit repetere non potest. » Où il faut sous-entendre évidemment que le père a payé *filii nomine*, car s'il eût payé *suo nomine*, la condiction lui compéterait incontestablement. Qu'on veuille bien remarquer d'ailleurs que l'erreur de celui qui paie *alieno nomine*, se croyant obligé de payer, porte sur le motif, et précisément on voit par les textes ci-dessus que, dans ce cas, il n'y a pas lieu à *condictio indebiti*. Il est donc inexact de dire, comme le fait Puchta, *Pandekten*, § 309, que l'erreur sur les motifs influe lorsqu'il s'agit de la *condictio indebiti*. Quel est l'effet et quelle est la cause? Est-ce parce qu'il y a erreur sur les motifs qu'on donne la *condictio indebiti*, ou bien plutôt, n'est-ce pas, parce que dans les cas qu'il cite, il y a *condictio indebiti*, que Puchta a pu dire que l'erreur sur les motifs influait? Quand je vous fais une libéralité, peu importe le motif; tant qu'il ne dégénère pas en condition, l'acte ne vaut pas moins par lui-même; au contraire, quand je vous *paie* une dette qui *n'existe* pas, je fais une opération contradictoire, je vous donne comme vous devant ce que je ne vous dois pas.

(1) L. 19, § 4. — L. 20. — L. 25. *De cond. ind.* C'est au même ordre d'idées que se rattache une loi excessivement compliquée de Paul (l. 21, *De cond. indeb.*), pour l'explication de laquelle V. Demangeat, *Oblig. solid.*, p. 169.

tée (1). La considération de l'erreur est au reste complétement indifférente.

Aussi qu'arrive-t-il pour ces auteurs qui s'attachent à l'erreur comme à un signe caractéristique, comme à un *criterium* positif de la *condictio indebiti?* D'abord ils ne parviennent pas à établir de différence sérieuse entre la *condictio indebiti* et la *condictio sine causa*, ensuite ces auteurs eux-mêmes se divisent; les uns prétendent que dans la *condictio indebiti* l'erreur ne doit être entendue que de l'erreur de fait; les autres, au contraire, autorisent la *condictio* dans tous les cas, sans distinguer entre l'erreur de fait et l'erreur de droit. Le premier système a l'inconvénient de se heurter contre des textes très-importants; le second a celui de n'éluder la difficulté qu'au moyen d'une inconséquence injustifiable. Si la distinction entre l'erreur de droit et

(1) Nous avons supposé, dans tout cela, que l'*accipiens* était de bonne foi; sinon, c'est-à-dire, s'il savait que rien ne lui était dû, et que néanmoins il eût accepté le paiement, il commettrait un *furtum* (l. 18, *De cond. furt.*, 13, 1. — L. 33, pr., *De furt.*, 47, 2). Toutefois, la question de savoir quelles sont les conditions d'ignorance, d'erreur ou de *scientia* exigées pour constituer un *accipiens* à l'état de voleur, cette question, disons-nous, a donné lieu à une controverse assez vive, surtout à raison des explications ingénieuses fournies par un auteur allemand, Francke. L'examen de sa doctrine, ainsi que de celle de M. Vangerow (*Op. cit.*, III, p. 413 et s.), ne se rattache, d'après ce que nous avons dit jusqu'ici, à la théorie de la *scientia* pas plus qu'à celle de l'erreur; mais bien à la définition égale du *furtum*. Par cela même et par les longs développements qu'il nécessiterait, il ne saurait en être ici question.

l'erreur de fait a quelque importance, ne devrait-on pas en effet s'étonner qu'elle fût sans utilité dans le cas le plus important, celui du paiement de l'indu?

Il n'est donc pas indifférent de combattre l'opinion de ceux qui prétendent distinguer entre l'erreur de droit et l'erreur de fait pour ce qui est de la *condictio indebiti* (1), et au nombre desquels se trouve M. Savigny. La réfutation de ce système nous laissera en présence de ceux qui, par une inconséquence arbitraire, n'admettent pas de distinction entre l'erreur de droit et l'erreur de fait, quant à la *condictio indebiti*, et nous aurons sur eux l'avantage au moins d'être conséquents puisque, dans tout le cours de ce travail, nous avons constamment repoussé cette distinction.

M. Savigny commence par nier que la *condictio indebiti* puisse avoir lieu lorsqu'il y a erreur de droit, en vertu d'un autre principe plus général qui, d'après lui, dominerait la matière de l'erreur, celui de l'excusabilité et de l'inexcusabilité. L'erreur de droit serait inexcusable, sauf des cas extraordinaires, tels que, par exemple, un principe controversé parmi les jurisconsultes, auquel cas l'erreur

(1) M. Savigny (*Traité*, III, p. 415) donne une liste des auteurs qui ont traité la question. V. aussi Vangerow (*Op cit.*, III, p. 410 et s.), et Schimmelpfeng, *Hommel Redivivus* (*Ad tit. cond. ind.*) La plus complète est celle de Matthiæ, *Controv. Lexikon*, v° *Condictio indebiti*, où l'on voit aussi les incertitudes de la pratique.

de droit devient excusable et autorise la condiction. — Cette argumentation *à priori* ne résiste pas à l'examen. Le principe même sur lequel elle repose, le principe d'excusabilité ou d'inexcusabilité inventé par M. Savigny, n'apparaît nulle part dans les sources. Il a l'inconvénient d'ouvrir la porte à l'arbitraire le plus subversif, et aboutit en somme à une véritable pétition de principe. Si l'on veut reprendre en effet le raisonnement exposé plus haut (1), on verra que déclarer l'erreur de droit inexcusable, c'est reconnaître que la loi doit s'appliquer même à ceux qui l'ignorent ; et que cette dernière circonstance rend inutile l'intervention ultérieure de tout principe, de tout axiome, ne pouvant y avoir de cause formelle de la cause formelle (2).

De plus, rien de moins soutenable que la prétendue exception au principe de l'inexcusabilité de l'erreur de droit, lorsqu'elle tombe sur des questions controversées en jurisprudence. L'obscurité d'une loi peut être une difficulté pour le juge, mais n'autorise nullement une distinction comme celle de M. Savigny. De quel droit viendrait-on, devant un

(1) Pag. 25.

(2) L'esprit de la législation romaine est d'ailleurs un sûr garant que si le fondement de la *condictio indebiti*, ainsi que de tant d'autres actions que nous présentent les textes où il est question d'erreur, était bien l'erreur, on aurait procédé autrement que par action directe. On aurait plutôt accordé des restitutions, des exceptions des rétentions, etc.

juge sabinien qui croit qu'il n'existe de loi que dans le sens de Sabinus, alléguer pour sa justification que Proculus ou tel autre a prétendu ceci ou cela? Le moindre inconvénient du système de l'excusabilité de l'erreur, en matière controversée, est de réduire les controverses des Sabiniens et des Proculiens en discussions de mots, puisque, ce qu'un juge sabinien aurait décidé par application directe de la loi, un juge proculien l'admettrait aussi, à l'égard de la partie qui professe l'opinion des *diversæ scholæ auctores*, en vertu du principe de l'excusabilité de l'erreur de droit. On a fait la remarque aussi que l'excusabilité pour erreur sur une question controversée ne devrait être accordée qu'à ceux qui sauraient au moins que la question est controversée. Ce serait donc là une excuse au service de ceux qui sont assez versés dans le droit, pour distinguer les matières controversées de celles qui ne le sont pas; en d'autres termes, au service de ceux qui en ont le moins besoin. N'avons-nous pas raison de dire que de pareilles idées ne résistent pas à la critique?

M. Savigny entreprend à son tour de renverser les considérations morales invoquées par ceux qui ne distinguent pas entre l'erreur de droit et l'erreur de fait. Mais, si nous ne nous trompons pas, ses considérations ne portent nullement atteinte à l'argument principal (1) de ses adversaires, tiré précisément du

(1) M. Savigny n'a guère de peine à démontrer que l'argument

caractère négatif de l'erreur dans la *condictio indebiti.* Voici dans quels termes il en parle (1). « En « général l'erreur n'est exigée pour la condiction « que pour écarter l'idée de donation (2); or, l'in- « tention de donner n'existe pas plus dans le cas « d'erreur de droit que dans celui de l'erreur de fait. « Cet argument est le plus plausible de tous, mais il « n'est nullement décisif.

« Il est bien établi que, sauf quelques exceptions, « le paiement fait sciemment ne peut être répété, « mais le paiement fait par suite d'une erreur de « fait; quant à l'erreur de droit, la question est con- « troversée. Le cas du paiement fait sciemment était « écarté de la manière la plus facile et la plus sûre « par l'intention de donner; c'est pourquoi l'on

tiré de ce que personne ne doit s'enrichir aux dépens d'autrui, ne prouve rien. « Celui qui prononce cette règle, dit M. Oudot (*Con- « science et science du devoir*, t. II, p. 235), pour repousser tel « ou tel moyen de s'enrichir qu'on invoque contre lui, n'a rien fait « encore qu'une pétition de principe. Sa démonstration n'est pas « même commencée. Il lui reste tout à prouver, savoir que la loi dé- « fend le moyen de s'enrichir sur lequel s'élève le litige. » La circonstance que les textes du *Digeste* parlent lorsqu'il s'agit de *condictio indebiti*, seulement d'erreur, sans distinguer entre l'erreur de fait et l'erreur de droit, est encore assez peu probante ; M. Savigny a pu dire en effet qu'il faut entendre le mot erreur dans ces textes : *secundum subjectam materiam*, c'est-à dire de l'erreur de droit.

(1) Traité, III, p. 419.

(2) L. 53, *De reg. j.* — L. 82, eod. — L. 29, pr., *De don.*, 39, 5.— L. 47, *De op. libert.*, 37, 1. — L. 7, § 2, *Pro empt.*, 41, 4.— L. 12, *De novat.*, 46, 2.

« s'est appuyé sur ce motif. Mais de là il ne résulte pas « que ce motif soit le seul, et qu'à son défaut on doit « admettre la proposition inverse. *Toute condiction « au contraire repose sur une condition positive*; « *cette cause est ici l'erreur;* or, pour produire effet, « l'erreur doit être excusable, c'est-à-dire, entre « autres conditions, ne pas être une erreur de « droit. » Comme on peut le voir, M. Savigny se contente d'opposer à l'argument de ceux qui disent que l'erreur de droit n'est pas plus une *cause* que l'erreur de fait, une simple affirmation. Quelle est la preuve que *toute condiction* repose sur une condition *positive?* Nous ne la connaissons pas, et nous croyons qu'on la chercherait vainement dans les monographies que M. Savigny lui-même a données de l'erreur et des *condictiones*; mais nous en savons une très-péremptoire pour établir que les *condictiones* ont aussi des conditions négatives, c'est la *condictio sine causa*. Evidemment on ne peut prétendre raisonnablement que le défaut de cause soit une condition positive, et jusqu'à preuve du contraire, nous persistons à ranger dans la même catégorie la *condictio indebiti*, et à prétendre, par conséquent, que la circonstance, que l'erreur est de droit ou de fait, est complétement indifférente (1).

(1) Cette manière de voir n'est pas d'ailleurs seulement à nous. Voici comment s'exprime sur ce point Rudorff (Puchta, *Pandekten*, § 309, *i*) : « La controverse sur le sens et la portée de l'erreur en

Si maintenant nous arrivons à l'examen des textes, nous en trouvons trois allégués par ceux qui soutiennent que l'erreur de droit ne doit pas être admise comme fondement d'une *condictio indebiti* (1). Mais la première de ces trois lois ne prouve rien. Il y est parlé, c'est vrai, d'une *ignorantia facti*; seule-

matière de *condictio indebiti* est intimement liée à celle plus générale sur les principes des deux *condictiones indebiti* et *sine causa*. L'ancienne explication tirée d'un quasi-contrat, ou du principe que personne ne doit s'enrichir aux dépens d'autrui injustement, n'en est pas une, car elle ne montre pas en quoi consiste en définitive l'injustice. Parmi les auteurs les plus modernes il y en a qui s'attachent de préférence à l'idée d'une réserve de la part de celui qui donne, réserve qui est présentée tantôt comme un résultat du défaut de but juridique, tantôt comme une condition, d'autres fois, comme une supposition préalable (*Voraussetzung*). V. Doneau, XIV, c. 16, § 10, c. 24, 7. (Nous supprimons à dessein les autres citations.) On conçoit que sous cette limitation l'erreur ne peut avoir que ce sens : *qu'on ne croirait pas sans elle* que celui qui preste une chose n'a voulu la prester que dans une supposition préalable (*Voraussetzung*). La qualité de l'erreur n'arrive maintenant qu'en sous-ordre. Elle doit être excusable par la seule raison que celui qui livre fait croire à l'*accipiens* l'accomplissement de la supposition préalable. (*Voraussetzung*). Il est de fait au surplus qu'on trouve, dans les textes du droit romain les plus décisifs, de quoi se faire, de la *condictio indebiti*, l'idée d'une *restitutio civilis* contre la *solutio*, bien que ces expressions ne se trouvent pas précisément dans les textes. Et cette idée de restitution que Savigny et d'autres ont mise en avant exigerait aussi que l'erreur fût probable. » Le passage précédent n'est-il pas la meilleure preuve de tout ce que les différentes théories de la *condictio indebiti*, basées sur l'erreur, peuvent laisser de vague dans l'esprit et jeter d'incertitude dans les expressions ?

(1) L. 20, *De s. c. Maced.*, 14, 6. — L. 9, § 5, *De jur. et fact. ign.*, 22, 6. — L. 10, C., *De jur. et fact.*, 1, 18.

ment faut-il entendre par ces mots l'*ignorance de fait* (par opposition à *ignorance* de droit), ou bien *l'ignorance du fait*, ce qui permettrait de sous-entendre l'erreur de fait aussi bien que l'erreur de droit? La question peut paraître d'autant plus douteuse que ces mêmes expressions se rencontrent avec les deux sens au Digeste et que ceux qui, dans la loi précitée, ne veulent voir qu'une erreur de fait, ne sont guère d'accord entre eux pour nous dire de quelle espèce d'erreur de fait il peut y être question (1).

(1) Voici le texte de cette loi : « Si is, cui cum in potestate patris « esset, mutua pecunia data fuerit, paterfamilias factus, per *igno-* « *rantiam facti*, novatione facta, eam pecuniam expromisit, si pe- « tatur ex ea stipulatione, in factum excipiendum erit. » Que le mot *factum* n'ait pas seulement la signification de l'opposé du *droit*, mais aussi la signification de *id quod factum, id quod gestum est*, c'est ce qu'il est très-facile de vérifier. (V. Dirksen, *Manuale Latinit.*, v° *Factum.*) Nous nous bornerons à citer ici deux preuves très-concluantes : 1° Dans la loi 7, *Ad s. c. Vellei.*, 16, 1, il y est dit : « Quamquam igitur fidejussor, doli replicatione posita, defensionem « exceptionis amittat ; nullam tamen replicationem adversus mulie- « rem habebit ; *quia facti non potest ignorantiam præten-* « *dere.* » Or, il est évident, qu'ici, les expressions *facti ignorantia*, ne doivent être entendues que dans le sens de *ignorantia ejus quod gestum est*, autrement on arriverait à dire, par un raisonnement analogue en tout à celui de la loi 20, que le jurisconsulte, en excluant dans l'espèce l'erreur de fait, a entendu par *a contrario* admettre l'excuse de l'*ignorantia juris*, ce qui est absurde. 2° L'exception *in factum* ne s'entendait guère d'une exception basée sur *des faits*, mais bien d'une exception tirée des circonstances de la cause. Quant à l'incertitude de l'espèce d'erreur de fait dont il s'agit dans la l. 20, voici comment M. Machelard (*Oblig. nat.*, p. 122 en parle : « On peut toutefois éprouver quelque embarras pour se rendre compte du fait dont l'ignorance aura occasionné l'*expromissio*

La seconde loi est relative à un paiement fait par ignorance de la Falcidie (1); cette loi est de Paul. elle est tirée de la monographie qu'il avait composée sur l'erreur de fait et l'erreur de droit, et nous offre le curieux exemple du texte d'un rescrit, suivi du commentaire de Paul. En voici l'espèce: Paul commence par nous dire qu'il y a une lettre d'Antonin qui établit que celui qui n'a pas fait usage de la loi Falcidie, parce qu'il l'ignorait, subira les conséquences

qui est critiquée pour ce motif. Donneau (*Comment. in C. ad. s. c. Maced.*) suppose qu'au moment où l'emprunt a été fait l'emprunteur croyait, par erreur, sur la foi d'une fausse nouvelle de la mort de son père, être déjà *paterfamilias*, et que, sous l'empire de cette erreur, il aurait, à une époque où il était réellement *sui juris*, promis de payer ce qu'il avait emprunté. Cette explication nous sourit peu, car si l'emprunteur, en recevant l'argent, se croyait libre des prohibitions du sénatusconsulte, la même erreur aura été partagée par le préteur qui, dès lors, se trouve à l'abri du sénatusconsulte... En somme, il n'est pas sans difficulté de construire d'une manière satisfaisante l'hypothèse en vue de laquelle Pomponius émet sa solution ; mais cette solution est un témoignage de l'influence différente, attribuée par les jurisconsultes romains à l'erreur de fait ou à l'erreur de droit. » Nous avons dit pourquoi nous ne pouvions pas partager sur ce dernier point l'opinion du savant professeur. Quant à nous, Pomponius ne fait pas de distinction entre l'erreur de fait et l'erreur de droit. Il considère seulement qu'il y a eu erreur. Et c'est dans cette hypothèse qu'il accorde une exception *in factum*, exception indéterminée et qui remet tout en question. L'erreur ne fournissant pas d'exception spéciale, le juge au moyen de l'action *in factum* se trouverait autorisé à vérifier si *dans l'espèce* les éléments constitutifs d'une *promissio* valable existaient. Il prononcerait sur cette question selon sa conscience. (V. sur la nature des *except. in fact.* Sav., *Traité*, v, p. 177.)

(1) L. 9, § 5, *De jur. et fact.*, 22, 6.

de son ignorance. Ensuite il ajoute que Sévère et Antonin ont donné sur ce même point un rescrit de la teneur suivante :

En matière de *fidéicommis*, ce qui a été payé sans être dû ne peut être répété, à moins qu'il n'ait été payé par erreur. Conséquemment, c'est en vain que les héritiers de Cargilianus, qui ont payé les sommes que par son testament il avait laissées à la ville de Cirta pour la construction d'un aqueduc, demandent maintenant que la ville de Cirta leur rembourse ce qu'ils pouvaient ne pas payer ; car non-seulement ils n'ont pas exigé les cautions d'usage pour le remboursement de ce qui aurait été payé, contrairement à la Falcidie ; mais, ils ont expressément stipulé que l'argent ne serait dépensé à aucun autre usage, et de fait ils ont laissé dépenser en connaissance de cause cet argent à la construction de l'aqueduc. Il serait doublement injuste, en effet, de répéter l'argent qui a été donné pour l'aqueduc et de mettre à la charge du municipe les frais d'érection d'un monument destiné à immortaliser la libéralité d'un tiers. Que s'ils pensent avoir droit à la répétition de l'argent payé parce qu'ils ont ignoré la loi Falcidie, qu'ils sachent que c'est l'ignorance de fait et non de droit qui peut profiter, et qu'il n'est guère d'usage de venir au secours des imbéciles, mais bien de ceux qui se trompent.

C'est ce rescrit que Paul cherche ensuite à généraliser: le rescrit, dit-il, n'a parlé que de *municipes*, mais il en sera de même de toute personne; la circonstance que l'argent devait être dépensé à la construction d'un aqueduc n'offre aussi rien de particulier, car le commencement de la constitution est général, on y parle de l'erreur, pour dire qu'elle autorise la répétition des fidéicommis; et il en dit autant de ces deux autres circonstances relevées dans le rescrit: que le *fidéicommis* était destiné *ad aliquid faciendum* et qu'on avait déjà consommé l'argent.

Il est évident que, dans l'espèce, Paul est devenu plutôt l'avocat de sa propre cause, de sa théorie, qu'il n'est l'interprète impartial du rescrit. Il a l'air de vouloir plutôt prouver quelque principe douteux, que motiver la décision sur le principe. Serait-ce deux rescrits seulement et tous les deux relatifs à la loi Falcidie que lui aurait fourni l'innombrable collection de décisions impériales, si la règle *error juris* eût été admise en droit romain? Notez que, l'un de ces deux rescrits, Paul a cru devoir le passer sous silence. Encore celui qu'il cite n'est-il guère probant. En effet, les derniers mots dont Paul a voulu se faire une arme peuvent, tout aussi bien, se rapporter à l'ignorance de la loi Falcidie qu'aux circonstances juridiques spéciales de l'espèce. Ainsi les héritiers avaient négligé de demander des cautions, ils avaient même stipulé que l'argent serait dépensé *tout entier à tel usage*, il s'est écoulé un grand temps depuis (il en fallait nécessairement pour bâtir un aqueduc); et ce n'est qu'après tout cela qu'ils viennent demander ce qu'ils ont payé en sus des trois quarts du legs, alléguant l'ignorance de la Falcidie. En admettant que la *condictio indebiti* fût admise pour erreur de droit comme pour erreur de fait, n'est-il pas très-probable que devant n'importe quelle juridiction de pareils demandeurs eussent été déboutés? L'erreur autorise la *condictio*, mais encore faut-il entendre le principe *civiliter*. Ce n'est pas là une raison pour qu'on vienne réclamer au détriment d'autrui et au profit de sa propre *stultitia*. Que les empereurs aient ajouté à la fin du rescrit le brocard *error juris*, etc. ; rien d'étonnant! Ne rencontre-t-on pas tous les jours dans les arrêts de nos tribunaux, même les mieux motivés, de ces maximes surérogatoires? Les motifs déterminants du rescrit sont des circonstances de fait; à ce dernier argument des réclamants : qu'ils ignoraient la Falcidie, on eût pu répondre que les circonstances de la cause étaient telles qu'elles ne laissaient pas place à pareil argument. Au lieu de cela on répond par le brocard *error juris*, etc. Est-ce une raison pour chercher, comme le fait Paul, à ériger une décision toute spéciale en un principe qui dominerait tout le droit? Évidemment non! De Paul nous avions appelé plus haut au préteur; ici nous en appelons à l'*auditorium principis* (1).

(1) C'est là aussi, à peu près, l'explication de Mühlenbruch (vol. 22,

Enfin, les partisans de la distinction de l'erreur

p. 393-394), et cette explication nous paraît très-satisfaisante pour la l. 9, § 5, *De jur. et fact. ign.* Mais une décision analogue se trouve aussi dans la l. 9, C. *Ad leg. Falc.*, 6, 50, et bien qu'il s'agisse là encore d'un rescrit, ou plutôt d'un fragment de rescrit et qu'il soit impossible de savoir jusqu'à quel point il faut mettre sur le compte des circonstances particulières de l'espèce ce qui nous apparaît comme règle, il vaut beaucoup mieux chercher quelque interprétation plus plausible et il s'en présente ici. « Dans ce texte, dit Mühlenbruch, la Falcidie est le seul motif de la décision. L'acquittement des legs, sans être une *naturalis obligatio*, est néanmoins un devoir de conscience, c'est pourquoi l'on refuse ici la condiction pour cause d'erreur de droit, qui serait admise s'il s'agissait d'un *indebitum.* » Mais, réplique M. Savigny, avec raison : « Quel rôle joue ici ce devoir de conscience qui n'engendre pas de *naturalis obligatio?* » C'est à une autre idée que celle de Mühlenbruch que nous voulons nous arrêter. Cet auteur a vu juste lorsqu'il a dit que le nœud était dans le caractère particulier de la loi Falcidie; ce caractère est celui d'une *rétention* et c'est par là, bien plutôt que par l'idée d'une quasi-obligation naturelle, que nous croyons résolubles les difficultés que présentent les textes ci-dessus. Nous nous basons sur les considérations suivantes :

1° La loi Falcidie étant la première de toutes celles qui apportèrent des restrictions efficaces au droit du testateur, il est très-probable qu'on ne lui ait accordé tout d'abord que le moins d'extension possible;

2° Les termes du plébiscite portaient : *capere* (ne minus quam partem quartam hereditatis eo testamento heredes capiant), l. 1, pr. *Ad leg. Falc.*, 35, 2

3° Partout où il est question de Falcidie, il est parlé de *retentio, retinere.* (V. Elvers, *Promptuarium Gaianum*, v° *Falcidia.* — Dirksen, *Manuale Latinit.*, v^is *Falcidia* et *Retinere.* — Brisson, *De verb. sign. iisd.*)

4° Le sénatusconsulte Pégasien n'était qu'une imitation de la Falcidie, dont il prenait souvent le nom (*quarta Falcidia.* V. l. 16, § 9, —l. 22, § 2, —l. 27, § 10, —l. 30, pr., *Ad s. c. Treb.*, 36, 1.) L'analogie entre ces deux institutions était complète. Or, Paul dit (P. S., 4, 3, 4) : que si l'on avait restitué « totam hereditatem ex Pegasiano,

« repetere quartam non potest; nec enim indebitum solvisse videtur « qui plenam fidem defuncto præstare maluit. » Le raisonnement même du jurisconsulte prouve que l'*erreur* dont il est ici question (puisqu'il ne saurait y avoir *repetitio consulto dati*), peut ne pas être exclusivement une erreur de fait. Il y a une allusion, qui nous paraît incontestable, à cette circonstance dans le § 7, J., *De fideicommis. hereditat.*, 2, 23. Si Justinien n'entendait parler que de l'erreur de fait, il eût été inutile de le dire, si au contraire il a compris par là l'erreur de droit, il n'aurait pu y déroger. La l. 20, *Ad s. c. Trebell.*, 36, 1, établit ce point d'une manière très-positive. Elle mérite d'être citée : « Heres cum debuerit quartam retinere « totam hereditatem restituit; nec cavit sibi stipulatione proposita; « similem esse eum Aristo ait illis qui *retentiones* quas *solas* habent « omittunt : sed posse eum rerum hereditariarum *possessionem* vel *repetere* vel *nancisci* (ne croirait-on pas qu'il s'agit de la loi Cincia?) « et adversus agentem doli mali exceptione uti posse eam, etc. »

Or, si le sénatusconsulte Pégasien offrait ce caractère de rétention, il est plus que probable que la Falcidie le présentait aussi.

5° Enfin des textes très-importants sur la Falcidie lui donnent ce caractère. Ainsi I. Justinien (l. 18, C. *Ad leg. Falc.*, 6, 50) dit, en parlant des donations *mortis causa*, que « corporaliter datæ sunt « lege autem in patrimonio testatoris permanserunt. » II. A propos de l'interdit *quorum legatorum*, la l. un. C., *Quor. leg.*, 8, 3, porte que le postulant dans l'espèce devra intenter contre le légataire détenteur l'interdit *quorum legatorum*, car cet interdit « in posses- « sionem te constituit ut ita retentione competenti utaris. » Dans le cas de la loi Cincia, on cherchait à se remettre en possession du meuble moyennant l'interdit *utrubi*, afin de pouvoir opposer l'*exceptio legis Cinciæ*, comme ici on veut opérer de manière à se ménager l'*exceptio legis Falcidiæ*. III. La l. 23, *De dol.*, 4, 3, veut que si je vous ai trompé sur la valeur des biens qui vous restent, en vous faisant croire que vous y trouverez votre *quarta*, vous, héritier, vous aurez contre moi l'action de dol, action qui ne se donnait qu'à défaut de toute autre ressource. Or, ici il y avait eu erreur de fait, partant on aurait pu donner une *condictio*, si quelque autre principe indépendant de l'erreur ne s'y fût opposé. IV. La l. 26, *Ad leg. Falc.*, 35, 2, part encore de l'idée de restitution et de rétention pour *indebiti* allèguent en leur faveur un texte des plus positifs (1).

finir par donner l'action en revendication. V. aussi l. 1, § 11 eod., où pour ne pas tomber dans des contradictions inextricables, il faut admettre, avec les *Basiliques* (41, 1, 1), qu'il est question d'un héritier qui, voulant retenir la *quarte*, s'est trompé sur la valeur des objets donnés.

Voici maintenant la doctrine qui semble découler de tous ces textes : En principe, la loi Falcidie est dominée par l'idée de rétention; seulement, il suffit à l'héritier d'avoir voulu exercer la rétention de la *quarte*, pour que cette déduction ait lieu et qu'il puisse dès lors exercer contre les détenteurs, même l'action en revendication. (C'est ainsi que s'expliquent les lois 1, § 5, *Quod legat.*, 43, 3, — l. 73, § 5, *Ad leg. Falc.*, 35, 2, où il est parlé d'une *deductio ipso jure.*) Autrefois on lui donnait l'interdit *quorum legatorum* qui était *adipiscendæ possessionis*, pour reconstituer le patrimoine sur lequel devaient se faire les rétentions. Mais si l'héritier s'était dessaisi de la succession sans opérer de retenue, ou plutôt s'il était clairement prouvé qu'il n'avait pas voulu déduire la *quarte* (l. 6, § 5, *De jure et fact.*, 22, 7, — l. 23, *De dol.*, 4, 3), alors il n'avait ni la ressource de l'interdit, qui n'était qu'*adipiscendæ*, ni la ressource d'aucune action ordinaire.

Si cette explication est plausible, les lois du genre de la l. 9, C. *Ad leg. Falc.*, 6, 50 (et toutes celles dont se prévalent ceux qui, pour les *condictiones*, distinguent entre l'erreur de fait et l'erreur de droit, sont de cette catégorie), toutes ces lois, disons-nous, reviennent à une vérité découlant de la nature même de la loi Falcidie, à savoir que si l'on n'a pas opéré la rétention, on ne pourra plus rien réclamer. L'*error facti* dont parlent ces textes ne doit être entendue que d'une erreur dans le calcul, dans la computation. Elle n'empêchait pas la rétention de s'exercer, et dès lors elle ne pouvait être de quelque empêchement à celui qui voulait intenter l'action de revendication, soit la *condictio indebiti*. (Cf. surtout la l. 9, C., *Ad leg. Falc.*, 6, 50, avec la l. 1, § 11, *De leg. Falc.*, 30, 2, où, bien qu'il ne soit parlé que d'*erreur*, il faut sous-entendre avec la scholie des *Basiliques* une erreur de calcul.)

(1) L. 10, C., *De juri et fact., ign.*, 1, 18.

« Cum quis jus ignorans, indebitam pecuniam sol-
« verit, cessat repetitio. Per ignorantiam enim facti
« tantum repetitionem indebiti soluti competere tibi
« notum est. »

Ce texte ne comporte pas de réplique, et ceux qui n'ont pas voulu admettre la distinction entre l'erreur de droit et l'erreur de fait, n'ont guère réussi à s'en tirer d'une manière satisfaisante. Si on s'en tient là, comme d'un autre côté il y a impossibilité, pour les partisans de la doctrine de M. Savigny, d'expliquer les textes allégués contre eux, il faudrait admettre, et c'est ce que bien des auteurs ont fait, qu'il y avait divergence entre les jurisconsultes romains sur ce point : que les uns admettaient, que les autres repoussaient la règle *error juris*, quant à la *condictio indebiti*.

Mais pour nous, le texte allégué n'est d'aucune importance. Le peu de valeur qu'il a à nos yeux est la conséquence de la généralité de ses termes, dont on essaie précisément de se prévaloir. Nous n'avons jamais prétendu que la maxime *error juris* n'existât chez les Romains; mais nous croyons qu'il ne faut pas y attacher une plus grande importance que celle que l'on attache ordinairement à un brocard. Dans ce qui précède nous avons vu que la maxime *error juris* n'était invoquée que là précisément où l'on n'en avait nul besoin. Si les conséquences que Paul cherchait à tirer du rescrit rendu sur un cas de la loi Falcidie nous ont paru mériter une réfutation, c'est qu'il s'agissait là d'appliquer la loi à une espèce, et qu'il importait de savoir si c'était là une conséquence du principe *error juris* ou un droit de rétention (1). Mais dans la l. 10 du Code *De juris et facti ignorantia*, rien de semblable. Nous ne savons absolument rien des circonstances qui avaient motivé le rescrit. Or, quelle valeur peut avoir le rescrit, lorsqu'il nous dit que, dans ces circonstances *inconnues*, la répétition n'aura pas lieu *parce que l'erreur est de droit et non de fait ?* Évidemment aucune. Je ne sais pas que je suis tenu envers Titius *naturaliter* de dix sacs de blé, et je lui en prête cette quantité. Lorsque je les lui redemande il m'oppose la compensation. J'aurai beau dire que je ne lui aurais pas prêté de blé, si j'avais su que ce serait lui fournir une occasion de faire valoir contre moi une créance naturelle ; peu importe que je me sois trompé sur le fait, ignorant que je fusse tenu d'une obligation naturelle, ou que je me sois trompé sur le droit en croyant que l'obligation naturelle ne donne pas lieu à compensation, toujours je serai déchu de ma demande, parce que, on peut le dire parfaite-

(1) Ajoutez à ce qui précède que ce caractère était tellement imprimé sur les dispositions concernant la loi Falcidie, qu'avant la découverte des *Vaticana fragmenta*, on n'était pas fixé sur la question de savoir si c'était de cette loi ou bien de la Cincia qu'Ulpien avait voulu parler dans le § 1, T. I, de ses *Fragmenta*. V. Cujas, *Ad. h. leg.*

ment, j'ai ignoré *le droit.* Supposons au contraire que, ignorant les effets d'une exception perpétuelle, je croie être tenu et que je paie. C'est bien là une erreur de droit; me refusera-t-on pour cela la *condictio ?* Évidemment pas. Et pourquoi? parce que, pourra-t-on dire, j'ai ignoré *le fait.*

Pour en revenir à la l. 10, C. *De jur. et fact.ign.* 1, 18, nous ne pouvons voir dans le motif donné par l'empereur au refus de la *condictio* qu'une de ces banalités qui de loin sont quelque chose, mais qui vues de près ne sont rien. Dire que l'on ne peut avoir la *condictio* parce que l'erreur est en droit et non en fait, c'est évidemment répondre à la question par la question, car il s'agit précisément de savoir où il y a erreur de droit ou erreur de fait. Ce rescrit est donc tout aussi probant que si l'empereur eût dit que le réclamant n'aurait pas la *condictio*, parce que nul ne doit s'enrichir aux dépens d'autrui, etc.

En revanche, les partisans de l'idée que l'erreur de droit ou de fait n'apporte aucune différence quant à la *condictio indebiti*, allèguent une série de textes des plus probants (1). M. Savigny les repousse

(1) En voici quelques-uns : L. 1, pr., *Ut in poss.*, 36, 4. Ce texte est relatif au cas suivant : l'héritier testamentaire devait donner caution aux légataires et, d'après l'ancien droit, la volonté même du testateur ne pouvait le dispenser de cette obligation; cette dernière disposition fut abolie par un décret de Marc-Aurèle qui fait partie de ses *Semestria* (L. 46, *De pactis*. 2, 14. — L. 2, C., *Ut*

en disant que ce sont là des cas d'erreur de fait (1). Mais n'est-ce pas là en définitive la condamnation de toute distinction entre l'erreur de fait et l'erreur de droit. Dans la plupart de ces textes nous avons l'espèce et la décision et pourtant on discute pour savoir s'il y a là erreur de fait ou erreur de droit !

Et adhuc sub judice lis est.... Mais si un seul des jurisconsultes auxquels appartiennent ces fragments, eût dit qu'il y a dans tel cas ou dans tel autre erreur de droit ou erreur de fait, ou l'eût cru sur parole! Et la règle, notez bien, n'en aurait pas beaucoup souffert, puisque, grâce à l'élasticité de l'idée des mots fait et droit, tout peut être rangé sous l'une ou l'autre de ces catégories aussitôt qu'on le voudra.

Malgré cela, M. Savigny s'est trouvé dans l'impossibilité de rendre compte de la célèbre loi *frater*

in poss., 6, 54). Dans l'espèce, un héritier fournit la caution dont il était dispensé. Si en agissant ainsi, il ignorait la dispense accordée par le testateur, il pouvait, sans aucun doute, demander, en vertu de la *condictio indebiti*, l'annulation du cautionnement. Mais s'il n'avait pas cru la dispense valable, si dès lors il avait agi par erreur de droit, Ulpien, encore pour ce cas, lui accorde la *condictio*. Pourquoi ? Parce que, dit M. Savigny, l'erreur est excusable ! L. 17, § 10, *Ad munic.*, 50, 1. — L. 16, § 2, *De minor.*, 4, 4.—L. 10, C., *De cond. indeb.*, 4, 5. — L. 16, § 4, *De publicanis*, 39, 4. — L. 37, *De auro*, 34, 2. (M. Savigny répond avec raison que c'est ici une erreur de fait. Car avant l'insertion de ce texte dans le Digeste, il n'y avait pas de règle sur ce point.) — L. 20, pr. *Fam. erc.*, 10, 2.

(1) *Traité*, III, p. 426.

a fratre (1). La manière dont l'espèce est posée, la marche des raisonnements d'Africain, les objections qu'il se fait, et les réponses qu'il y donne, tout a conspiré pour rendre inapplicable à cette loi le système de l'erreur de fait ou de droit. M. Savigny n'a pu s'en tirer qu'en inventant une nouvelle règle : « Dans ce texte, dit-il (2), l'erreur tombe non « sur la règle de droit, mais sur l'application de la « règle à l'espèce particulière. Or, rapporter fausse- « ment une espèce à une règle, constitue une erreur « de fait et non une erreur de droit. »

Nous ne demanderons à M. Savigny, ni la raison qui fait que dans tout le Digeste il n'y a qu'un seul exemple de cette règle, et que cet exemple même c'est la loi 38 en question, ni la justification encore plus difficile de cette règle en logique. Il nous suffit d'affirmer, en laissant à chacun le soin très-facile de vérifier notre assertion sur les exemples fournis par le Digeste (3), que cette règle donnerait presque tou-

(1) L. 38, pr., *De cond. ind.*, 12, 6. On peut en voir l'explication complète dans M. Machelard, *Oblig. nat.*, p. 133 et suivantes.

(2) *Traité*, p. 337 et 427.

(3) V. notamment les exemples cités, p. 127 (1). Ainsi encore, la personne qui négligerait de demander la *bonorum possessio* dans le délai voulu, non qu'elle ignorât la loi, mais parce qu'elle aurait cru que cette loi ne s'appliquait pas à elle dans les circonstances où elle se trouvait, commettrait d'après M. Savigny une erreur de fait dont elle serait relevée *ipso jure*. Ne sont-ce pas là des énormités ? C'est à propos de l'application qu'on fait des lois qu'il peut être question d'ignorance, d'erreur de droit, ou de *scientia*. Dès

jours des décisions contraires à celles que nous ont laissées les jurisconsultes romains.

Un autre texte très-embarrassant pour M. Savigny est le § 266 des F. Vaticana relatif à la loi Cincia. M. Savigny se l'explique en affirmant que « la cir-« constance particulière et décisive pour autoriser « dans l'espèce la *condictio* est non pas l'erreur, mais « une règle absolue de droit positif (1). » Mais nous aurions tort de nous étendre sur ce point. Les explications de M. Savigny n'ont satisfait personne, et M. Machelard, dans un travail tout récent, préfère encore admettre que la règle *error juris*, quant à son application à la *condictio indebiti* était un point sur lequel divergeaient les opinions des jurisconsultes romains (2). En réponse à ce dernier système nous nous demanderons : comment se fait-il que nulle part dans le Digeste on ne parle de cette divergence d'opinion si importante, et ensuite, pourquoi la distinction *error juris, error facti*, n'était-elle mise de côté que pour la *condictio indebiti?*

N'est-il pas plus naturel d'admettre que si cette distinction était mise de côté pour la *condictio inde-*

lors, dire que l'erreur dans l'application d'une loi à une espèce est une erreur de fait, c'est dire en d'autres termes qu'il n'y a que des erreur de fait.

(1) *Traité*, IV, p. 202, *d*.

(2) V. Machelard, *Oblig. nat.*, p. 79 et 136.

biti, c'est que dans aucune partie du droit elle n'était réellement destinée à jouer un autre rôle que celui de brocard (1)?

IX. SI UNE THÉORIE SUR L'ERREUR EST DE QUELQUE UTILITÉ EN MATIÈRE DE MARIAGE.

La *causæ probatio* (2) comprend deux cas parfaitement distincts :

1° *Causæ probatio ex lege Ælia Sentia*, ou *anniculi probatio.*

(1) M. Savigny consacre une section et des règles spéciales à ce qu'il appelle les expressions tacites de volonté. Mais, s'agissant de constater l'existence de la volonté dans des actes affranchis de toute formalité, la circonstance que la volonté est expresse ou tacite n'est-elle pas complétement indifférente? *Quid interest expresse quis voluntatem suam declaret an rebus ipsis et factis?* (L. 32, § 1, *De legibus*.) Je vous vois faire sur votre fonds des travaux ayant un caractère non équivoque, un but certain, susceptible de me nuire, et je les souffre, bien que je puisse les empêcher; ne serez-vous pas autorisé le plus souvent à vous prévaloir de mon consentement tacite? (L. 19 et 20, *De aqu. et aqu. pluv.*, 39, 3.) En revanche l'erreur, l'absence, mille autres circonstances ne pourront-elles faire que je ne sois pas censé avoir consenti et qu'aucune faute ne me soit reprochable, malgré le silence que j'aurai gardé? Les ll. 1 et 2, pr., *De judic.*, 5, 1, ne constituent nullement des exceptions aux règles concernant l'expression de volonté, elles prouvent qu'Ulpien, pour accorder la prorogation de juridiction, exigeait que les parties s'y fussent soumises en connaissance de cause. Supposer le défaut de connaissance, c'est se placer en dehors de la sphère d'application de la loi (Cf. L. 15, *De jurisd.*, 2. 1).

(2) V. Vangerow, *Ueber die Latini Juniani*, p. 163 et s.

2° *Causæ probatio ex senatus-consulto*, ou *erroris causæ probatio.*

La *causæ probatio ex lege Ælia Sentia* était une institution destinée à permettre aux Latins qui avaient pris une femme latine ou romaine, sous l'attestation solennelle de sept citoyens, et qui auraient eu de cette union *anniculum*, à faire la preuve de tous ces faits devant le préteur; cette preuve une fois administrée, toute la famille était admise à la cité romaine (1). Cette première espèce de *causæ probatio* ne nous intéresserait guère, n'était la discussion entre les jurisconsultes romains, à laquelle elle fournit matière. Voici sur quoi portait la controverse (2) :

On avait défini autrefois le *connubium* par ces mots : *uxoris jure ducendæ facultas* (3), et comme à cette époque les Romains n'avaient pas encore admis la validité du mariage entre Romains et Latins ou pérégrins, on avait conclu que le *connubium* n'existait qu'entre Romains, ou avec les Latins et les pérégrins auxquels il aurait été concédé par faveur (4). C'est entre personnes de cette qualité seu-

(1) Gaius, I, § 29. A l'origine il y eut quelques limitations à ce droit ; mais elles furent supprimées par le sénatusconsulte rendu sous les consuls Pegasus et Pusio, eod., § 31.

(2) Gaius, I, § 80. « Fuerunt tamen qui putaverunt, ex lege Ælia « Sentia contracto matrimonio, latinum nasci, etc.»

(3) Ulp. reg., 5, 3.

(4) Id., § 4. « Connubium habent cives romani cum civibus ro-

lement que le *connubium* existait, et qu'il produisait ses effets, dont l'un consistait à faire suivre aux fils la condition du père (1). Lors donc que la *causæ probatio* eut été admise en vertu de la loi Ælia, surgit parmi les jurisconsultes la question de savoir si ces dispositions législatives établissaient ou non le *connubium* entre Romains et Latins. La question présentait un intérêt pratique ; car si l'on opinait pour l'affirmative, il en serait résulté que l'enfant né d'un Latin et d'une citoyenne romaine aurait été Latin, de la condition du père, pendant l'intervalle qui s'écoulerait entre la naissance et la *causæ probatio*, tandis qu'en n'admettant pas le *connubium*, l'enfant aurait suivi la condition de la mère et serait Romain. Fallait-il continuer à s'en tenir à l'ancienne définition du *connubium*, et, ne considérant les dispositions de la loi Ælia que comme des exceptions à la règle, refuser à l'enfant la condition du père? ou bien, devait-on, à vue des changements opérés dans la législation, étendre la signification du *connubium*, du mariage légal, fondre, en un seul tout, les anciennes et les nouvelles lois sur la matière, et, reconnaissant

manis; cum latinis autem et peregrinis, ita si concessum sit. » — Gaius, I, 56..... « Vel etiam latinas peregrinasve cum quibus connubium habeant; 57. Unde et veteranis quibusdam concedi solet principalibus constitutionibus, connubium cum his latinis peregrinisve quas, etc. »

(1) Ulp. reg., 5, 8. « Connubio interveniente liberi semper patrem sequuntur. »

l'existence du *connubium* entre Romains et Latins (sous certaines conditions), lui faire produire aussi tous ses effets juridiques? Telle était la question que se posaient les jurisconsultes romains. La dernière manière de voir était assurément la plus philosophique (1), mais la première avait l'avantage d'être plus historique, plus conforme à la marche générale de la législation romaine, et il est très-probable qu'elle eût fini par l'emporter, lors même qu'un sénatusconsulte, rendu sous Adrien, ne fût venu établir, législativement : *ut quoquo modo ex Latino et cive romana natus civis romanus nascatur* (2). Cette discussion nous a paru révéler les procédés intimes de la logique juridique des Romains, et nous la rapportons d'autant plus volontiers que cette fusion de l'exception dans la règle a été par nous employée dans tout ce qui précède, partout où elle ne pouvait présenter d'inconvénient (3).

(1) Huschke, *Studien*, I, p. 176, semble n'avoir pas bien saisi la portée de cette opinion.

(2) Gaius, I, § 80.

(3) Sur ce procédé des Romains de ne jamais faire un tout de l'exception et de la règle, V. Thibaut, *Zivil. Abhh.*, p. 184 et suiv. Le prescrit positif est le point de départ pour le jurisconsulte, au même titre que les faits d'expérience le sont pour l'observateur des phénomènes physiques. *Mutatis mutandis*, rien ne saurait donc être plus vrai pour la science du droit que la pensée suivante de Bacon (*Nouv. org.*, 1, 25.) « D'où ont découlé les principes sur lequels on se fonde aujourd'hui? D'une poignée de petites expériences (disons *dispositions législatives*) d'un fort petit nombre de faits très-familiers; et comme ces principes sont taillés à la mesure de ces faits, il n'est pas

L'*anniculi probatio* était destinée à faciliter l'admission des Latins dans la cité romaine; l'*erroris probatio* avait une tendance plus générale d'autant que, grâce à elle, non-seulement des Latins, mais même des pérégrins pouvaient *adire civitatem*. Gaius nous apprend que cela avait lieu (1):

1° Lorsqu'un citoyen romain épousait une Latine ou une pérégrine, *cum eam civem romanam esse crederet*.

2° Lorsqu'une Romaine épousait un pérégrin ou un déditice, *tanquam civem romanum vel latinum;* pourvu que, dans ce dernier cas, elle se conformât, quant aux formes, à la loi *Ælia Sentia*.

3° Lorsqu'une Latine épousait un pérégrin, *quem Latinum esse crederet*.

4° Lorsqu'un Latin avait épousé une pérégrine, croyant qu'elle était une Latine ou une Romaine.

étonnant qu'ils ne puissent conduire (disons : *convenir*) à de nouveaux faits. Que si par hasard quelque fait contradictoire (disons : *quelque nouvelle disposition législative*) qu'on n'avait pas d'abord aperçu se présente tout à coup, on sauve le principe à l'aide de quelque frivole distinction (exception), *au lieu qu'il aurait fallu corriger le principe même*.» Une telle méthode aurait l'immense avantage de faire de la science du droit un tout logique, un enchaînement de propositions déduites des principes dans lesquels elles se trouveraient implicitement renfermées, et on saisirait aisément alors le changement qu'une disposition nouvelle introduit dans l'ensemble du système.

(1) Gaius, I, 67, 72.

5° Lorsqu'un Romain qui se croyait Latin avait épousé une Latine, etc. (1).

Ces dispositions nous fournissent l'occasion de nouvelles objections à la théorie, soit de la maxime *error juris*, etc., soit de l'excusabilité. Assurément tout le monde reconnaîtra qu'il y a bien une erreur de fait, lorsqu'une personne prend un Latin pour un Romain, et *vice versa*. Or, en admettant le principe *error facti non nocet*, qu'avait-on besoin d'attendre que le sénatusconsulte eût organisé la *causæ probatio?* Dira-t-on qu'à l'époque où le sénatusconsulte fut mis en vigueur, la règle *error facti* n'était pas connue à Rome, ou que tous les jurisconsultes n'en avouaient pas l'efficacité? Ce serait là une bien mauvaise réponse, puisque, à une époque bien postérieure aux écrits des jurisconsultes, nous voyons que des dispositions toutes spéciales étaient nécessaires pour reconnaître la validité d'un mariage contracté en dehors des conditions légales, ne fût-ce que par erreur. Ceux-là mêmes qui ont été les plus chauds

(1) Ce sont là les seuls cas d'*erroris probatio* cités par Gaius et par Ulpien (Reg., 7, 4), dans un texte qui, avant la découverte des commentaires de Gaius, était le seul où il en fût question. Un des principaux commentateurs de cette partie de la législation romaine (Vangerow, *Ueber die latini*, p. 180 et suiv.) prétend que les énonciations de Gaius et d'Ulpien ne sont guère limitatives. Il semble que cette opinion soit trop hardie, surtout en présence du § 68 de Gaius. Vangerow soutient en outre (eod., p. 185) que la condition que l'enfant fût *anniculus*, était exigée même pour l'*erroris probatio*.

partisans de la règle *error facti*, n'ont jamais pu admettre que cette règle dispensât de toute organisation du mariage putatif, ou que la nullité d'un mariage contracté avec une esclave qu'on avait crue libre aurait jamais pu être valable, parce qu'on était tombé dans une erreur de fait. Le mariage, dit-on, est une institution civile qui ne saurait exister que dans les conditions spécialement déterminées, dès lors il ne tombe pas sous le coup de la règle *error facti*.

Mais en admettant la vérité de cette remarque quant au mariage, pourquoi n'en dirait-on pas autant de toutes les institutions que nous trouvons dans le droit romain? Distinguera-t-on entre les institutions civiles et les institutions non civiles? Cela serait impossible, dans n'importe quelle législation, et dans la législation romaine plus que dans toute autre, puisque, après la promulgation de Justinien, tout est devenu partie intégrante du *Corpus juris civilis*. D'ailleurs une simple distinction entre les institutions de droit civil et celles qui ne le sont pas ne suffirait guère ; il faudrait distinguer parmi les institutions civiles celles qui ont des conditions d'existence déterminées et celles qui n'en ont pas. C'est assez dire qu'il faudrait pour cela se jeter dans l'arbitraire. N'est-il pas bien plus vrai que toute institution trouve dans la loi, implicitement ou explicitement, ses conditions d'existence, et que, sous ce rapport, le *jus non scriptum*, pour n'avoir pas été promulgué par les décemvirs ou par les comices législatifs, n'est pas moins obligatoire que le *jus scriptum?* Cet argument est surtout à l'adresse des partisans de l'école historique. A quoi sert de se demander, comme le fait M. Savigny, à propos de l'*erroris probatio*, « si l'erreur ne devait pas être justifiée par des cir- « constances extraordinaires, ce qui serait conforme « aux principes généraux (1) ? »

D'abord ce n'est pas à se demander si dans cette hypothèse l'erreur devait être excusable ou non, que M. Savigny aurait dû se borner ; il devait prouver son dire. Mais en supposant que l'excusabilité fût admise, en sera-t-on plus avancé pour cela ? N'en restera-t-il pas moins un fait incontestable : qu'avant la loi Ælia Sentia et les sénatusconsultes mentionnés par Gaius, l'erreur de fait qu'une Romaine aurait commise en épousant un Latin lui aurait nui ? Et que, même après ces sénatusconsultes, pareil mariage ne serait validé que sous certaines conditions ? N'est-il pas évident que toute distinction qu'on viendrait faire entre le mariage et les autres institutions serait arbitraire, d'autant plus que la théorie de l'excusabilité, ou de l'erreur de fait, a été trouvée constamment en défaut ?

Aussi, si, laissant de côté ces prétendues règles, nous envisageons la chose de plus près, nous trou-

(1) *Traité*, III, p. 358.

verons que l'erreur n'y joue même aucun rôle. Remarquez en effet qu'il ne s'agissait pas de prouver *errorem*, comme nous l'avons dit pour abréger, mais bien *causam erroris* (1). Cette *cause* était quelque chose de très-positif : qu'on *avait cru que la partie* avec laquelle on contractait mariage *était romaine*, ou qu'elle *était latine*. Ce n'était pas une négative indéterminée qu'on aurait eu à prouver, mais un fait très-positif. Le *connubium* qui n'existait autrefois qu'entre citoyens romains, s'était étendu aux Latins qu'on aurait crus romains, et la définition même du mariage avait été modifiée. Les jurisconsultes romains, malgré leur peu de penchant pour les abstractions, s'en étaient aperçus ; la controverse rapportée par Gaius nous l'atteste ; quant à se demander si l'erreur était de droit ou de fait, excusable ou inexcusable, c'est ce qui les avait le moins préoccupés.

X. SI UNE THÉORIE DE L'ERREUR EST DE QUELQUE UTILITÉ EN MATIÈRE D'ACQUISITION DE FRUITS.

La *bona fides* figure ordinairement comme une condition indispensable pour l'acquisition des fruits par le possesseur, et pour celle de la propriété au moyen de l'usucapion. Or, à la question qu'est-ce

(1) Gaius, I, § 67 et suiv. Ulp. fr., tit. VII.

que la bonne foi? on répond ordinairement que la bonne foi est une erreur, consistant, d'après les uns, à croire que celui dont nous tenons notre droit était propriétaire, d'après d'autres, à être convaincu qu'on a acquis soi-même la propriété de la chose en question. Cette divergence est indifférente pour nous; les deux systèmes se fondent sur l'erreur, comme sur une condition positive, pour l'acquisition des fruits ou celle de la propriété, et c'est ce que nous ne saurions admettre. Ici comme dans tout ce qui précède, nous persistons à ne voir, dans la condition de bonne foi exigée, qu'une condition négative de la mauvaise foi. Et ce n'est pas là, hâtons-nous de le dire, une simple logomachie; un des résultats les plus immédiats de notre procédé, ce sera de faire voir l'inanité de la règle *error juris.....*, appliquée en pareille matière. Si l'erreur n'existe pas, en effet, comme condition positive, comment pourrait-on concevoir qu'on en établît des catégories qui ne revinssent pas à des catégories du dol? Et si notre observation est fondée, n'est-il pas évident que la fixation des idées sur ce point ne peut que nous faire mieux connaître la nature et les vraies conditions des deux principales conséquences de la possession, l'acquisition des fruits et l'usucapion?

Parlons d'abord de la bonne foi quant à l'acquisition des fruits, et voyons comment il faut entendre cette expression consacrée : que le possesseur de bonne foi fait les fruits siens? Il y a eu bien des systèmes qui ont eu cours là-dessus. En voici quelques-uns des plus modernes :

M. Savigny (1) a prétendu que le possesseur de bonne foi a sur les fruits le même droit que sur la chose qui les produit, c'est-à-dire une *possessio bonæ fidei*, et qu'il n'est favorisé qu'en ce sens, qu'il peut toujours usucaper les fruits dans trois ans, et qu'il n'est pas tenu de rendre ceux qu'il aurait consommés.

D'autres auteurs (2) soutiennent qu'il faut distinguer entre les fruits naturels et les fruits industriels. Pour ces derniers, ils sont acquis, disent-ils, au possesseur de bonne foi ; quant aux autres, il n'en a que la possession.

Enfin, un troisième système (3) veut que le possesseur de bonne foi acquière, sur tous ces fruits indistinctement, un véritable droit de propriété; droit qui n'est pourtant pas irrévocable, puisqu'il suffit que le possesseur devienne de mauvaise foi pour que tous les fruits (sauf ceux qui auront été consommés) passent dans le patrimoine du véritable propriétaire. Inutile d'ajouter que dans ce système on doit admettre, pour être conséquent, la possibilité de l'usucapion et de la revendication des *fruc-*

(1) *De la possession*, § 22, a.
(2) Unterholzner, *Zivil. archiv.*, VIII., p. 311 et suiv.
(3) Marezoll, *Giess. Zeitsch.*, XVIII, p. 211 et suiv.

tus exstantes, considérés comme objet principal.

Mais ces différents systèmes ont eu peu ou point de partisans. L'idée qui rallie le plus grand nombre d'auteurs (1), c'est que : le *bonæ fidei possessor* acquiert la pleine propriété sur tous les fruits, sans distinction, aussitôt séparés, et qu'il n'est tenu qu'*officio judicis*, lors de la revendication de la chose principale, de rendre les fruits non consommés. Bien que cette opinion soit, comme nous l'avons dit, celle qui est le plus généralement répandue, on ne trouvera pas mauvais peut-être que nous donnions ici, aussi succinctement que possible, les principaux arguments sur lesquels elle repose.

En premier lieu, l'idée que le possesseur de bonne foi fait siens les fruits, en ce sens qu'il en acquiert la propriété (2), repose sur des textes formels. Julien dit : *Bonæ fidei possessor in percipiendis fructibus id juris habet, quod dominis prædiorum tributum*

(1) Vangerow, *Lehrbuch*, I, p. 704, donne la liste des principaux d'entre eux.

(2) En disant propriété, nous entendons par là le domaine quiritaire. Autrefois, on avait cru, sur l'autorité de M. Savigny principalement (*De la possession*, § 22, *a*), que l'on avait sur les fruits d'une chose la même espèce de propriété que celle que l'on avait sur la chose même : *bonitaire*, si l'on n'en avait que l'*in bonis*, quiritaire dans le cas contraire. M. Savigny était arrivé à cette conclusion, parce qu'il considérait le fruit, non comme un objet nouveau, mais comme une partie de la chose principale. On peut dire, avec certitude de ne pas se tromper, que M. Savigny seul a été de cette opinion, et nous tirerons plus bas argument de cette circonstance.

est (1). Paul, parlant du possesseur de bonne foi, déclare que *loco domini pene est* (2), et ailleurs (3) que *fructus statim bonæ fidei emptoris fit nec usucapi debet;* et quand enfin nous trouvons dans Gaius (4) que *fructus statim pleno jure sunt bonæ fidei possessoris*, il est difficile de douter que le possesseur de bonne foi acquière sur les fruits le *dominium ex jure Quiritium*. Aussi Justinien ne parle de l'acquisition des fruits que là où il est question d'acquisition de propriété (5), et Papinien (6) ne donne sur les fruits aucune espèce de propriété au vrai propriétaire d'une chose frugifère, qui se trouve dans la *bonæ fidei possessio* d'un tiers : *quod in fructibus dissimile est, qui nunquam debitoris fuerunt* (7). Vouloir entendre tous ces textes comme ne visant que la *bonæ fidei possessio* des fruits, c'est en vérité abuser des ressources de l'interprétation la plus subtile.

La preuve que le droit du possesseur de bonne foi sur les fruits est irrévocable, ou, comme disent les commentateurs, *revocabile ex nunc*, est tout aussi indubitable. Certes, le possesseur attaqué, quant à

(1) L. 25, § 1, *De usur.*, 22, 1.
(2) L. 48, *De adq. rer. dom.*, 41, 1.
(3) L. 4, § 19, *De usurp.*, 41, 3.
(4) L. 28, *De usur.*, 22, 1.
(5) § 35, J. *De rer. div.*
(6) L. 1, § 2, *De pignor. et hyp.*, 20, 1.
(7) V. une foule d'autres arguments dans le même sens chez Vangerow, *op. cit.*, I, p. 704.

la chose principale, par l'action en revendication, est tenu à la restitution des fruits encore existants, mais c'est là une *obligation* imposée *officio judicis*, et la propriété des fruits n'est perdue, pour le *bonæ fidei possessor*, que lorsqu'il aura satisfait à cette obligation, par la tradition des fruits (1). S'il arrivait que le possesseur de bonne foi eût déjà aliéné les fruits à un tiers, le propriétaire de la chose principale ne pourrait en aucun cas les revendiquer dans les mains de ce tiers, de même qu'il ne peut jamais y avoir lieu à une revendication de fruits *principaliter* contre le possesseur de bonne foi (2).

(1) § 35, J. *De rer. div.* — § 3, J. *De offic. jud.*, 4, 17.— L. 22, C. *De rei vind.*, 3, 32. — C'est dans ce sens qu'il faut aussi entendre le *interim suos facit* de la l. 48, *De adq. rer. dom.*, 41, 1. V. sur cette dernière loi Pellat, *De la propr.*, p. 307, qui croit que « le mot *interim* a été intercalé par Tribonien. »

(2) Que les partisans de la théorie de M. Savigny soient arrivés à d'autres conséquences, rien d'extraordinaire. Il est à remarquer qu'on n'a trouvé, dans tout le Digeste, pas un texte d'où l'on pût conclure sûrement à l'existence d'une revendication ayant pour objet principal les fruits qui se trouvent chez le possesseur de bonne foi. La seule loi dont on ait voulu tirer argument, est la suivante (l. 43, *De evict.*, 21-2) : « Vaccæ emptor, si *vitulus*, qui post emptionem natus « est, evincatur, agere ex duplæ stipulatione non potest. » Mais ici rien n'indique que le *vitulus post emptionem natus* soit né après la tradition; nous pouvons donc, jusqu'à preuve du contraire, entendre le texte comme s'il s'agissait d'un *vitulus* né avant la tradition ; ensuite, qui est-ce qui peut assurer qu'il s'agit ici d'un possesseur de bonne foi, ou plutôt, car c'est là le point important, d'un possesseur qui était de bonne foi au moment de la séparation? En revanche, nous citerons comme confirmant notre manière de voir, et

Nous n'insisterons pas non plus sur la prétendue usucapion qui serait nécessaire au possesseur de bonne foi pour acquérir, soit tous les fruits d'après M. Savigny, soit seulement les fruits naturels d'après un autre système. Ces idées reposent sur des explications de textes évidemment inadmissibles (1).

établissant l'inadmissibilité d'une revendication de fruits la l. 4, C. *De crim. exp. her.*, 9, 32 :

« Fructus autem rerum, quas *mala fide* tenuit... *suos non facit,*
« *sed exstantes quidam vindicari, consumptos vero condici posse,*
« procul dubio est. »

(Où, d'après la remarque très-judicieuse de Vangerow (*Lehrbuch*, I, 707), le *fructus suos facere*, et la *vindicatio* ou *condictio* sont cités comme s'excluant mutuellement) ;

La l. 22, § 2, *De pign. act.*, 13, 7 :

« Si prædo rem pignori dederit, competit ei et de fructibus pigno-
« ratitia actio, quamvis ipse fructus suos non faciet ; *a prædone enim*
« *et vindicari exstantes possunt, et consumpti condici.*»

L. 3, C. *De cond. ex leg.*, 4, 9.

« *Mala fide possidens* (et seulement lui), de proprietate victus,
« exstantibus fructibus vindicatione, consumptis vero condictione
« conventus, eorum restitutioni parere compellitur. »

(1) Lorsqu'on cite la l. 4, § 5, *De usurp.*, 41, 3.. « Fructus et « partus ancillarum et fœtus pecorum, si defuncti non fuerunt, « usucapi possunt, » pour démontrer que les fruits sont susceptibles d'usucapion, on ne démontre rien, parce que nous ne prétendons pas que ces objets soient soustraits à l'usucapion, mais bien qu'on n'avait pas besoin de les usucaper lorsqu'on les percevait de bonne foi ; et le texte mentionné ne dit rien de contraire. Il en est à peu près de même de la l. 48, § 5, *De furt.*, 47, 2... *idem et in pecudibus servandum est*, etc. M. Pellat (*De la propriété*, p. 544) fait remarquer judicieusement que le § 5 doit être combiné avec le § 6 : « Le jurisconsulte, dit-il, commence par établir qu'il en est du croît des animaux comme du part des esclaves, puis il indique une différence. Quelle est la portée de cette ressemblance et de cette

En vérité, il n'y a qu'une seule loi qui semble faire difficulté en établissant certaines distinctions qui ne reposent sur aucune donnée certaine (1); mais l'importance de cette loi est singulièrement diminuée par cette autre circonstance que Pomponius y développait, quant à l'acquisition des fruits par le possesseur de bonne foi, un système à lui, que Paul et d'autres jurisconsultes nous disent n'avoir pas prévalu (2).

En somme donc, le droit que le possesseur de

dissemblance? Voici, selon moi, en quoi elle consiste : Les petits des animaux et les enfants des esclaves ont cela de commun que, pour pouvoir être acquis au possesseur de bonne foi, il faut qu'ils n'aient pas été conçus chez le voleur. Mais il y a entre eux une différence sur la manière dont ils sont acquis. Le croît de la bête volée, par exemple le poulain de la cavale, conçu et né chez le possesseur de bonne foi, lui appartiendra dès le moment de sa naissance, parce que c'est un fruit, et que le possesseur de bonne foi fait les fruits siens dès le moment de leur séparation de la chose qui les a produits. Au contraire, le part de l'esclave volée, conçu et né chez le possesseur de bonne foi, ne lui est pas acquis en propriété dès l'instant de la naissance, mais seulement après le temps requis pour l'usucapion, parce que ce part n'est pas considéré comme fruit ; or le possesseur de bonne foi ne gagne que les fruits et non les autres accessoires (*causa*).» V. aussi Vangerow, *op. cit.*, I, p. 711. »

(1) L. 45, § 1, *De usur*, 22, 1. « Fructus percipiendo..... sicuti « nec *cujuslibet* bonæ fidei possessoris, etc. »

(2) V. Pellat, *De la propriété*, p. 409.—Les idées de Pomponius sur d'autres points très-importants et qui se rattachent plus ou moins à la théorie de la bonne foi, paraissent avoir eu un caractère d'originalité qu'il est difficile de méconnaître. Il suffira de citer à cet effet la l. 4, *Pro suo*, 41, 10, relative au part de l'esclave furtive et la l. 6, pr. *De acq. poss.*, 41, 2, où il est encore question de *furtum*. La conciliation de ces lois avec celles d'autres jurisconsultes fait le désespoir des interprètes.

bonne foi acquiert sur les fruits est le droit de propriété quiritaire, et s'il est tenu de rendre *fructus exstantes*, ce n'est pas que le droit de propriétéi est révoqué, mais bien parce que la nécessité de cette restitution est une conséquence de l'action en revendication. Il est bon de rappeler aussi, à l'appui de notre manière de voir, ce fait capital qu'il n'y a ni revendication ni condiction possibles, ayant pour objet les fruits seulement.

Telle étant la nature du droit du possesseur de bonne foi, quelle peut être la cause de ce droit? A entendre plusieurs auteurs, ce serait une fiction grâce à laquelle le possesseur de bonne foi est assimilé au propriétaire (1). C'est là reculer la difficulté, car on ne peut s'empêcher de se demander quelle a été la raison pour laquelle on a cru devoir admettre une pareille fiction. Ou nous nous trompons fort, ou la solution de la difficulté est bien plus simple.

Nous avons vu, plus haut, presque unanimement condamnée, l'opinion d'un auteur qui pensait que le propriétaire n'avait sur le fruit que le genre de propriété qu'il avait sur la chose même. « La propriété « d'une partie réelle d'un tout, dit M. Vangerow (2), « est de la même nature que la propriété de la tota- « lité de la chose ; la propriété sur le fruit séparé

(1) Vangerow, *op. cit.*, p. 703.
(2) *Ibid.* p. 701.

« est une propriété nouvelle. En ma qualité de pro-
« priétaire d'une chose *j'ai* la propriété de toutes ses
« parties, et *j'acquiers* celle des fruits séparés, etc. »
D'un autre côté, bien que les *res furtivæ* et *vi possessæ* ne puissent être usucapées, des textes très-précis établissent en revanche qu'il en est tout autrement de leurs produits (1), et cela, lors même qu'ils auraient été perçus par le voleur lui-même (2); enfin un texte de Papinien, un texte célèbre (3), nous dit, très-explicitement, que le droit d'hypothèque ne s'étend sur les fruits, pour lesquels on serait convenu même *nominatim ut pignori essent*, que

(1) L. 4, § 19. — L. 10, § 2. — L. 33, pr., *De usurp.*, 41, 3.

(2) L. 4, § 19, *De usurp.*, 41, 3. — Le croît des animaux et les enfants des esclaves font seuls exception à la règle. Ils sont considérés comme *res furtivæ* lorsqu'ils étaient conçus chez le voleur (ce qui ne doit pas s'étendre même aux héritiers du voleur. L. 10, § 2, *De usurp.*); peu importe qu'ils soient nés chez un possesseur de bonne foi. L. 48, § 5, *De furt.*, 47, 2. — V. Vangerow, *eod.* p. 666. — Pellat, *eod.* p. 548, fait remarquer la divergence des décisions d'Ulpien et de Paul sur cette question : « Reconnaissons, dit-il, qu'Ulpien prenait en considération l'époque de la conception du croît, et que Paul pensait qu'il ne fallait pas s'en occuper. Cette dernière opinion, qui est plus en harmonie avec ce qu'on admet pour les autres fruits, est préférable, et c'est celle qui paraît avoir prévalu. »

(3) L. 1, § 2, *De pign. et hyp.* Cf. l. 29, § 1, eod. Paul. « Si
« mancipia in causam pignoris ceciderunt, ea quoque quæ ex his
« nata sunt, eodem jure habenda sunt; quod tamen diximus, etiam
« agnata teneri, sive specialiter de his convenerit, sive non, ita pro-
« cedit, *si dominium eorum ad eum pervenit, qui obligavit, vel*
« *heredem ejus; ceterum, si apud alium dominum pepererint,*
« *non erunt obligata.* »

s'ils tombent, lors de leur séparation, dans le patrimoine du propriétaire du gage ou de son héritier; sinon, le possesseur de bonne foi qui les a perçus (1) n'est tenu de rien rendre ni par la revendication ni par l'*utilis Serviana, ces fruits n'ayant jamais été dans le patrimoine du débiteur*. En présence de ces textes si précis, si convaincants, peut-on nier que les Romains n'aient pas considéré les fruits autrement que comme un objet nouveau qui en se produisant dans le monde physique, par le fait même de la séparation, est aux premiers moments de son existence un objet sans maître, une *res nullius ?* Or, en ce qui concerne le possesseur de bonne foi, nous avons d'une part dans les fruits un objet sans maître; de l'autre, une personne qui en prend possession *animo domini*. Que faut-il de plus pour constituer le mode d'acquérir qu'on désigne sous le nom d'*occupatio ?* Nous ne le voyons pas. La nature du fruit étant de constituer une *res nullius* dès qu'il est détaché, si le possesseur de mauvaise foi n'en acquiert pas la propriété, c'est qu'il eût été par trop naïf d'admettre que le dol pût constituer un titre en sa faveur. Mais tel n'est pas le cas avec le possesseur de bonne foi; avec lui, une chose nouvelle est produite, il l'occupe sans mauvaise foi; il en sera donc le maître, en vertu des

(1) Nous lisons *perceptos* au lieu de *consumptos*. V. Pellat, *De la propriété*, *passim*.

principes généraux sur l'acquisition de la propriété (1).

(1) La théorie de la spécification pourrait fournir argument contre ce que nous disons. Par les mêmes raisons, dirait-on, le spécificateur de mauvaise foi devrait être déclaré non propriétaire de la chose spécifiée, et pourtant il en est autrement. Mais, répondrons-nous, est-il vrai qu'il en soit pour le spécificateur autrement que pour le possesseur de mauvaise foi quant aux fruits? La question est plus que douteuse. M. Vangerow veut que le spécificateur de mauvaise foi acquière la propriété. Mais il n'en donne aucune raison concluante. Voici, en revanche, en quels termes M. Ortolan rend compte de cette controverse (*Inst.*, II, p. 282). « La bonne ou la mauvaise foi de celui qui avait fait l'objet, était-elle indifférente quant à la question de propriété? On ne trouvait dans les lois de Justinien aucun fragment qui permît de résoudre positivement cette question; mais elle me paraît aujourd'hui hors de doute, d'après ce passage des commentaires de Gaius (II, § 79) : « Alii vero ejus esse qui fecerit; sed eum « quoque cujus materia et substantia fuerit, furti adversus eum qui « subripuerit habere actionem. » Les textes qui m'ont fait longtemps hésiter sur cette question, sont les trois suivants : D. 10, 4, 12, § 3, f. Paul; D. 13, 1, 14, § 3, f. Jul., et surtout D. 41, 3, 4, § 20, f. Paul. Mais, après un mûr examen, ils m'ont paru pouvoir être expliqués d'une manière satisfaisante. » M. Vangerow, I, p. 645, lève l'objection tirée de ce que le *dominus materiæ* avait la *condictio furtiva*, et que d'après Ulpien (l. 1, *De cond. furtiva*) *in furtiva re soli domino condictio competit*, en faisant remarquer que, d'après le même Ulpien, l. 10, § 2, eod., la *condictio furtiva* appartient au maître aussi longtemps que *domini facto dominium ejus rei ab eo recedat.* Son explication de la loi 12, § 3, *ad exhib.* 10, 4, est plus embarrassée. Mais sans vouloir nier la force démonstrative du passage de Gaius, ne peut on pas dire que l'assimilation entre le possesseur et le spécificateur de mauvaise foi n'est pas parfaite? Le spécificateur *fait* toujours un objet nouveau. Il n'en est pas de même du possesseur. Lorsqu'un voleur fait du vin avec mes raisins, il y a un nouveau produit aux dépens de ma matière qui n'existe plus. Au contraire, lorsqu'il détache les raisins suspendus à ma vigne, il ne change en rien ma vigne qui n'en reste pas moins ce

Dans ce sens, nous disions plus haut que la bonne foi ne présente, quant à la théorie de l'acquisition des fruits, qu'un caractère négatif. Du moment que, par cela même qu'il n'y a pas dol, tout s'explique par la théorie de l'occupation, on n'a plus besoin de parler d'erreur. Aussi, presque tous ceux qui admettent l'acquisition de la propriété des fruits par le possesseur de bonne foi, s'empressent-ils de reconnaître que, sur ce point, toute distinction entre l'erreur de droit et l'erreur de fait doit être mise de côté. M. Vangerow la maintient (1) néanmoins, mais il ne cite aucune preuve à l'appui de son assertion, et, une vérité bien vieille au moins en droit, c'est que : *paria sunt non esse et non demonstrari.*

Un dernier argument en faveur de notre opinion, et il serait impossible d'en méconnaître l'importance, est celui que nous fournit l'ancienne théorie du droit romain sur l'acquisition des fruits par le possesseur de bonne foi. S'il est vrai que l'idée d'occu-

qu'elle était, seulement il a créé pour ainsi dire des raisins qui n'existaient pas avant cela. Or, peut-on raisonnablement attacher, au fait de la perception, la même force, la même efficacité, qu'à la transformation de la matière qu'implique la spécification? D'ailleurs, que dira-t-on des fruits que le vent détache des arbres? A quel titre le possesseur de mauvaise foi les acquerrait-il? La spécification serait donc alors toute consommée d'elle-même! On n'ira pas jusqu'à prétendre qu'en levant le fruit qui est par terre, le possesseur de mauvaise foi fait rien de pareil au spécificateur!

(1) *Lehrbuch*, I, p. 710.

pation soit celle qu'on trouve dans le fonds de la règle qui veut que le possesseur de bonne foi acquière les fruits séparés, il est naturel d'en conclure que tous les fruits séparés, sans distinction entre ceux qui ont été consommés ou non, doivent lui appartenir. C'est précisément cette règle que M. Pellat a démontré comme ayant existé à une certaine époque. Il y eut un temps où tous les fruits perçus étaient acquis au possesseur de bonne foi. Plus tard on distingua entre les fruits consommés et les fruits non consommés. Au reste, cette innovation n'a pu faire perdre son caractère primitif à la possession de bonne foi; c'était à l'occasion de l'action en revendication et comme par un simple accident de procédure que, *officio judicis*, le possesseur était tenu de rendre les fruits existants. Si l'on n'avait pas d'objet principal à revendiquer, les fruits non consommés n'en restaient pas moins dans le patrimoine du possesseur de bonne foi (1),

(1) M. Pellat nous paraît avoir donné une démonstration complète de l'innovation de Justinien ou de Dioclétien sur ce point (*De la propriété*, p. 306 et suiv., p. 361, et *passim*). Et la manière dont nous présentons l'esprit de la distinction entre les fruits consommés et non consommés, a l'avantage, croyons-nous, de tenir compte des objections très-sérieuses de M. Ortolan (*Inst.* II, p. 293 et suiv.) Rien de plus juste assurément que ce que dit ce dernier à vue de textes tels que ceux de Papinien (l. 48 et 65, *De rei vind.*, 6, 1), touchant la distinction à faire entre l'acquisition des fruits à l'égard de tous, dès leur séparation, d'une part ; et d'autre part, le règlement de compte entre le possesseur et le propriétaire en revendication du fonds. Mais

Ce qui se passait à l'occasion des constructions élevées par le possesseur de bonne foi, présente une analogie complète avec ce qui a trait à l'acquisition

que l'on prenne pour point de départ l'acquisition de tous les fruits en vertu d'une occupation par le possesseur, que l'on songe ensuite aux perfectionnements et aux améliorations successifs de l'action en revendication, au caractère purement processif qu'ils empruntent à l'*officium judicis*, caractère qui est prouvé par ce fait capital qu'il n'y a pas de revendication principale des fruits non consommés, et l'on se rendra aisément compte de toute la vérité qui se trouve, et dans la démonstration de M. Pellat, et dans les observations de M. Ortolan. Les textes des anciens jurisconsultes ne parlaient pas de fruits consommés. Mais dans la pratique, grâce au caractère arbitraire de l'action en revendication, on ne s'était pas peu préoccupé du règlement de compte dont parle M. Ortolan. (V. surtout le texte d'un jurisconsulte aussi ancien que Celsus, formant la loi 38, *De rei vind.*) Petit à petit, on sera arrivé à considérer comme équitable dans la pratique la restitution des fruits existants. Le possesseur faisait siens les fruits perçus, mais il était tenu à des remboursements éventuels. Sous Dioclétien, cette pratique était probablement assez répandue pour que l'on pût dire, en prenant en considération le résultat ordinaire de l'action en revendication, que le possesseur ne faisait siens que les fruits consommés; expression vicieuse évidemment, puisque le possesseur, à défaut d'action en revendication de l'objet principal, n'était tenu de rien rendre de tout ce qu'il avait perçu. Les compilateurs de Tribonien, pour mettre l'harmonie dans les décisions, se seront déterminés à remplacer partout le mot *percepti* par celui de *consumpti*, et c'est ainsi que, dans le Digeste et sur la même matière, il y aurait aujourd'hui des textes interpolés et d'autres qui ne le sont pas. Le changement était inutile, puisque le principe de l'acquisition des fruits par perception n'avait pas empêché les anciens jurisconsultes d'arriver à des décisions très-équitables (ainsi que le montrent les lois 38, 48, 65, *De r. v*); ce changement était de plus inhabile, puisqu'il tendait à faire croire, contrairement à la pensée du législateur, que le propriétaire de la chose frugifère reprenait, *dans tous les cas*, les fruits existants.

des fruits. Dans ce dernier cas, le principe d'occupation rend compte de l'acquisition des fruits; dans le cas de construction par le possesseur de bonne foi sur le fonds d'autrui, c'est le principe implicitement reconnu « *ædificium solo cedit* » qui explique l'acquisition par le propriétaire du fonds de l'édifice superposé. Mais le possesseur trouvait moyen de se faire tenir compte de ses impenses, grâce à un expédient de procédure : l'exception du dol. Les principes du droit n'étaient pas changés pour cela et ce qui le prouve, c'est qu'une fois hors d'état d'opposer l'exception, il restait sans aucune ressource.

Prévenons avant d'en finir avec ce sujet une objection. La *bona fides* en matière d'acquisition de fruits est toute négative, disons-nous ; en réalité il y a là une occupation. Mais, peut-on dire, ce n'est pas seulement par la perception et l'occupation que le possesseur de bonne foi se rend propriétaire des fruits, c'est aussi par la séparation. Or, les fruits pouvant être séparés par un autre que lui, par un voleur, il est clair que dans ce cas on ne pourrait plus dire qu'il y a eu occupation, et pourtant les textes les plus positifs lui accordent la revendication, l'action *furti*, etc. Cette objection n'est que spécieuse. Tant que le possesseur de bonne foi n'est pas expulsé par le véritable propriétaire, il passe pour être propriétaire. Il aura donc contre le voleur toutes les actions du propriétaire, et en se faisant rendre les fruits que le voleur n'a pas pu s'approprier, il s'en rendra propriétaire par occupation. Tout cela est très-naturel. Il n'y aurait d'objection sérieuse que si l'on parvenait à démontrer que le possesseur de bonne foi, même après avoir succombé dans l'action en revendication intentée contre lui par le propriétaire, conserve le droit de commencer des procédures *nouvelles* contre le voleur, ou contre tout autre qui se serait emparé de ses fruits. Or, il n'y a pas de texte, que nous sachions au moins, qui puisse servir à établir cette assertion, et dès lors, tout nous autorise à penser que : en matière d'acquisition de fruits, la bonne foi n'est qu'une condition négative, impliquant la nécessité du défaut de dol, de mauvaise foi (1).

XI. SI UNE THÉORIE DE L'ERREUR EST DE QUELQUE UTILITÉ EN MATIÈRE D'USUCAPION.

L'usucapion est un mode d'acquérir la propriété des choses qu'on a possédées pendant un certain temps dans les conditions requises. Ces conditions sont la bonne foi et la *justa causa*. Par là, nous nous retrouvons encore en pleine théorie de l'erreur,

(1) L'action *De tigno juncto* présenterait aussi des arguments en faveur de la même opinion, malheureusement tout ce qui la concerne est enveloppé de doutes et de controverses. V. Vangerow, *Lehrbuch*, I, p. 635. Puchta, *Kleine civ. schr.*, p. 392.

car la *bona fides*, dit-on, n'est qu'une erreur. Toutefois on est bien loin d'être d'accord sur ce que l'on doit entendre par erreur et par *justa causa*, dans cette matière si importante :

Voici comment M. Pellat (1) présente la distinction. « La juste cause n'est pas destinée à motiver la « bonne foi, la bonne foi ne se fonde pas sur la « juste cause. La *justa causa*, c'est ce fait qui détermine le but de la tradition et lui donne la vertu « de transférer la propriété. La *bona fides*, c'est la « croyance que celui qui livrait la chose avait le « droit de transférer la propriété. Ce n'est pas la « croyance que l'on est soi-même devenu propriétaire. Il y a *justa causa*, par exemple, si j'ai acheté « de Titius une chose qu'il m'a livrée ; il y a *bona* « *fides*, si je crois que Titius avait comme propriétaire, ou fondé de pouvoir du propriétaire, droit « d'aliéner la chose. Quelquefois la croyance que « j'ai de l'existence d'une *justa causa*, qui n'a réellement pas existé, quand cette croyance se fonde « sur une erreur de fait très-excusable, me tient lieu « de *justa causa ;* c'est ce qu'on appelle un *titre* « *putatif*. Par exemple, je crois que mon esclave a « acheté une chose parce qu'il me l'a dit, tandis « qu'il n'a fait que la louer ; je pourrai usucaper. « Mais si je m'imagine qu'un titre non translatif de

(1) *De la propriété*, p. 169.

« propriété a cette vertu, par exemple, que la tra-
« dition qui m'est faite en exécution d'un louage
« me transfère la propriété, c'est une erreur de droit
« qui ne pourra pas servir de fondement à l'usuca-
« pion. Observons (1) de plus que c'est à celui qui
« invoque l'usucapion à prouver qu'il possède *ex*
« *justa causa*, tandis qu'il n'a pas à prouver qu'il
« est de bonne foi ; la preuve de sa mauvaise foi est
« à la charge de son adversaire : nouvel argument
« pour démontrer que la *justa causa* n'est pas un
« élément de la *bona fides.* »

Le passage qui précède montre très-bien l'ensemble des principes de M. Pellat sur la matière, mais ce n'est pas à dire que les opinions n'aient continué à être très-divergentes en matière de bonne foi et de *justa causa*. C'est ainsi par exemple que Puchta (2), Blondeau (3), etc., maintiennent que la *justa causa* est comprise dans la bonne foi. Voici comment le premier de ces deux auteurs en parle :
« Une condition générale de l'usucapion est la
« conviction d'avoir acquis la propriété : *bona fides.*
« Cette bonne foi doit : 1° exister à l'origine ; 2° (*ici*
« *il est question de l'usucapion par représentant ;*)

(1) *De la propriété*, p. 17.

(2) *Pandekten*, § 157.

(3) *Chrestomathie*, p. 316 et s. « En exigeant telle croyance, nous exigeons implicitement tout ce qui est nécessaire pour que cette croyance existe.

« 3° consister en une erreur de fait excusable, sur « l'obstacle qui empêche que l'acquisition de pro- « priété soit effectuée ; 4° avoir une cause appa- « rente, qui a pu en réalité faire naître dans l'esprit « de celui qui veut usucaper la conviction qu'il était « propriétaire. En thèse générale, on exige l'exis- « tence effective d'une cause d'acquisition apte par « elle-même à opérer attribution de propriété : l'exis- « tence effective d'un titre, en un mot. Cependant « l'usucapion est aussi admise exceptionnellement, « sans *titulus verus*, et seulement sur le fondement « d'un *titulus putativus*, lorsque, d'ailleurs, il exis- « tait des motifs pouvant faire naître cette convic- « tion dans l'esprit de celui qui doit usucaper. »

Mais ces deux opinions diffèrent peut-être plus par les mots que par les choses. M. Bonjean fait observer en effet avec raison (1) « que ceux qui sou- « tiennent que la bonne foi est la seule condition « requise, admettent en même temps que le posses- « seur doit en prouver l'existence ; et que pour ce « faire, il faut qu'il établisse qu'il a acquis *ex justa* « *causa*. D'après M. Péllat, celui qui invoque l'usu- « capion doit seulement prouver qu'il possède « *ex justa causa* : mais il n'a pas à prouver sa bonne « foi ; la preuve de sa mauvaise foi est à la charge de « son adversaire. Ainsi, tous sont donc d'accord sur

(1) *Actions*, II, p. 143.

« ce point, que celui qui invoque l'usucapion doit « prouver la *justa causa*; mais ils diffèrent en ce « que, dans le système adopté par M. Blondeau, la « preuve de la *justa causa* n'aurait d'autre but que « celui d'arriver à celui de la bonne foi; tandis que « d'après M. Pellat, la bonne foi étant présumée, la « preuve de la *justa causa* serait exigée pour elle-« même et sans égard à la bonne foi. Mais, s'il en est « ainsi, quel si grand intérêt y a-t-il donc à distin-« guer si la présomption de bonne foi découle de la « *justa causa*, ou si, au contraire, c'est une présomp-« tion ayant une existence indépendante? Le résul-« tat ne sera-t-il pas toujours le même? »

Cette critique de M. Bonjean, nous la croyons, pour notre part, très-fondée, et d'autant plus, que les deux systèmes s'accordent complétement quant à l'explication de ce qui concerne le titre putatif. Tous deux y voient une erreur excusable et, pour ce cas au moins, M. Pellat est obligé de convenir que la croyance à l'existence d'un mode translatif de propriété se confond avec la croyance que celui dont on tient son droit était propriétaire. Il y a donc au moins un cas où les deux systèmes se rencontrent et comme dans tous les deux la preuve de la *causa* seule est exigée, nous ne voyons pas en somme en quoi ils diffèrent sensiblement.

De l'aveu des deux systèmes ci-dessus la preuve de la *justa causa* donne toujours le profit de la bonne foi. Mais dès lors au lieu de concevoir la *justa causa* et la *bona fides* comme deux conditions séparées et indépendantes de l'usucapion, ou bien de dire que la *justa causa* s'absorbe toujours dans la bonne foi, ainsi que le veut M. Blondeau, n'est-il pas beaucoup plus simple, beaucoup plus logique de se représenter la condition unique de l'usucapion comme reposant sur la *justa causa*, et de ne se faire de la *bona fides* d'autre idée que celle toute négative d'exclusion de la mauvaise foi (1)?

(1) Si je dis : l'usucapion a pour conditions la *justa causa* et la *bona fides*, j'énonce deux conditions de l'usucapion ; mais si je disais : « ceux qui ne sont pas de mauvaise foi pourront acquérir par usu- « capion la chose qui leur est parvenue *ex justa causa*, » je n'énoncerais en réalité qu'une seule condition, la *justa causa*. Il est vrai que les Romains n'avaient pas l'habitude d'énoncer ainsi négativement l'existence de la bonne foi ; mais cette manière ne leur est pas non plus inconnue. En voici quelques exemples : « *Bonæ fidei* emptor videtur « qui *ignoravit* rem alienam esse (l. 109, *De verb. sign.*) Si ab eo « emas quem prætor vetuit alienare *idque tu scias*, usucapere non « potes (Paul, l. 12, *De usurp.*, 41, 2). Usucapio non competit quia « scilicet *mala fide* possidet (Gaius, 2, 49). *Bona fide et non in* « *fraudem* gestum negotium (l. 34, *De procur.*, 3, 3). *In qui-* « *bus doli præstatio* vel *bona fides* inest (l. 152, § 3, *De reg. jur.*). » Vouloir après cela s'attacher rigoureusement à la manière dont s'exprime Gaius lorsqu'il dit (2, 43) : « Si modo eas *bona fide* acceperi- « mus, *quum crederemus eum qui tradiderit dominum esse*, » pour établir que la bonne foi en matière d'usucapion ne peut être que « *la croyance où est le possesseur que celui qui lui a livré la* « *chose était propriétaire et pouvait aliéner* » (Pellat, *Propriété*, p. 16, 2), c'est ajouter une plus grande importance que cela ne mérite à des expressions qui n'avaient aucune prétention de rigueur scientifique. Ce qui suit fera d'ailleurs voir l'utilité qu'il y a à enten-

Ce sentiment n'est pas seulement à nous, nous le trouvons exprimé aussi par M. Maynz (1). « Nous « pensons, dit-il, que la théorie qui distingue « comme deux éléments distincts la *bona fides* et le « *justus titulus*, s'écarte à la fois de la nature des « choses et de l'esprit originaire du droit romain; « d'après nous, la possession, pour donner la pro- « priété à l'aide de l'usucapion, doit avoir une *justa* « *causa*, c'est-à-dire que la cause en vertu de la- « quelle l'acquéreur a pris possession, doit être de « nature à lui donner la conviction qu'il est auto- « risé à avoir la chose avec *animus domini* (2). La « bonne foi, c'est-à-dire la croyance d'être proprié- « taire, n'est point une condition particulière qui « soit distincte de la *justa causa*; elle en est au « contraire un élément habituel en ce sens que ré- « gulièrement, au moins dans le droit nouveau, la « possession est sans *justa causa*, si elle n'a pas été « acquise de bonne foi.... Pour résumer le tout dans « une formule pratique : celui qui veut se prévaloir « de l'usucapion doit prouver que sa possession a

dre la bonne foi dans l'usucapion sous la forme négative que nous lui donnons.

(1) *Éléments de droit romain*, I, p. 490.

(2) Cette manière de voir nous semble défectueuse, nous donnerons plus bas la définition rigoureuse de la *justa causa*. Nous ne voulons retenir de la citation que nous faisons de M. Maynz que cette idée : que la *bona fides* n'est pas quelque chose qui ait une existence propre.

« une *justa causa,* c'est-à-dire que la cause en « vertu de laquelle il a pris possession était de na« ture à lui donner la conviction qu'il était autorisé « à avoir la chose avec *animus domini.* Il aura sans « doute fourni cette preuve s'il justifie d'un acte « juridique valable qui implique une *justa causa* « *transferendi* ou *acquirendi dominii.* Mais il aura « également satisfait à ce devoir de preuve, s'il éta« blit de toute autre manière que la prise de pos« session s'est faite dans des circonstances telles « que la conviction dont il s'agit a dû naître dans « son esprit. Considérée sous ce point de vue (1), « la base de la bonne foi est donc quelque chose de « négatif, savoir : l'erreur ou l'ignorance de l'obs« tacle qui nous a empêché de devenir proprié« taire (2). »

Nous le répétons : nous sommes complétement de l'avis de M. Maynz, en tant qu'il s'agit de combattre l'idée qui veut faire de la *bona fides* une condition séparée du *justus titulus* ; mais nous nous éloignons de lui lorsqu'il prétend que la *bona fides* peut avoir aussi un caractère positif. Pour nous la *bona fides* n'a jamais qu'un caractère essentiellement

(1) V. *id. ib.*, p. 284.

(2) M. Maynz ajoute : « Mais elle n'en contient pas moins un élément positif. C'est la conviction d'être propriétaire que nous devons avoir nécessairement. » Nous avons retranché cette phrase, parce que cette idée nous semble annulée par l'assertion contraire de M. Pellat (V. *supra*, p. 156).

négatif. Voici nos arguments principaux sous ce double rapport.

I. Il est impossible de trouver une idée commune entre la *bona fides* exigée dans les contrats qualifiés contrats de bonne foi, et la *bona fides* exigée en matière d'usucapion, autre que l'idée de défaut de dol, défaut de mauvaise foi. Il en est de même de la *bona fides* en matière d'acquisition de fruits, comparée avec la *bona fides* dans les deux circonstances précédentes.

II. L'expression *bona fides* manque dans le texte de l'édit du préteur. Voici la teneur de ce texte (1) : *Si quis id quod traditur ex juxta causa non a domino, et nondum usucaptum petet judicium dabo.* L'absence de l'expression *bona fides* dans ce texte est un fait capital.

Il reste inexplicable dans les systèmes qui font de la bonne foi une seconde condition positive de la possibilité de l'usucapion. Aussi n'est-il pas étonnant qu'on soit allé jusqu'à prétendre que ces expressions existaient dans le texte original de l'édit, et qu'elles ont été maladroitement supprimées par les compilateurs. Le principal argument consiste à dire qu'Ulpien rapporte comme texte de l'édit, *si quis*

(1) L. 1. pr., *De public. in rem.*, 6, 2. Le texte ne se rapporte qu'à la publicienne, mais cette action, comme on sait, n'est qu'une fiction de l'usucapion.

bona fide emit (1). Mais d'abord on ne conçoit pas dans quel intérêt les compilateurs auraient ici supprimé les mots *bona fide emit.* En vérité, aucun des nombreux auteurs qui proposent la restitution de ces termes dans le texte sus-mentionné n'en a donné la moindre raison. Ce serait là une suppression sans cause ! Ensuite est-on bien sûr qu'Ulpien ait cité là le texte de l'édit même ? Il est permis d'en douter. On peut supposer qu'Ulpien appliquait au cas de la vente les termes trop généraux de l'édit : il y a plus, rien ne prouve qu'Ulpien ait tiré ces mots du passage de l'édit relatif à la publicienne, plutôt que du passage qui y était consacré à la vente. D'ailleurs toutes les corrections présentent ce défaut

(1) L. 7, § 11, *De publiciana,* 6, 2. Voici comment M. Pellat s'exprime à ce sujet (*De la propriété,* p. 255) : « On pense généralement et avec raison, selon moi, que le texte original de cette partie de l'édit est inexactement rapportée dans la citation qui en est faite. Cette citation est incomplète, puisqu'elle ne comprend pas un membre de phrase qui est cité plus loin par Ulpien et commenté par lui... Je ne crois pas, avec plusieurs interprètes, que la mention spéciale de la bonne foi ait été remplacée par la mention générale d'une tradition faite en vertu d'une juste cause : *Quod traditur ex justa causa.* Toutes les deux, suivant moi, devaient exister ensemble... En résumé, je pense que le texte de l'édit était ainsi conçu : *Si quis id quod bona fide emit, vel id quod traditur ex justa causa, et nondum usucaptum, petet judicium dabo.*» Voici une autre restitution proposée par Schrader (V. Roemer, *Die Beweislast hinsichtlich des Irrthums,* p. 74). *Si qui bona fide emit id quod traditur ex justa causa non a domino et nondum usucaptum petet judicium dabo*. La construction irrégulière de la phrase s'explique, dit-il, par la formation successive et partielle de l'édit.

capital, qu'elles accordent à la vente une mention spéciale et toute exceptionnelle. Et pourquoi donc le préteur n'aurait-il pas parlé de la donation du legs, etc. (1)! Ces objections sont à nos yeux péremptoires. L'édit ne parlait pas de bonne foi, mais seulement de juste cause.

III. Ce troisième argument, qui est aussi une confirmation éclatante de celui qui précède, nous est fourni par la formule de l'action publicienne, formule qui nous est parvenue, grâce au manuscrit de Gaius (2). Ici on ne peut plus rien mettre à la charge des compilateurs, et pourtant, il n'y est pas fait mention de bonne foi plus que dans l'édit du préteur. *Judex esto. Si quem hominem A. A. emit, et is ei traditus est, anno possedisset, tum si eum hominem de quo agitur, et reliqua.*

IV. A ces trois arguments nous en ajouterons un quatrième que nous fournit la théorie de la preuve. La *bona fides* dans quelque matière du droit que ce

(1) Ceux qui, comme Schrader (V. la note précédente), ne font qu'une seule période de la disposition de l'édit relative à la publicienne, expliquent la mention spéciale de la vente, en disant que la vente a fourni les premiers cas d'application de la publicienne, et que c'est par imitation qu'elle a été étendue aux traditions faites à la suite d'autres contrats. Cette explication est improbable. Quant à M. Pellat, il ne cherche pas à justifier la mention spéciale de la vente. Seulement il croit en trouver la confirmation dans certaines singularités de l'usucapion *pro emptore*. Mais nous verrons plus bas que ces prétendues singularités n'en sont réellement pas.

(2) 4, 36.

soit, n'a pas besoin d'être prouvée. Et pourquoi cela? parce que, a-t-on dit, la bonne foi se présume de droit (1). Mais pour qu'il en soit ainsi, il faut que la loi ait établi cette *juris præsumptio*. Lequel du demandeur ou du défendeur sera présumé être de bonne foi? C'est là une question qui, dans le cours ordinaire des choses, variera selon les circonstances de la cause, et qu'il serait impossible de résoudre une fois pour toutes, *a priori*, à défaut d'une loi précise. Or, ce texte, cette loi où sont-ils? Nous avouons que nous ne les avons trouvés nulle part (2).

Nous comprenons bien que lorsque c'est le possesseur qui est attaqué, ce soit au demandeur à prouver que son adversaire est de mauvaise foi. Qui possède n'a rien à prouver. Mais supposons que le possesseur

(1) On en a donné aussi d'autres explications, mais elles ne sont pas sérieuses (V. Roemer, *Die beweislast*, etc. p. 69).

(2) Puchta, *Pandekten*, § 97; — Arndts, § 114, citent les deux textes suivants, L. 18, § 1, *De probat.*, 22, 3. — L. 30, C., *De evict.*, 8, 45. Voici la première de ces deux lois : *Qui dolo dicit aliquid factum, licet in exceptione, docere dolum admissum debet.* — Est-ce à dire qu'on soit dispensé de prouver sa bonne foi? Pas le moins du monde; le jurisconsulte y fait seulement une application du principe général *probatio incumbit*, etc. Vous m'attaquez et vous alléguez mon dol, vous devrez prouver votre assertion. Vous m'attaquez et je me défends en alléguant une exception de dol; je devrai à mon tour prouver votre dol, car « *in exceptionibus* dicendum est, reum partibus actoris fungi oportere, ipsumque exceptionem, velut intentionem implere (L. 19, *De probat.*, 22, 3). » Il n'y a là rien de contraire à ce que le demandeur, le cas échéant, soit tenu de prouver sa bonne foi. Mêmes observations sur la L 30, C. *De evict.*, 8, 45.

de bonne foi joue le rôle de demandeur, et c'était toujours le cas dans la Publicienne, il serait vraiment inconcevable, d'après les règles généralement reçues sur la matière, et en admettant que la bonne foi figurât dans la théorie de l'usucapion comme un élément positif, il serait inconcevable, disons-nous, que le demandeur fût allégé du fardeau de la preuve.

L'objection que la preuve de la bonne foi nécessiterait pour lui la preuve du défaut de mauvaise foi, preuve négative, cette objection n'est pas admissible. Il y a des *negativæ prægnantes*, comme disaient les anciens docteurs (1), pour lesquelles la preuve n'est pas plus difficile que s'il eût été question des propositions affirmatives. Et tel est ici le cas. Si donc on n'exige en aucune hypothèse la preuve de la bonne foi, c'est que ce n'est pas là seulement une *négative*, mais bien une vraie négation dans la matière de l'usucapion.

Nous n'ajouterons rien à cette argumentation. Nous la croyons plus que suffisante pour établir que la bonne foi n'est qu'une condition extrinsèque pour l'admissibilité de l'usucapion qui, en définitive, ne repose sur aucun autre élément positif que

(1) V. Bonnier, *Traité des preuves*, p. 32. M. Savigny reconnaît l'exactitude de l'idée énoncée dans le texte : « Pour plus de précision, « dit-il (*Traité*, III, p. 360), nous devons poser la *bona fides* « comme condition négative, c'est-à-dire l'absence de mauvaise « foi. Cela est tout à fait conforme au langage des sources du droit. V. L. 109, *De v. s.* (L. 12). — L. 30, C. *De evict.*, 8, 45.

la *justa causa* (1). Or, qu'est-ce que la *justa causa*? Les textes ne nous le disent pas. Les jurisconsultes romains, selon leur habitude, se contentent, à l'occasion de décisions isolées, de nous dire que dans tel cas ou dans tel autre il y a *justa causa*, et que l'usucapion sera possible : mais quant à une définition rigoureuse de la *justa causa*, on la chercherait vainement dans tout le Digeste. La lacune ne semble pourtant pas impossible à combler.

Il est naturel de penser que, du moment que l'on

(1) M. Stintzing (*Das wesen von bona fides und titulus*, etc.) a prouvé d'une manière irréfutable, croyons-nous, que dans le très-ancien droit romain et sous l'empire des lois des XII Tables, p. e., l'usucapion était admise pour tous les cas où il n'y avait pas *furtum*. Les *usureceptiones*, l'*improba usucapio pro herede*, et la règle qui n'exige la bonne foi qu'à l'origine de la possession, seraient des conséquences très-naturelles de ces anciens principes. On usucapait dans toute hypothèse, pourvu qu'on n'eût pas commis de vol ; et pour décider ce point, c'était à l'origine de la possession qu'il fallait nécessairement s'en rapporter. Ce que M. Stintzing dit du vol dans l'ancien droit, aurait été étendu plus tard à la *possessio malæ fidei*. D'après les XII Tables on usucapait toujours, excepté lorsqu'on était voleur. D'après le droit postérieur on usucape sous la condition de la *justa causa*, toutes les fois qu'on n'est pas de mauvaise foi, qu'on n'a pas conscience de violer le droit d'autrui en entrant en possession. Par là l'usucapion maintient toujours son caractère primitif d'*acquisition par le temps*. « Usucapio est autem, dit Ulpien, fr. 19, 8, « dominii adeptio per continuationem possessionis anni vel biennii. » « Usucapio, dit Modestinus (L. 3, *De usurp.*, 41, 3), est adjectio « dominii per continuationem possessionis temporis lege definiti. — » « Occupancy, dit Blackstone (*Comm.*, II, ch. 15), is the true ground « and foundation of all property. » V. aussi le *Journal des économ.*, 2e série, t. IX, p. 66. *Du principe de la propriété*, par J. Garnier.

en vint à exiger plus que la possession simple, prolongée pendant un certain intervalle de temps, pour faire acquérir au possesseur la propriété de la chose possédée, le législateur aura mis comme condition que le fait qui a servi de point de départ à la possession fût tel que, sans le vice qui s'y trouvait caché, la propriété de la chose eût été transmise. Je vous loue une chose que vous croyez mienne ; vous, vous pensez l'avoir achetée. Usucaperez-vous? Non! car il vous manquera toujours la *justa causa*. A quoi vous aurait donc servi, dans une pareille hypothèse, que je fusse propriétaire de la chose? Est-ce qu'une pareille tradition vous en aurait transféré la propriété? Non! Examinons de plus près cette idée. Parmi les modes d'acquérir la propriété en droit romain, il y en avait d'abord qui présentaient un caractère nullement équivoque et sur la nature duquel le doute n'était guère possible. Lorsque je vous mancipais ou lorsque je vous cédais quelque chose *in jure*, il était indubitable que le *negotium juris* qui s'était passé entre nous avait eu pour but la translation de propriété. Pourvu que vous eussiez été de bonne foi vous auriez usucapé à n'en pas douter, car vous auriez bien certainement dans ce cas un juste titre. Mais à côté de ces modes, aussi caractérisés, il y en avait encore d'autres, qui, tout en étant translatifs de propriété, pouvaient aussi ne pas l'être, selon les circonstances, et dont le sens précis dépendait de la volonté des contractants : telle était la tradition. Je peux vous livrer une chose dans l'intention de vous la louer, de vous la prêter, de vous la donner, etc. L'opération matérielle par elle-même ne signifie rien, il faut remonter au motif de cette opération pour en comprendre la portée. Si, remontant à la source, on trouve comme motif de la livraison qui vous a été faite, une donation, un contrat innommé, etc., on pourra en conclure que la tradition avait pour but la translation de propriété. Si j'avais été propriétaire en vous livrant la chose, je vous en aurais transmis la propriété; donc, dans le cas où je ne le serais pas, vous pourrez usucaper, car *justam causam habet possessio*. Que si, remontant au motif de la livraison, on ne trouvait entre vous et moi aucun de ces faits qui donnent à la tradition subséquente le caractère translatif de propriété, on ne pourrait certainement pas vous accorder le bénéfice de l'usucapion. Est-ce que dans ce cas, si j'étais propriétaire, vous auriez acquis la propriété. Non ! Donc vous n'aurez pas non plus à réclamer l'usucapion. Cette institution du droit civil n'est pas en effet une prime d'encouragement pour ceux qui se trompent. Ce serait une bien fausse manière de voir que celle qui consisterait à envisager ainsi les choses (1). « L'usuca-

(1) C'est pourtant celle de M. Savigny. Reliant la *bona fides* en matière d'usucapion aux applications de son principe de l'erreur excusable ou inexcusable (*Traité*, III, p. 360), il finit par représenter

« pion dit M. Stintzing (1), nous est présentée « par les jurisconsultes romains (2) de la même « manière que par les philosophes (3) : comme un *pos- « tulatum de la raison pratique du droit.* » Et ceux là seuls, par conséquent, avaient dû être admis à

l'usucapion bien plus comme une conséquence de la considération que mérite en général toute pensée pure et honnête, que comme une institution indépendante, telle que le concevaient les jurisconsultes romains. N'est-ce pas là un bien grand tort ? « Ces jurisconsultes, nous dit M. Rossi (*Mélanges d'écon pol.*, I, p. 209), avaient conclu l'alliance intime de la philosophie, telle qu'on la concevait alors, et du droit. Ils n'ont pas chargé les hommes venus au monde treize, quatorze, quinze ou seize siècles après eux de leur prêter une philosophie explicative de leur droit ; c'est là une pensée par trop singulière. Le droit romain, il faut l'expliquer avec la philosophie des jurisconsultes romains. Tout effort pour lui en appliquer une autre est un pur mensonge, et n'est pas plus rationnel que la prétention d'ouvrir une porte avec une clef autre que celle qui lui convient. »

(1) *Op. cit.*, p. 6, 7.

(2) L. 1, *De usurp.*, 41, 3. « *Bono publico* usucapio introducta est, ne scilicet quarumdam rerum diu, et fere semper incerta dominia essent. — Gaius, 2, 44. : Quod ideo receptum videtur, ne rerum dominia diutius in incerto essent. — L. 5, pr., *Pro suo.*, 41, 10 : Usucapio constituta est ut aliquis litium finis esset. » V. aussi L. 3, *De usurp.*, 41, 3 — Ulp., fr. 19, 8. — Isidor. Orig., 5, 25, 30. Usucapio est *ade(m)ptio* dominii per continuationem justæ possessionis, etc. »

(3) « Supposez, en effet, que l'omission de cet acte de possession n'ait pas cette conséquence, qu'un autre puisse fonder sur une possession régulière et de bonne foi une *possession* irréfragible en droit, et regarder comme acquise par lui la chose qui est en sa possession, il n'y aurait pas d'acquisition péremptoire (assurée), mais toutes seraient purement provisoires (intérimaires), car l'histoire ne saurait faire remonter ses investigations jusqu'au premier possesseur et à son acte d'acquisition. » (Kant, *Pr.*, *Mét. du dr.*, trad. Barni, p. 137.)

l'invoquer, qui établissaient en leur faveur des faits de nature à leur avoir transféré la propriété.

Nous disions plus haut que la mancipation et la *cessio in jure* étaient des justes causes d'usucapion dans le sens que nous avons donné à ce mot.

Il n'en est pas moins vrai que la tradition était nécessaire, même dans ce cas, pour faire courir l'usucapion tout autant que pour autoriser la publicienne. La *mancipatio* et l'*in jure cessio* donnaient certainement le droit de revendication. Mais si elles n'avaient pas été suivies de tradition, de prise de possession, elles n'auraient pu en aucun cas donner lieu ni à la publicienne, ni à l'usucapion. Voilà pourquoi, s'agissant d'accorder la publicienne, le préteur, après avoir exigé la *justa causa*, ajoutait, comme condition indispensable, la tradition. C'est là aussi la réponse qu'Ulpien (1) donnait, très-probablement, lorsqu'il se

(1) V. L. 1, § 2, *De public.*, 6, 2, où Ulpien se demande : « Sed « cur traditionis fecit (prætor) mentionem? Quum satis multæ sunt « juris partes quibus dominium quis nancisceretur utputa legatum. » Voici l'interprétation que M. Pellat donne de ce passage : *Op. cit.*, p. 453 : « Aux termes de l'édit du préteur, l'action publicienne était accordée à celui qui ayant reçu *tradition* d'une chose en vertu d'une vente ou de toute autre juste cause, n'avait pas pu en devenir propriétaire immédiatement, et avait par conséquent besoin de l'usucapion pour arriver à la propriété. Mais, observe Ulpien, pourquoi le préteur n'a-t-il mentionné que l'usucapion et la tradition ? Il existe d'autres modes de translation de la propriété tout à fait indépendants de la tradition, et même de toute prise de possession ; pourquoi le préteur n'a-t-il pas mentionné ces autres modes d'acquisition de la propriété dans l'édit où il promet l'action publicienne ? Quand on a cru

demandait pourquoi le préteur n'avait fait dans son édit mention que de la tradition. Malheureusement la réponse a été omise par les compilateurs, et ce silence n'a pas peu contribué à embrouiller les idées. Ainsi M. Pellat (1) accuse Tribonien d'avoir ici encore supprimé la mention de la *mancipatio* et de l'*in jure cessio*, et presque tous les interprètes répètent qu'à côté de la tradition mentionnée par le préteur, Ulpien, dans sa réponse, rangeait tous les autres modes d'acquérir la propriété, et même toutes les *causæ traditionis*, donation, vente, legs, etc. (2). Ou nous nous trompons, ou l'on a pris généralement le change sur l'observation d'Ulpien. La mancipation, l'*in jure cessio*, sont certainement des *justæ causæ*. Mais la tradition qui a quelquefois la vertu de transférer la propriété, est toujours indispensable pour donner la possession, qui servira de base à l'usucapion et à la publicienne. Les principaux interprètes du droit romain sont d'accord sur ce point (3), et c'est aussi ce qu'Ulpien

acquérir ainsi une chose de quelqu'un qu'on regardait comme propriétaire et qui ne l'était pas, n'a-t-on pas aussi besoin de cette action, et ne l'obtiendra-t-on pas? Ulpien ne répond pas à la question; mais tous les interprètes sont d'accord pour considérer son silence comme équivalent à une réponse affirmative. »

(1) *Op cit.*, p. 453.

(2) *Id.*, *ib.*

(3) Cujas, *Comment. ad. leg.* 1, § 2, *De public.* (t. VII, p. 343). Ant. Favre, *Ration. ad. h. l.* — Voet, *Comment. h. t.*, n. 2.—

disait très-probablement dans la réponse qui ne nous est pas parvenue, et qui devait justifier pleinement la rédaction de l'édit.

La tradition est nécessaire à l'usucapion : pour avoir le sens de la tradition il faut trouver, en remontant au motif de la tradition, une vraie cause qui autorise à donner à la tradition effectuée le caractère d'acte translatif de propriété. Voilà deux principes qui, d'après les développements qui précèdent, nous paraissent logiquement nécessaires dans toute théorie de l'usucapion. Quant aux textes, nous avons dit comment le préteur dans son édit établissait la nécessité de la tradition, et nous établirons bientôt sur les témoignages les plus irréfragables la nécessité de la *causa*. Mais avant d'y procéder qu'on nous permette encore le bénéfice d'une autre observation.

La tradition n'est pas par elle-même un acte translatif de propriété, et par cela seul que le *tradens* était propriétaire ; elle ne sera donc pas toujours un acte servant de fondement à l'usucapion. Dans les deux cas il faut une *causa*. Mais il y a ceci à remarquer : c'est que souvent la tradition pourra devenir par elle-même, et indépendamment de la *causa*, un mode de translation de propriété, si telle a été la pensée des contractants, et si, sous ce rapport au

Heineccius. *Edict. perp. rest.*, tit. XXXVII, not. c., p. 473.— Savigny, *Traité*, IV. § 170. — Pellat, *De la propr.*, etc., p. 456.

moins, il y a eu concours de volonté (1). Nous avons vu plus haut, et nous n'y reviendrons pas, comment, d'après une opinion qui avait prévalu chez les Romains, si la tradition se faisait de vous à moi, pendant que moi je croyais recevoir un paiement, vous, me faire une donation, elle n'en aurait pas moins été translative de propriété. Supposons dans ces mêmes conditions que la chose livrée ne fût pas au *tradens*, y aurait-il lieu à usucapion ? Certes on ne trouve pas de concours de volonté dans ce cas, pourtant il serait impossible de méconnaître qu'il y aurait lieu à usucapion. La raison en est simple ; c'est que la même hypothèse aurait donné lieu à translation de propriété ; donc elle autorisera l'usucapion. La tradition est alors non plus l'acte extérieur et matériel qui suit ordinairement une *causa* préexistante, elle devient une véritable *causa* par elle-même, et elle suffit sans autre motif pour donner un fondement légitime à l'usucapion.

Ces principes posés, nous allons maintenant démontrer qu'il faut toujours une vraie *justa causa* pour usucaper, et que jamais les Romains n'ont eu l'idée d'accorder le bénéfice de cette institution à

(1) Il suffira de rappeler ici les l. 36, *De adq. rer. dom.*, 41, 1 (Julien. « Cum in corpus quidem quod traditur consentiamus, in « causis dissentiamus non animadverto cur inefficax sit traditio ») et l. 18, pr., *De reb. cred.*, 12, 1, d'Ulp. qui paraît décider le contraire.

ceux qui n'auraient eu à invoquer que ce que les commentaires ont appelé des titres putatifs.

Qu'une *justa causa* soit nécessaire pour usucaper, c'est ce que des textes formels nous enseignent. En voici quelques-uns :

« Error falsæ causæ usucapionem non parit (1).

« Celsus errare eos ait, qui existimarent, cujus « rei quisque bona fide adeptus sit possessionem, pro « suo usucapere eum posse ; si modo emptum vel do- « natum sibi existimaverit ; quia neque pro legato, « neque pro donato, neque pro dote usucapio valeat, « si nulla donatio, nulla dos, nullum legatum sit (2).

« Irritam facere donationem perfectam nemini li- « cet. Utique hoc verum est, *si error falsæ causæ* « *ratione bonæ fidei* non defenditur. Quod et in do- « minio pro usucapione quærendo servatur (3). »

La nécesssité de la *justa causa* ainsi démontrée, comment donc a-t-il pu se faire que l'on soit venu à se demander si l'*error falsæ causæ*, le *titulus putativus* lui-même ne pouvait pas servir de base à

(1) § 11. J. *De usucap.*, 2, 6, où Schrader relève le caractère d'antiquité attaché à cette règle par la remarque suivante : « Hæc « regula proverbii speciem habet : namque *parit* hoc sensu poeti- « cam dictionem sapit. Formam ejus magis specialem ut proverbium « laudant. L. 11, *Pro empt.*, etc.

(2) Ulp., l. 27. *De usurp.*, 41, 3.

(3) L. 3, C. *Pro donat.*, 7, 27. Voici encore d'autres lois du Code non moins explicites. L. 4, C., *Pro herede*, 7, 29. — L. 5, C., *De præscrip.*, 7, 33. — L. 24, C., *De rei vind.*, 3, 32.

l'usucapion ? Existe-t-il dans le Digeste quelque fragment où il soit dit que l'*error falsæ causæ* lui-même suffit lorsqu'il est excusable ? Un tel fragment n'a jamais été cité, seulement on a cru que dans bien des décisions spéciales qui nous ont été transmises par les compilateurs, il était impossible de découvrir une *justa causa* , et de là, il a été aisé de conclure, que la règle posée par les textes ci-dessus avait des exceptions qui n'ont point été mentionnées formellement par les compilateurs, mais qui n'en existaient pas moins (1). D'autres plus hardis, énumérant les décisions où le *titulus putations* suffit pour fonder l'usucapion, ont fini même par poser, en principe, le contraire de la règle qui exige la réalité de la *justa causa*, et par proclamer, qu'en général, le titre putatif à lui seul est suffisant. Il sera facile de se convaincre par l'examen des principaux textes que ces assertions sont erronées. L'illusion est venue de ce

(1) M. Savigny propose même cette manière d'interpréter comme un modèle à suivre. « La conciliation *systématique* s'opère, nous dit-il (*Traité*, I, p. 264), en assignant un objet spécial à chacun des textes contradictoires et en fixant les limites de leur application. Ainsi plusieurs textes admettent l'usucapion, si celui qui possède sans titre croit en avoir un (inutile de répéter que de pareils textes généraux n'existent pas dans le *Digeste*, M. Savigny lui-même n'en cite pas), et d'autres l'interdisent. Pour concilier tous ces textes, *il suffit* de distinguer si celui qui possède sans titre peut ou non prouver une cause d'erreur légitime (c'est-à-dire excusable). L'usucapion est permise dans le premier cas, interdite dans le second. »

que l'usucapion est fondée sur la *justa causa*, et que, pour nous servir des paroles de Brissonius, *causa : verbum est* πολύσημον.

Vous exigez, dit-on, une vraie cause pour accorder l'usucapion ; voici un cas où certes il n'y a pas de juste cause : je charge mon esclave de m'acheter une chose ; il me la livre et me persuade faussement qu'il l'a achetée, tandis qu'il n'en est rien. Usucaperai-je ? Non, d'après le principe *error falsæ causæ;* oui, d'après les jurisconsultes. Voici en effet la décision de Nératius (1).

« Sed id, quod quis cum suum esse existimaret, « possederit, usucapiet, etiam si falsa fuerit ejus exis- « timatio : quod tamen ita accipiendum est, ut proba- « bilis error possidentis usucapioni non obstet, veluti « si ob id aliquid possideam, quod servum meum, « aut ejus, cujus in locum hereditario jure successi, « emisse id falso existimem, *quia in alieni facti « ignorantia tolerabilis error est.* »

Ce texte de Nératius (jurisconsulte qui vivait sous Trajan et qui n'a fourni que 64 fragments à la confection du Digeste) (2) serait assez embarrasant par la généralité même des raisons qu'on y trouve, et qui autoriseraient toutes sortes de suppositions et d'explications, si nous n'avions pas dans le Digeste sur la

(1) L. 5, § 1, *Pro suo*, 41, 10.
(2) V. Ortolan, *Inst.*, t. I, p. 274.

même question la décision suivante d'Africain (1), bien autrement motivée :

« Quod vulgo traditum est, eum, *qui existimat se « quid emisse, nec emerit, non posse pro emptore « usucapere :* hactenus verum esse ait, *si nullam « justam causam* ejus erroris habeat ; nam si forte « servus vel procurator cui emendam rem mandas- « set, persuaserit ei se emisse, *atque ita tradiderit,* « magis esse ut usucapio sequatur. »

Ainsi dans ce même cas où l'on a cru ne pas trouver de cause, Africain nous dit, expressément, qu'il y en a une ; il confirme dans la première partie de la loi, la règle *error falsæ causæ;* mais il a soin de prévenir que la règle n'est vraie qu'autant qu'en réalité il n'y a pas de cause ; car, si, ajoute-t-il, mon procureur *me livre* une chose que je lui avais donné mandat d'acheter, et me persuade qu'il l'a achetée, j'usucaperai. Ainsi donc, il y a cause dans ce dernier cas ; Africain l'affirme de la manière la plus positive ; et lors même que nous ne pourrions pas trouver cette cause, le plus juste serait de nous en prendre à nous-mêmes plutôt que d'arguer de faux la règle *error falsæ causæ....* Dans toute hypothèse, les partisans du *titulus putativus*, auraient eu une bien singulière idée, d'argumenter d'un texte qui porte la condamnation explicite de

(1) L. 11, *Pro empt.* 41, 4.

leur système. Mais il n'en est pas moins facile de se rendre ici compte de la décision d'Africain et de retrouver la *causa* qu'il nous signale. Quel est en effet le fait qui aurait rendu le mandant propriétaire de la chose qu'il avait donné mandat d'acheter ? Est-ce le contrat qui aurait été conclu par le mandataire ? Evidemment non ! D'abord parce que la propriété n'est jamais transférée *solo conseusu* et ensuite parce que le mandataire, d'après les principes généralement admis en matière de représentation, contracte pour lui-même. Le mandataire a agi pour lui-même, c'est donc à la tradition opérée par lui à l'égard du mandant que se reporte le point de départ de l'usucapion de celui-ci. Si le mandataire eût bien réellement acheté la chose, à ce moment-là, la translation de propriété aurait eu lieu. Or, les mêmes actes qui auraient opéré la translation de la propriété doivent nécessairement servir de fondement à l'usucapion, et dès lors on ne saurait plus dire qu'il n'y a pas ici de *causa* (1). Cet

(1) Les *Basiliques*, 50, 4, 10, confirment complètement notre manière de voir. Elles ne donnent ici qu'un résumé de la loi d'Africain, mais ce résumé a de l'importance. Le voici : Ὁ εὐλόγως πλανώμενος ἀγοράσας τι, μὴ ἀγοράσας δέ, οὐ διὰ τὸ χρᾶσθαι δεσπόζει. Εἰδὲ ἐκεῖνος, ᾧ ἐπέτρεψα ἀγοράσαι, ἀγνοοῦντί μοι ὡς ἀγοράσας παραδῷ, διὰ τῆς χρονίας νομῆς δεσπόζω. « *Celui qui croit avoir acheté lors-* « *qu'il n'a pas acheté, n'usucapera pas lors même que son erreur* « *ne serait pas déraisonnable. Mais si celui que j'ai chargé* « *d'acheter, me fait tradition de la chose et que j'ignore qu'il* « *n'a pas acheté, j'usucape.* » La paraphrase des *Basiliques*, on

exemple a de plus l'avantage de nous présenter sous un jour nouveau le titre d'usucapion *pro suo*, et nous en faire sentir toute l'utilité. A quel titre possède ici ce mandant qui doit finir par usucaper? Possède-t-il *pro emptore?* Non, car ses relations personnelles à lui se bornent à un mandat (1). Possède-t-il *pro tradito?* Un pareil titre dirait trop, car si la tradition peut souvent devenir le point de départ d'une usu-

le voit, n'admet pas pour fondement de l'usucapion, l'erreur qui consisterait à croire qu'on a acheté, lorsque rien de pareil n'a eu lieu; et cela, lors même, qu'on aurait eu des motifs d'erreur, pas tout à fait déraisonnables. Quelle plus grande confirmation de la règle *error falsæ causæ!* Pourtant, à ne s'en rapporter qu'à la traduction latine qui dans l'édition allemande (de Heimbach), accompagne le texte grec, le sens de cette loi serait tout différent. « Qui *sine justa* « *causa errans* putat quid emisse, nec tamen emit usu non capit. « Sed si is, cui emere mandavi, etc. » — D'où *a contrario* la conclusion que celui qui, sans avoir acheté, *croit* néanmoins avoir acheté *cum justa causa erroris*, pourrait usucaper. Mais comment le traducteur parvient-il à obtenir ce sens de l'original? Par un procédé très-simple : Au lieu de εὐλόγως, il a lu ἀλόγως, correction qui ne repose sur la foi d'aucun manuscrit, et qu'il justifie en note par ces mots : *sic lego ac verto!* Une telle licence ne sera pas peut-être du goût de tout le monde. Où en arrivera-t-on, si au lieu de chercher à s'éclairer par les textes, on les transforme impitoyablement afin de satisfaire aux exigences de l'*interprétation systématique*, que M. Savigny recommandait à ses lecteurs, p. 177 (1)? — D'ailleurs, la phraséologie des *Basiliques* ne permet pas de prendre l'expression εὐλόγως, ἀλόγως, dans le sens technique de *justa* ou *non justa causa erroris*. Elle est bien plus large ; c'est pourquoi nous avons remplacé l'expression *juste cause* par celle plus élastique de *motif raisonnable*.

(1) L. 5, 9. *De acq. rer. domin.* « Res ex mandatu meo empta « non prius mea fiet, quam si mihi tradiderit qui emit. » Cf., l. 2, C., *De his q. non a dom. man.* 7, 10.

capion, elle ne le serait pas toujours. Le titre *pro tradito*, s'il existait, serait encore plus général que le titre *pro suo*; dans ce dernier cas, on exige au moins la possession pour soi, tandis que la tradition n'implique pas même autant. Mais revenons à la possession du mandant. Possède-t-il au moins *pro mandatu*? Les inconvénients de ce titre seraient tout aussi nombreux que de celui *pro tradito*. Il est cependant évident que le mandant ne possède et n'usucape pas, sans aucune justification légitime; car, si le mandataire eût réellement acheté, il aurait bien certainement transmis la propriété au mandant. Aussi est-ce pour ces cas extraordinaires, et autres analogues, que les Romains avaient été amenés à dire qu'on possédait *pro suo*. Ce titre ainsi entendu conserve son utilité propre, et sert de complément aux titres *pro soluto*, *pro emptore*, etc. Cependant s'il ne rentre dans aucun autre, il est évident que tous les autres rentrent à la rigueur dans le *pro suo*. Et, dès lors, il n'est pas étonnant que l'on rencontre quelquefois des décisions qui accordent l'usucapion *pro suo*, là où d'autres décisions ne voient qu'une usucapion *pro emptore*, ou *pro soluto* (1). Il n'en

(1) L. 3, *Pro suo*, 41, 10. « Hominem, quem ex stipulatione te « mihi debere falso existimabas *tradidisti* mihi; si nescio mihi nihil « deberi, verius est ut usucapiam; quia *ipsa traditio* et causa, « quam veram esse existimo sufficit ad efficiendum, ut id, quod mihi « traditum est pro meo possideam. » Ici Pomponius accorde le *pro*

reste pas moins certain que dans l'exemple du procureur que nous avons cité, aucun autre titre ne pouvait remplacer le *pro suo*, et Africain et Nératius étaient d'accord pour fonder leur décision sur ce titre (1).

Le titre *pro legato* nous fournit aussi des applications des mêmes principes. On connaît les quatre espèces de legs anciennement en usage ; supposons donc que le prétendu légataire (2) demande un legs comme lui ayant été laissé *per vindicationem.* Il agira par la revendication ; la tradition que lui en fera l'héritier n'aura pas pour but de lui en transférer la propriété, car celle-ci est censée avoir été acquise au légataire *ipso jure;* et dès lors si le legs

suo, un autre y aurait vu le *pro soluto.* Mais pour tous les deux le fait déterminant serait la tradition. Remarquez que le *tradens* a livré un homme qui n'était pas à lui.

(1) Neratius ne le dit pas expressément, mais la rubrique du titre où cette loi se trouve, et l'expression *id, quod quis cum suum esse existimaret, possiderit*, ne laissent aucun doute. Quant à Africain, il reconnaît une cause, il dit que ce n'est pas la *pro emptore*, quelle autre sera-ce donc si ce n'est la *pro suo?* Ces deux jurisconsultes assimilent au cas du procureur celui de l'esclave à qui j'aurais donné mandat d'acheter. La situation de l'esclave vis-à-vis du maître n'est pas en tout identique à celle du mandataire vis-à-vis de son mandant. Cependant nous ne connaissons pas assez la nature et les effets des obligations des esclaves pour décider le degré d'exactitude qu'il peut y avoir dans l'analogie établie par Neratius et par Africain. Il nous suffit de savoir que ce cas était assimilé à celui du procureur, et que dans cette dernière hypothèse, on ne peut s'empêcher de trouver une cause légitime d'usucapion, qu'on invoque les textes, ou que l'on se fonde sur les données de la logique.

(2) Par hypothèse la disposition testamentaire n'est pas valable.

n'avait pas été régulièrement et valablement fait, le légataire ne pourrait usucaper ni vis-à-vis de l'héritier, ni vis-à-vis de qui que ce soit, à raison du défaut complet de cause (1). Que si le legs apparent a été fait *per damnationem*, l'action, par laquelle le légataire demandera le legs, sera une action personnelle dirigée contre l'héritier. La tradition que lui fera celui-ci, aura pour but la translation de propriété. Et qu'en résultera-t-il ? Que le légataire sera devenu propriétaire si l'héritier l'était, qu'il sera à même d'usucaper si la chose livrée par l'héritier appartenait à un tiers (2). Mais il importe de signaler une différence essentielle entre ces deux situations. Si

(1) C'est pour les mêmes raisons que, d'après M. Pellat, le jugement déclaratif ne peut jamais servir de fondement à l'usucapion. « Je persiste à maintenir que le jugement, qui déclare le révendiquant propriétaire et *ordonne que la chose lui soit restituée*, ne peut pas lui servir de juste cause de possession à l'effet de commencer une usucapion. » *Op. cit.*, p. 479.

(2) Ici encore le rapport entre notre explication et ce que M. Pellat nous dit (ib.) de la *condemnatio* judiciaire est frappant. « Dans l'hypothèse d'une action personnelle, le défendeur a été condamné ; la condamnation étant toujours pécuniaire, on peut supposer que le condamné a payé avec des écus qui ne lui appartenaient pas, ou a donné en paiement, du consentement du demandeur, une chose qui n'était pas à lui. Le demandeur de bonne foi peut usucaper ; mais n'est-ce pas plutôt au titre *pro soluto*, puisqu'il (le défendeur) peut acquitter l'obligation que lui impose le jugement. C'est ce qu'admettent plusieurs auteurs. D'autres cependant pensent que, si le paiement que le débiteur fait spontanément fonde le titre *pro soluto*, le paiement fait pour exécuter un jugement peut bien fonder le titre *pro judicato*. » On le voit : de la *condemnatio judiciaire* à la *damnatio testamentaire* il n'y a pas de différence.

la chose était à l'héritier, le légataire, quoique devenu propriétaire, pourra être tenu par la *condictio indebiti*, qui se donne comme le fait remarquer M. Savigny dans tous les cas où, par un effet non légitime, on perd la revendication ; si la chose n'était pas à l'héritier le légataire ne pourra s'en dire propriétaire qu'au bout d'un certain temps ; mais une fois l'usucapion achevée, il ne sera tenu d'aucune façon ni envers l'héritier qui en définitive n'a rien perdu, ni envers le vrai propriétaire qui doit s'imputer de n'avoir pas recherché sa chose dans le délai prescrit.

Tels durent être les principes de la matière avant le sénatusconsulte Néronien : « *Quo cautum est ut quod minus aptis verbis legatum est, perinde sit ac si optimo jure legatum esset*; *optimum autem jus legati per damnationem est* (1). Ce sénatusconsulte donna lieu à bien des questions ainsi que nous le voyons par Gaius (2). Les uns, avec Sabinus, voulaient restreindre la portée du sénatusconsulte à la confirmation des dispositions *quæ verborum vitio jure civili non valent*. D'autres, au contraire, lui assignaient une importance bien plus grande. Ces dé-

(1) Ulp. *Fragm.*, 24, 11ª. La manière dont Gaius en parle (2, 197) mérite aussi d'être remarquée : « Quo cautum est ut, si eam rem « quisque legaverit quæ *ejus nunquam* fuerit perinde utile sit legatum ac si optimo, etc. »

(2) 2, 209, etc.

bats durent être très-vifs, particulièrement sur la question qui nous occupe. Le legs *per vindicationem* devait-il être assimilé au legs *per damnationem* pour le légataire apparent à qui on aurait fait tradition de la chose? Cette tradition servirait-elle de fondement à l'usucapion? La question n'était pas dénuée, on le voit, d'un haut intérêt pratique. Avec le temps, l'influence des formes du langage s'éteignit peu à peu, les formules perdirent de leur efficacité avant que de disparaître tout à fait, et les différentes espèces de legs firent place, sous Justinien (1), à une seule qui, en thèse générale, donne tous les avantages des quatre espèces de legs réunies. Dans cette marche progressive, la question du *legatum optimo jure*, et de la tradition comme base de l'usucapion, ne pouvaient être séparées, et de fait c'est un fragment d'Hermogénien (2) qui nous apprend que : *et si non jure legatum relinquatur, vel legatum ademptum est, pro legato usucapi post magnas varietates obtinuit.* Nous connaissons quelle fut la cause de ces débats : la nature du legs. Toute distinction sous ce rapport ayant disparu dans la législation de Justinien, les discussions auxquelles

(1) Les constitutions des fils de Constantin (C., 6, 23, 15 — et 6, 37, 21) n'abrogeaient pas les quatre espèces de legs, elles décrétaient seulement que, dans l'expression de cette volonté, il n'y aura plus de termes exclusivement consacrés (V. Ortolan, *Inst.*, t. II, p. 565).

(2) L. 9, *Pro legato*, 41, 8. Hermogénien vivait sous Constantin et ses fils.

elle avait donné lieu disparurent aussi, et l'on ne trouve dans le titre *pro legato* que quelques fragments isolés, dont chacun occupe à peine une demi-ligne (1). Le legs *per damnationem* généralisé amenait toujours l'existence d'une *justa causa usucapionis*.

Dans le titre *pro donato* nous trouvons un texte de Paul (2), d'après lequel pour usucaper *pro donato* il faut que la chose ait été donnée et livrée; il ne suffit pas de croire qu'il y a eu donation. Ce texte condamne la théorie du *titulus putativus*, mais

(1) D'ailleurs les ouvrages et les jurisconsultes qui ont fourni ces textes ne sont pas très-exactement connus, à cause d'une divergence notable sur ce point entre la *Florentine* et la *Vulgate*. V. le *Corpus juris* de Kriegel.—Si les extraits eussent été plus étendus il aurait été impossible de ne pas retomber dans les distinctions que les anciens jurisconsultes faisaient entre les différents legs. — Inutile de faire remarquer que dans le travail des compilateurs l'unité a été rétablie en général, et que par exemple la l. 2, *Pro suo*, où Paul nous dit : « Si possideam aliquam rem quam putabam mihi legatam, « cum non esset, non usucapiam, » n'est pas en contradiction avec la loi d'Hermogénien, puisque Paul ne parle pas de quelqu'un à qui on aurait fait tradition, mais bien de quelqu'un qui possède. Dans cette situation il s'imagine qu'on lui a légué cette chose; évidemment l'usucapion ici n'aurait pas raison d'être. Ou bien, il s'agissait dans le texte originaire d'un legs (non valable) *per vindicationem* fait au profit de quelqu'un qui était déjà en possession de la chose ; lors même qu'une pareille possession aurait duré pendant le temps requis pour l'usucapion, d'après ce que nous avons vu, elle n'aurait pu transférer la propriété.

(2) L. 1, pr. *Pro donat.*, 41, 6. « Pro donato is usucapit, cui donationis causa res tradita est ; nec sufficit opinari, sed et donatum « esse oportet. »

nous voulons aussi prévenir un argument qu'on pourrait tirer de ce texte et d'autres pareils contre ce que nous avons dit touchant la cause créée par la tradition. Ici, dirait-on, la tradition seule ne suffit pas, d'après Paul, pour autoriser l'usucapion, il faut de plus la *causa*, la donation. Cette objection n'est pas en réalité sérieuse. Nous n'avons jamais prétendu que la tradition seule fût suffisante dans tous les cas. Nous avons dit qu'au moins dans un système qui paraît avoir prévalu (1), il suffisait que *tradens* et *accipiens* fussent d'accord sur la translation de propriété, pour que celle-ci s'opérât. Or, Paul ne nous dit rien de contraire dans le texte cité (2). Pour qu'on nous apposât ce texte il faudrait que le jurisconsulte y eût déclaré que la *causa quæ subest traditioni* doit être la même entre les deux parties ; et c'est ce que Paul ne dit pas ; pas plus que nous n'avons dit qu'une tradition faite pour cause de louage aurait eu la propriété de transférer la propriété, parce que l'autre partie aurait cru qu'on lui faisait une donation.

Cette même nécessité du titre *pro donato* nous est confirmée par un texte de Papinien très-important, pour la matière, et qui forme le § 296 des *Vaticana fragmenta.* Ce texte a en outre à nos yeux

(1) Pellat, *Textes choisis, etc.*, p. 116.

(2) Pas plus que dans la l. 31, *De adq. rer. dom.*, 41, 1. « Nunquam nuda traditio transfert dominium, sed ita, si venditio aut aliqua justa causa præcesserit, propter quam traditio sequeretur. »

un autre mérite : MM. Savigny et Vangerow l'ont complétement passé sous silence dans leurs recherches, bien qu'il dût y figurer comme se rattachant à la fois aux théories du titre, de la donation et de l'erreur.

Voici l'espèce (1) : Un père qui avait deux fils a fait une donation à l'un d'eux qu'il a retenu sous sa puissance jusqu'au moment de sa mort. Le frère qui n'avait pas reçu de donation ne fit pas comprendre dans le *judicium hereditatis dividundæ* l'objet donné à son frère. Le temps nécessaire à l'usucapion s'écoule, après le partage effectué, et ce n'est qu'alors que le frère non-donataire découvre que la donation qui avait été conférée à son frère et qu'il avait crue valablement faite ne l'était point. Pourra-t-il demander sa part dans les objets donnés? On aurait pu dire d'abord que le père avait fait une donation. Mais cette objection n'arrête pas le jurisconsulte. Dès témoignages certains nous apprennent que la donation conférée par un père aux enfants qui restent sous sa puissance jusqu'au moment de sa mort, est nulle de plein droit, à moins qu'elle n'ait été confirmée par une disposition testamentaire. Telle étant ici la situation par hypothèse, il n'y a

(1) « Donationem, quam pater in filium, quem in familia retinuit, « frustra contulit, arbiter hæreditatis dividundæ non sequitur. Et « ideo, si frater coheres apud fratrem suum possessionem *errore* « *juris* lapsus *reliquerit*, usucapio partis non erit. »

donc pas à se préoccuper de la donation. Il est vrai qu'un jugement *familiæ erciscundæ* est intervenu, mais cela ne modifie pas les données de la question. Il n'arrive que trop souvent que des objets de la succession restent en dehors du partage. Pour ceux-là il devient alors nécessaire de procéder par l'*action communi dividundo* (1). Et c'est ce qui aura lieu dans l'espèce pour les objets qui constituent la donation, laquelle étant nulle de plein droit (2), ces objets seront considérés comme n'ayant pas été compris dans le partage. Reste l'objection tirée de l'usucapion. Le fils donataire n'aurait-il pas usucapé dans l'intervalle? Non! Car pour usucaper il faut un titre et il n'en a pas. La donation du père est nulle de plein droit, la tradition qu'il lui a faite ne vaut pas plus. L'autre frère s'est contenté de le laisser en possession de ces biens (*reliquerit*), il n'a d'aucune façon amélioré par sa tolérance la position du possesseur; donc ce dernier n'usucapera pas. Enfin on pourrait dire que le frère a commis une erreur de droit, en ne comprenant pas, dans le partage, la donation qu'il a crue à tort avoir été valablement conférée par son père, et que *error juris nocet*. Mais il est à remarquer que le jurisconsulte, et c'est Papinien, ne daigne pas même répondre à cette objection, qu'il ne mentionne

(1) L'*actio fam. ercisc.* ne s'intente qu'une fois. V. l. 20, § 2, *Famil erc.*, 10, 2.

(2) Vat. fragm., § 291, § 294, et Buchholtz, *Ad. h. l.*

que pour faire voir qu'elle ne lui a pas échappé. En effet, en quoi l'erreur de l'un des frères peut-elle contribuer à conférer un droit à l'autre, du moment que ce dernier ne remplit pas les conditions exigées par la loi pour l'acquisition de ce droit? Est-ce que l'erreur de droit de Paul peut devenir un mode d'acquérir pour Pierre? On répète beaucoup trop souvent un adage tiré d'un ouvrage de Pomponius (1) et d'après lequel « *juris ignorantia in usucapionibus* « *negatur prodesse; facti vero ignorantiam prodesse* « *constat.* » La loi de Papinien que nous expliquions tout à l'heure, nous montre ce qu'il faudrait en penser; car elle nous présente une hypothèse où l'erreur de droit du frère non possesseur ne lui a pas nui, et cela en matière d'usucapion (2). L'embarras serait plus grand avec le système de l'erreur excusable. Les deux frères se trouvant dans une situation absolument identique, leur erreur portant sur le même point (3), elle sera excusable ou inexcusable pour tous

(1) L. 4, *De jur. et fact. ign.*, 22. 6.

(2) Certainement, la règle est exacte en tant qu'elle s'applique au frère possesseur; mais ce n'est pas là un effet particulier de l'erreur. Si l'on veut appeler *erreur de fait* l'erreur dans laquelle on tombe en prenant pour propriétaire celui qui ne l'est pas, et réserver pour toutes les autres erreurs la qualification d'*erreur de droit*, la règle sera vraie; mais pourquoi? Parce qu'elle ne ferait que répéter sous une autre forme les conditions mêmes de l'usucapion.

(3) Si le frère possesseur n'était pas dans l'erreur, il serait incapable d'usucaper comme possesseur de mauvaise foi, et Papinien n'aurait pas laissé passer cette circonstance sans la relever.

deux. Si elle est excusable le possesseur aurait donc dû usucaper, et lorsque son frère viendrait réclamer, il le repousserait en lui disant que son droit acquis de propriété équivaut au moins au droit de répétition que donne au réclamant l'excusabilité de l'erreur, et que: *in pari causa melior est causa possidentis.* Que si l'erreur est inexcusable pour tous deux ; alors aussi le frère réclamant sera repoussé par le possesseur qui alléguant l'inexcusabilité réciproque de l'erreur conclura, comme ci-dessus, à l'avantage que doit lui conférer la possession. Quelque parti que l'on prenne dans le système de l'excusabilité de l'erreur, on arrive à une solution diamétralement opposée à celle de Papinien, et dès lors M. Savigny et M. Vangerow avaient raison de passer sous silence le § 296 des *Vaticana fragmenta.*

Nous tirerons un dernier exemple de la nécessité du titre *pro donato*, de l'explication que M. Machelard donne à une loi de Terentius Clemens (1). Malgré la prohibition des donations entre époux, on permettait, en droit romain, celles qui pouvaient se faire sans appauvrissement du donateur. Supposons donc qu'un mari fasse à sa femme donation d'un fonds appartenant à un tiers. La femme pourra-t-elle usucaper? Le jurisconsulte répond affirmativement : « N'est-il pas cependant, se demande M. Ma-

(1) L. 25, *De donat. i. r.* 24, 1.

« chelard (1), contraire aux règles qui régissent l'usu-
« capion de l'autoriser en présence du fait dont il est
« question? Car, si l'époux donataire sait que la
« chose n'appartient pas à son conjoint, il est clair
« qu'il sera de mauvaise foi ; et d'un autre côté, s'il
« en attribue la propriété au donateur, il semble que
« le juste titre fera défaut, puisque le donataire pos-
« sède dans des circonstances qui à ses yeux doivent
« constituer une donation prohibée. En vain se
« tromperait-il sur les principes du droit en cette
« matière, une pareille erreur ne peut servir de base
« à l'usucapion. » La difficulté est on ne peut plus nettement posée. Si la femme attribue la propriété à un autre que son mari, elle manque de bonne foi; si elle l'attribue à son mari, elle se trompe sur le *titulus;* elle n'a qu'un *titulus putativus.* Voici maintenant comment M. Machelard répond à cette objection : « Ecartons d'abord, dit-il, l'hypothèse où la
« femme manque de *bona fides*, et admettons que la
« femme donataire ait cru son mari propriétaire.
« Dans cette position elle se trouve *avoir, bien qu'elle*
« *l'ignore, un juste titre*, à raison de l'absence des
« conditions requises pour que la donation soit in-
« terdite. »

C'est donc à tort que cette loi est citée par les partisans du *titulus putativus.* Elle confirme

(1) *Textes du droit romain*, etc., p. 225.

encore une fois la nécessité du *titulus verus* (1).

Laissant de côté quelques autres titres d'usucapion, qui ne présentent pas de difficultés sérieuses, nous abordons le titre *pro emptore*, où en revanche elles ne font pas défaut. — La vente faite par un fou à quelqu'un qui ignore que son vendeur est en état de démence, fournit un premier argument à ceux qui combattent la nécessité du *titre vrai* (2). Il est de

(1) Le raisonnement de M. Machelard devient plus clair si, au lieu de dire : Les donations entre époux sont prohibées ; sont permises celles qui n'appauvrissent pas l'un des époux au profit de l'autre, on eût dit : Les donations entre époux sont permises ; sont prohibées celles qui appauvrissent le donateur. Cette dernière formule montre immédiatement le *juste titre* de la femme. Elle a en outre l'avantage de mettre la preuve de l'appauvrissement à la charge du mari, et non à la charge de la femme, comme cela arrive dans le premier cas, contrairement à la règle générale, qui veut que la nécessité de prouver incombe au demandeur. D'ailleurs, la lecture de la l. 25, *De donat. i. v. et ux.*, montre que Terentius Clemens lui-même avait envisagé la prohibition des donations entre époux comme une exception, non comme une règle. « *Nam jus constitutum* » (qui forme l'exception au *jus commune*, d'après lequel les donations sont libres à tous), « *ad eas do-* « *nationes pertinet, ex quibus et locupletior mulier et pauperior* « *maritus in suis rebus fit.* » La décision donnée dans la l. 25, *De donat. int. v. et ux.*, n'était pas d'ailleurs une opinion isolée de Terentius. La l. 3, *Pro donato*, 41, 6, fait voir que Pomponius, Trebatius, et très-probablement Quintus Mucius aussi, étaient du même avis. Or, un tel accord entre ces jurisconsultes aurait-il été possible, si la question s'était présentée à leur esprit avec la forme embrouillée, obscure, incompréhensible, sous laquelle M. Savigny la donne lorsqu'il se demande (III, p. 359), *si la mauvaise foi qui repose sur une erreur de fait ou de droit empêche l'usucapion ?*

(2) L. 7, § 2, *De public. i. rem*, 6, 2, où Ulpien admet l'avis de Marcellus, et l. 2, § 16, *Pro emptore*, 41, 4, de Paul.

fait qu'ici on ne peut invoquer ni la *causa* résultant du contrat qui est nul, ni la *causa* résultant de la tradition qui ne vaut pas davantage. Comment donc l'acheteur usucapera-t-il ? La réponse se trouve dans un texte de Paul qui nous apprend qu'en pareille hypothèse, *constitit usucapere utilitatis causa posse, quamvis nulla esset emptio* (1). Ce sont donc des considérations tout à fait étrangères aux principes du droit qui ont permis ici l'usucapion ; dès lors nous n'avons pas à nous en préoccuper. Le caractère exceptionnel de cette usucapion est d'ailleurs prouvé par cette autre circonstance que Paul, tout en admettant l'usucapion, refuse au prétendu acheteur l'action en éviction, la publicienne, et l'accession de possession. Il est vrai que, pour ce qui est de la publicienne, il est contredit par Ulpien. Mais cette divergence sert à constater la nature toute spéciale de cette usucapion des choses vendues par un fou (2).

Les choses qui appartiennent aux pupilles peu-

(1) Comment se fait-il qu'ici Paul, le grand partisan de la règle *error facti non nocet*, ne l'invoque pas pour justifier l'usucapion de l'acheteur qui a bien commis une erreur de fait en traitant avec une personne qui n'avait pas sa raison ? N'est-il pas étonnant qu'il cherche à justifier l'usucapion par des motifs tirés de l'utilité ? Les auteurs modernes sont plus conséquents, ils englobent cette décision de Paul dans leur système général d'excusabilité, mais ils n'en sont que plus embarrassés pour expliquer la suite de la loi 2, § 16, *Pro emptore*.

(2) V. diverses tentatives de conciliation peu heureuses dans Pellat, *Propriété*, p. 495.

vent-elles être usucapées? La question est controversée (1). Mais il nous semble que si l'on veut échapper aux contradictions, on doit éviter de poser la question dans des termes aussi absolus, aussi généraux. Que les biens des pupilles, déduction faite de ceux qui, en vertu de dispositions spéciales étaient inaliénables et par conséquent imprescriptibles, que les biens des pupilles en général, disons-nous, n'aient point été soustraits à l'usucapion, c'est ce qui nous paraît certain. Mais on ferait, pensons-nous, de cette vérité un usage abusif, quant à l'usucapion, si l'on ne distinguait pas entre les aliénations faites par le pupille ou son tuteur lui-même, et celles qui sont faites par des tiers. Dans ce dernier cas, l'acquéreur qui aura titre et bonne foi usucapera. Dans le premier, à moins d'événements exceptionnels, il est évident que l'acquéreur n'usucapera pas, la plupart du temps, par suite du défaut de *justa causa*. Parcourons les textes; cet examen est d'autant plus nécessaire, qu'à première vue de quelques-uns d'entre eux on pourrait croire qu'ils contredisent les principes que nous

(1) Voici ce qu'en pense M. Vangerow, *Lehrbuch*, I, p. 662. « L'opinion qui prédomine est, dit-il, que les choses des pupilles et des mineurs sont soustraites à l'usucapion ; c'est pourtant difficile à admettre. Il est certain, au moins pour l'époque anté-justinianéenne, que l'usucapion de ces choses était possible, pourvu que les autres conditions de cette institution, la bonne foi, par exemple, ne fissent pas défaut; et il faut remarquer que l'acquéreur est de *mauvaise foi*, par cela même qu'il sait acheter d'un pupille sans *auctoritas tutoris*. »

avons émis touchant la *justa causa*, ou l'erreur de droit et de fait.

Si communem fundum ego et pupillus haberemus, licet uterque non uteretur, tamen propter pupillum et ego viam retineo (1).

Ce texte, allégué, peut-être à tort, par les partisans de l'*imprescriptibilité* absolue, puisqu'il ne vise que la *perte par non-usage*, présente un autre inconvénient, c'est qu'il n'a en vue que des servitudes prédiales, et l'aliénation de cette nature de biens ne pouvait avoir lieu à l'époque où ce texte a été écrit, pas même de l'autorité des tuteurs et des curateurs (2); il n'est donc pas étonnant que la loi prononce l'imprescriptibilité des biens déclarés inaliénables, sauf sous certaines formes.

Une autre loi (3), de Paul, serait plus décisive en faveur de l'inaliénabilité. Mais Paul ne s'occupe des pupilles dans cette loi qu'incidemment et par forme d'exemple, ce qui rend l'interpolation très-facile (4): et, de plus, lors même qu'on ne voudrait pas admettre la leçon *populi*, au lieu de *pupilli*, leçon qui a pour elle l'autorité des Basiliques (5), on se

(1) L. 10, pr., *Quemadm. serv. amitt.*, 8, 6.

(2) Ulp., l. 1, *De reb. eor. qui sub tut.*, etc.; 27, 9. « Imperatoris Severi oratione prohibiti sunt tutores et curatores prædia « rustica vel suburbana distrahere, etc. »

(3) L. 48, pr., *De adq. rer. dom.*, 41, 1.

(4) Ducaurroy, *Inst.*, § 467 (*a*).

(5) 50, 1, 47, Κἂν μὴ δυνατὸν τὸν ἀγρὸν διὰ τῆς χρονίας νομῆς

heurterait contre cette autre objection, qu'il s'agit là aussi d'un fonds, et que l'aliénation des fonds des mineurs et des pupilles avait été soumise à des formalités particulières.

Ce n'est pas à dire que nous admettions sans réserve les lois citées par les partisans de la prescriptibilité et surtout leur manière de les entendre. Voici, par exemple, un texte que nous sommes obligé d'interpréter d'une manière un peu différente de celle dont on le fait ordinairement, si nous voulons éviter les difficultés que peut amener la règle *error juris*.

« Si a pupillo emero sine tutoris auctoritate, quem
« puberem esse putem : dicimus usucapionem se-
« qui : ut hic plus sit in re, quam in existimatione;
« quod si scias pupillum esse, putes tamen pupillis
« licere *res suas* sine tutoris auctoritate adminis-
« trare, non capies usu ; quia juris error nulli pro-
« dest (1). »

Paul suppose d'abord que j'ai acheté du pupille *sine tutoris auctoritate*, mais il ne nous dit pas explicitement si ce sont des choses à lui que le pupille a vendues ou bien des choses à autrui. Ordinairement on entend la loi comme ayant voulu parler de choses appartenant au pupille ; mais ici il n'y a pour cela aucune raison décisive. Bien au contraire, cette loi

δεσπόσαι ὡς τοῦ δήμου ὄντα. Cf. Cuj., *Obss*. lib. XI, cap. 12, et lib. XXIV, cap. 14.

(1) L. 2, § 15, *Pro emptore*, 41, 4.

se trouve dans un titre où il est traité en général de l'acquisition des choses d'un autre que du vendeur (*pro emptore*) ; et, en outre, le jurisconsulte ayant parlé dans la seconde partie de la loi des *res pupilli*, nous sommes autorisé à conclure par *a contrario* qu'il n'a parlé, dans la première partie, que de la vente par le pupille de choses appartenant à autrui (1). Or, dans cette hypothèse, voici le raisonnement qu'on aurait pu faire : en achetant du pupille des biens dont il n'était pas propriétaire, je n'ai pas fait ce que j'aurais dû faire pour en acquérir la propriété, s'il en eût été propriétaire. Pour qu'il en fût ainsi, il aurait fallu que le tuteur eût autorisé ce pupille. Je n'ai donc pas, à proprement parler, *causam usucapiendi,* dans ce cas, et l'usucapion restera pour moi impossible. Voilà comment on aurait pu raisonner ; mais Paul prévient ici cette objection, en disant que *plus est in re quam in existimatione.* Cette phrase, qui reste une énigme pour ceux qui croient que Paul avait voulu parler de l'usucapion des biens du pupille (2), s'explique au

(1) Le résumé donné par les *Basiliques*, 50, 4, 1 (t. v, p. 65, *éd.* Heimbach) laisse la question indécise.

(2) En effet, si la circonstance déterminante de la décision du jurisconsulte eût été l'opinion que j'avais que le pupille était pubère, il aurait dû dire : *Ut plus sit hic in existimatione quam in re*; mais la phrase « *quem puberem esse putem* » n'a pour but que d'expliquer comment on a pu être amené à acheter d'un mineur, et rien de plus.

contraire très-bien dans notre système. Rappelons-nous ce que nous avons décidé sur la célèbre loi de Terentius Clemens à propos de la donation de la chose d'autrui faite par le mari à sa femme (1). Là, nous avons dit que l'idée que la femme avait eue, que c'était son mari qui lui faisait donation, n'avait pu lui nuire, parce qu'en réalité le mari ne s'appauvrissait pas. Ici aussi l'idée que j'ai d'acheter d'un majeur ne peut guère me nuire, quoique je n'aie pas accompli les formalités exigées dans le cas où ce sont des biens du mineur qui font l'objet de la vente. Si le pupille ne peut contracter valablement une vente, ce n'est pas qu'il soit incapable d'avoir une volonté comme cela a lieu pour le fou, mais bien à raison de la protection que la loi accorde à ses intérêts. Du moment que ses intérêts ne sont plus en jeu, il peut très-valablement contracter, et c'est l'hypothèse du texte; c'est pourquoi peu importe que je me sois trompé en croyant que la chose était à lui, tandis qu'elle est à autrui; la vérité est qu'il n'a rien aliéné en me vendant la chose d'autrui. Donc, *plus erit in re quam in existimatione;* il y aura pour moi *justa causa* et j'usucaperai. — Supposons, au contraire, que j'achète une chose du pupille bien réellement, croyant qu'il est permis d'acheter de lui sans autorisation du tuteur,

(1) V. p. 193.

je n'ai rien fait; il me manquera une *justa causa*, et je ne pourrai usucaper; Paul motive cette dernière décision sur ce qu'il y a erreur de droit; il dit en d'autres termes que j'ai commis une erreur à laquelle le droit attache une incapacité, une déchéance, une erreur que je n'aurais pas dû commettre si je voulais usucaper. C'est dire beaucoup ou pas assez. N'est-il pas évident que, dans ce cas, si je n'usucape pas, c'est que je n'ai pas de cause?

Passons à un autre texte (1) :

« Si tutor rem pupilli subripuerit, et vendiderit; « usucapio non contingit, priusquam res in potes- « tatem pupilli redeat; nam tutor in re pupilli tunc « domini loco habetur, cum tutelam administrat, « non cum pupillum spoliat. »

Ce texte que M. Vangerow (2) et d'autres auteurs citent en faveur de l'opinion de la prescriptibilité semble ne rien prouver du tout, soit directement, soit par argument *a contrario ;* directement, il ne dit qu'une chose : que les biens volés, les *res furtivæ* ne sont pas susceptibles d'usucapion, ce qui n'éclaire guère le point en litige. L'argument *a contrario* qui consisterait à dire que si la chose aliénée par le tuteur n'était pas volée, l'usucapion aurait lieu, tombe encore à faux, puisque, dans le cas où le tuteur aurait aliéné régulièrement un objet appartenant au

(1) L. 7, § 3, *Pro empt.*, 41, 4.
(2) *Lehrbuch*, I, p. 662.

pupille, l'acquéreur n'aurait aucun besoin d'usucapion. La suite du texte nous dit, en effet, très-positivement que le tuteur qui gère régulièrement et honnêtement *in re pupilli domini loco habetur* (1). Mais rien ne démontre que si la chose avait été aliénée par le pupille, elle eût été prescriptible tant qu'elle resterait dans les mains de l'acquéreur ; le texte ne le dit pas plus que la loi suivante (2) :

« Si pupilli res subrepta sit, sufficere dicendum « est, si tutor ejus sciat, redisse eam in domum pu-« pilli. »

Tout ce qui en résulte, c'est que la chose rentrée, à la connaissance du tuteur, entre les mains du pupille, sera purgée du vice de furtivité. Elle sera prescriptible désormais, mais par qui et à quelles conditions? Serait-ce par celui qui aurait acquis irrégulièrement en traitant directement avec le pupille? Le texte ne le dit pas (3), et nous avons démontré que cela ne pourrait être. Serait ce par celui qui

(1) Mêmes observations pour la l. 33, *De furtis*. 47, 2. Cette loi détermine les conditions nécessaires pour que le tuteur ait commis un vol au préjudice du pupille. Nous passons aussi sous silence la l. 4, § 24, *De dol. mal. except.*, 44, 4. Il n'y est pas question d'aliénations faites par le pupille, mais bien d'aliénations faites par le *falsus tutor*. Si le *falsus tutor* a commis un vol en vendant la chose, elle sera imprescriptible pour cause de furtivité; si, au contraire, il a vendu de bonne foi, le tiers usucapera comme s'il l'eût acquis de tout autre.

(2) L. 4, § 11, *De usurp.*, 41, 3.

(3) V. aussi l. 56, § 4, *De furtis*.

aurait traité avec le pupille autorisé de son tuteur? Mais celui-là n'a pas besoin d'usucaper. Si donc le texte proclame possible l'usucapion de biens vendus par le pupille, ce n'est que lorsque son aliénation sera de nature à conférer une *justa causa usucapionis*, c'est-à-dire : lorsqu'il s'agira de biens d'autrui. C'est de la même manière que rien ne fait difficulté dans la loi suivante (1).

« Si is, qui pro tutore negotia gerebat, cum tutor « non esset, rem pupilli vendidit, nec ea usucapta « est ; petet eam pupillus, » etc.

Dans cette loi non plus il n'est question d'aliénation faite par le pupille ; il y aura *justa causa*, *bona fides*, chose *prescriptible*, qu'est-ce qui pourra donc empêcher l'usucapion? Au contraire la thèse que nous soutenons est parfaitement reconnue dans la loi suivante (2).

« Eum, qui a pupillo sine tutoris auctoritate dis- « trahente, comparavit, nullum temporis (longi) spa- « tium defendit ».

Rapprochée des lois qui précèdent, concernant la possibilité de l'usucapion des choses vendues par les tuteurs ou par les tiers, cette décision met en jour la différence entre ces cas et celui où c'est le pupille lui-même qui aliène ; dans cette dernière hypothèse

(1) L. 2, *De eo qui pro tut.*, 27, 5.
(2) L. 9, C., *De usuc. pro empt.*, 7, 26.

c'est le pupille qui aliène ; donc point de *justa causa*, partant point d'usucapion (1)

Les *mineurs* de vingt-cinq ans partageaient, d'après l'opinion la plus généralement admise, les avantages accordés aux pupilles (2), dès lors rien de plus facile à entendre, indépendamment de toute influence de la règle *error facti*, etc., que la décision suivante (3):

« Si a minore quis emerit, ignorans eum mino-
« rem esse, habet publicianam. »

On suppose ordinairement qu'il s'agit ici d'un bien

(1) Nous ne voulons parler ici ni de la l. *unic.* C. *Si adv. usucap.*, 2, 36, où Dioclétien accorde aux mineurs une restitution spéciale contre tous ceux qui ont usucapé, ni de la l. 5, C., *In quib. caus. in int. rest.*, 2, 41, où Justinien suspend la prescription *des actions* des mineurs. (C'est au moins ainsi que la loi nous semble devoir être entendue. V. Vangerow, *Lehrbuch*, I, 663.) En résumé, bien que, même du temps de Justinien, en dehors des aliénations prohibées, il y avait des choses de mineurs et de pupilles soumises à l'usucapion ordinaire, nous reconnaissons que la discussion perd beaucoup de son intérêt si l'on admet une *restitutio in integrum générale*. C'est là aussi l'opinion d'une foule d'auteurs; néanmoins, les distinctions précédentes nous ont paru très-utiles à établir, d'abord parce qu'elles expliquent le droit antérieur à Dioclétien, ensuite parce qu'elles présenteraient de l'utilité dans tout système de législation, qui, reposant sur les principes romains quant à l'usucapion et à la capacité des pupilles, n'aurait pas admis les restitutions et les suspensions générales de Dioclétien et de Justinien, et enfin parce que, tout en confirmant l'idée, qu'il n'y a point d'usucapion sans *justa causa*, elles ont aussi l'avantage de se prêter à ce que nous avons dit précédemment touchant l'inutilité de la distinction entre l'erreur de fait et l'erreur de droit.

(2) Pellat, *Propr.*, p. 496.

(3) L, 7, § 4, *De public. in rem*, 6, 2.

appartenant réellement à un mineur ; et alors on explique la Publicienne comme un effet de la règle *error facti*. C'est inadmissible pourtant, car la difficulté d'accorder la Publicienne ne vient pas du chef de la bonne foi, mais bien du défaut de *justa causa*. Qu'est-ce qu'en effet la *justa causa* ? L'événement qui, si le *tradens* eût été propriétaire, aurait transmis la propriété à l'*accipiens*. Or, ici le *tradens* est bien propriétaire, le contrat est valable et pourtant la propriété n'est pas transmise ; il n'y a donc pas ici d'événement translatif de propriété, il n'y a pas de *justa causa*.

Pour autoriser la Publicienne et par suite l'usucapion, il faudrait donc soutenir qu'il y a *titulus putativus*. Laissant de côté ce que cette supposition aurait de forcé, il est évident qu'elle ne pourrait nous être d'aucune utilité à nous qui n'admettons d'aucune manière le *titulus putativus*. Mais la nécessité de faire intervenir la règle *error facti*, etc., comme aussi la discussion relative au *titulus putativus*, tombent si l'on suppose que ce que le mineur a vendu n'était pas une chose à lui, mais bien une chose qui ne lui appartenait pas. Rien n'indique que cette supposition ne soit la bonne ; l'analogie que cette loi présente avec celle que nous avons expliquée plus haut (1) est frappante, et nous y renvoyons pour toute explication ultérieure.

(1) V., *supra*, p. 198.

Nous ne voulons pas clore cette digression sur la nécessité du *titulus verus*, sans dire quelques mots sur une singularité qui se présente quant à l'acquisition par usucapion *pro emptore*. Pour acquérir dans ces conditions, il faut, disent les textes, avoir été de bonne foi et au moment du contrat et au moment de la tradition (1).

Le titre *pro emptore* se distingue donc en cela de tous les autres titres pour lesquels il suffit d'avoir été de bonne foi au moment de la tradition. — Mais pourquoi cela ?

Si l'on veut se rendre exactement compte de cette particularité il faut, croyons-nous, prendre pour point de départ ce fait : c'est que, tandis que pour tous les autres contrats qui mènent à une acquisition de propriété, *mutuum*, *stipulatio*, *permutatio*, etc., leur nature même implique la nécessité et l'obligation de transférer la propriété, il en est tout autrement pour le contrat de vente (2).

Le promettant s'oblige, par la nature même de la stipulation, à rendre le stipulant propriétaire. La stipulation devient donc, par elle-même, une *cause* parfaite, et dès lors, le préteur ne saurait refuser la

(1) L. 7, § 16, 17, *De public.*, 6, 2. — L. 10, l. 48, *De usurp.*, 41, 3. — L. 2, pr., *Pro emptore*, 41, 4.

(2) L. 25, § 1, *De contr. empt.*, 18, 1. — L. 2, § 2, *De reb. cred.*, 12, 1. — L. 11, § 2, *De act. empt.*, 19, 1. — L. 30, § 1, eod. — L. 183, *De v. s.*

Publicienne à celui qui s'en prévaut. — Mais le vendeur peut remplir les obligations qui lui sont imposées par la loi sans transférer la propriété, et en se bornant à procurer le *habere licere*. Envisagée donc au point de vue du droit strict, l'obligation du vendeur exécutée ne peut jamais servir de fondement à la Publicienne (1).

Mais les conséquences rigoureuses du contrat furent modifiées par le caractère de bonne foi qui ne tarda pas à s'y attacher. Tout ce qui d'après la na-

(1) La l. 80, § 3, *De contr. empt.*, 18, 1, n'est pas contraire à nos assertions. Lorsqu'elle dit : « nemo potest videri eam rem vendi-« disse, de cujus dominio id agitur, ne ad emptorem transeat, » elle défend de convenir que, malgré la vente, le vendeur ne pourra jamais se rendre propriétaire de la chose. Et, en vérité, on ne concevrait pas une pareille convention. A quoi servirait alors le *dominium* réservé! Au moyen âge on vit bien de pareilles complications et décompositions de la propriété, mais elles demeurèrent toujours presque inconnues aux Romains. On a opposé encore la l. 18, § 1, *De peric.*, 18, 6 (confirmée par la l. 24, C., *De evict.*, 8, 45, mais infirmée, en revanche, par le § 12 des Vatic. Fr. (Pap.) d'où elle a été tirée). Cette loi traite la question de savoir si l'acheteur doit payer son prix lorsque l'éviction n'est plus une *éventualité*, mais bien un *danger imminent*. Or, on conçoit que, s'agissant d'une *actio bonæ fidei*, les opinions des jurisconsultes aient pu être divisées sur un point d'une utilité toute pratique; mais la circonstance que, malgré le danger évident d'éviction, on discutait sur la nécessité du paiement, fait bien voir le caractère de la vente. Peu importe, dès lors, le point de savoir si la décision de la loi 18, § 1, *De per.*, 18, 6, est un tribonianisme, ou le résultat d'un changement d'opinion de Papinien lui-même, ainsi que le pense M. Buchholtz. *Vat. Fragm.*, p. 13. — Pourquoi la vente avait-elle chez les Romains ce caractère particulier? V. Maynz, *Éléments de dr. rom.*, p. 185.

ture des choses et de l'usage, a pu être considéré comme ayant été dans la pensée des contractants, y fut sous-entendu (1), et il était naturel que parmi ces conventions tacites on rangeât celle qui concerne la translation de propriété. La bonne foi qu'on exige donc de la part de l'acheteur, aux deux époques de la vente, n'est pas la même chose. Au moment de la tradition elle consistera à croire que le vendeur nous transmet l'objet dont il est propriétaire; ou plutôt à ignorer qu'un autre que lui est propriétaire. — Au moment du contrat, l'exigence de la bonne foi ne signifie rien autre, si ce n'est que, parmi les conditions sous-entendues de la vente, on a placé celle concernant la translation de propriété. Dans la phrase *bona fide emere*, ces deux idées se trouvent réunies en une seule expression. Il n'en est pas moins certain que l'analyse doit y discerner deux espèces de bonne foi, exigibles à deux moments différents, deux idées parfaitement distinctes, qui n'ont entre elles de commun qu'un caractère négatif, le défaut de *mauvaise foi*. Lorsque le possesseur prétend avoir *usucapé pro vendito*, parce qu'il a cru qu'au moment de la tradition le vendeur était propriétaire, il ne dit rien de plus que s'il eût prétendu qu'il devait usucaper, parce qu'il

(1) V. ce que nous avons dit précédemment touchant les stipulations *duplæ*, etc.

possède *pro tradito* et que le *tradens* était propriétaire. Force est de remonter donc au contrat et de voir si, en effet, le contrat de vente qu'il allègue était un contrat ayant pour but la translation de propriété. Ce n'est pas là une singularité du contrat de vente et pour justifier la nécessité de la bonne foi à deux époques différentes dans ce contrat, il n'est nullement nécessaire d'intercaler sans aucun motif suffisant les mots : *qui bona fide emit* dans l'édit du préteur. Tout s'explique bien plus naturellement. Et en même temps que ces dispositions du droit romain apparaissent non plus comme un caprice des jurisconsultes romains, mais comme une conséquence forcée des principes dans toute législation qui admet les idées romaines en matière de vente et d'usucapion (1), elles viennent donner une nouvelle confirmation à la nécessité du *titulus verus* (2), et aux idées que nous avons émises sur la manière dont il fallait entendre la règle *error juris*...

(1) La législation prussienne, par exemple.

(2) Sur ce point, voici ce que pensait Ducaurroy, *Inst*, § 471, *a*. « On a longuement discuté sur la règle *error falsæ causæ.* » (Ici Ducaurroy cite les textes que nous avons expliqués plus haut.) « Ainsi, » ajoute-t-il, « plusieurs jurisconsultes semblent démentir eux-mêmes leur propre doctrine; il faut donc supposer que les textes ont été altérés. Quoi qu'il en soit, il est très-difficile de savoir quel parti Justinien préfère. »

CONCLUSION.

Si nous jetons maintenant un coup d'œil sur ce qui précède, nous trouverons comme résultat général de cette recherche :

1° Qu'en matière de délits, il ne peut être question d'erreur, qu'en ce sens, que l'erreur exclut l'*intention* coupable, que le législaleur a le plus souvent en vue de punir.

2° Que dans les prétendues erreurs par omission, qu'il s'agisse de faire courir un délai préfixe (*continuum*), ou de calculer un délai dont le point de départ serait marqué par la connaissance acquise de quelque fait (*quibus scierit*, etc.), l'erreur n'y est pour rien par elle-même.

3° Que dans les restitutions, les motifs d'erreur, d'omission, etc., donnés le plus souvent par les textes, ne servent qu'à cacher de véritables modifications législatives.

4° Que dans les actes testamentaires, tout se décide d'après les règles concernant les formes prescrites par la loi, ou bien, d'après l'intention des parties, dans les cas, bien entendu, où cette intention est la loi suprême.

5° Que dans la théorie des obligations on est dispensé de toute règle particulière à l'erreur, par l'interprétation logique et juridique de la convention.

6° Qu'il en est de même, bien que pour d'autres motifs, dans la théorie des quasi-contrats.

7° Qu'enfin même en matière d'acquisition de fruits et d'usucapion, la bonne foi qui y représente l'erreur n'est et ne peut être qu'une condition négative, le défaut de mauvaise foi.

N'ayant ainsi trouvé nulle part, dans les applications, d'effet particulier à l'erreur, nous nous croyons autorisés à conclure que, pour le droit romain, il n'existe pas d'effets propres à assigner à l'erreur, d'effets qui ne soient en même temps la conséquence d'autres principes. Par la discussion minutieuse à laquelle nous nous sommes livrés, on pourra juger et de la valeur de nos arguments, et des différences notables qui séparent notre manière de voir de celles généralement admises jusqu'à ce jour.

La théorie de l'erreur de droit et de fait, nous l'avons constamment trouvée en défaut, là où elle ne revenait pas à une pure pétition de principe, ou à une pure inutilité. « Regardez-la de près! dirons-
« nous volontiers avec M. Oudot (1). Elle constitue
« un pur cercle vicieux. Elle donne pour solution
« la généralisation du fait posé en question. Voulez-

(1) *Consc. et science du devoir*, II, p. 225.

« vous avoir l'image fidèle de sa valeur ? Rappelez-« vous la célèbre réponse d'Argan à la question : « *cur opium facit dormire.* »

Aussi est-ce bien moins contre cette théorie déjà surannée et presque abandonnée que nous avons eu à lutter, que contre celle que nous appellerions volontiers la théorie de l'excusabilité. S'appuyant sur un nom qui fait autorité en droit, admise en général par les romanistes de nos jours, elle nous a paru d'autant plus dangereuse, que par sa grande élasticité, par la confusion inévitable à laquelle elle entraîne entre les considérations législatives et les motifs juridiques, elle tend visiblement, et pourvu que ceux qui l'invoquent aient le courage de la pousser jusqu'à ses conséquences, à une subversion de tous les principes, et à la substitution de l'équité cérébrine du juge aux déductions rigoureuses de la science (1).

(1) Qu'on nous permette de citer un passage de Bentham (*Principes de légis.*, ch. III), où il donne le catalogue des principes arbitraires, et qui semble avoir été écrit précisément en vue d'une théorie pareille à celle de l'excusabilité. « Un homme vous dira qu'il a en lui quelque chose qui lui a été donné pour lui enseigner ce qui est bien et ce qui est mal : cela s'appelle *conscience ou sens moral.* » (Donc, tel juge trouvera telle *erreur* excusable, d'après sa conscience.) « Un autre vient et change la phrase : ce n'est plus le sens moral, c'est le *sens commun* qui lui apprend ce qui est bien et ce qui est mal » (Ce même juge ne trouvera pas que l'erreur, excusable dans la théorie du sens moral, le soit d'après le sens commun et *vice versa.*) « Un autre vous dit que ce sens moral et ce sens commun sont

Les preuves de tout ceci, nous les avons données dans ce qui précède. Il nous reste une dernière à produire, et nous ne voulons pas la passer sous silence. Il est une vérité qui, avant de passer dans les livres de droit, a été, comme elle est restée depuis, un article écrit dans le Code du bon sens de tous les peuples : c'est que *errantis nulla est voluntas* (1). On ne peut concevoir que là où la volonté est nécessaire, et ce n'est que dans ces cas, en effet, qu'il peut en être question, elle puisse exister malgré l'erreur. Je veux donner à Pierre et je donne par erreur à Paul, pas n'est besoin d'insister pour faire comprendre que la volonté de donner à Paul fait défaut dans cette circonstance, ainsi que dans toute autre du même genre. Tout système d'interprétation qui viendrait donc se heurter contre une vérité de cet ordre, porterait en lui-même sa condamnation et serait jugé *a priori*. Or, c'est ce qui arrive précisément avec le système d'excusabilité imaginé par

des rêveries, mais que l'entendement détermine ce qui est bien et ce qui est mal; tant pis pour ceux qui ne pensent pas de la même manière que lui » (Même observation que ci-dessus)... « Vous entendrez une foule de professeurs, de juristes, de magistrats, de philosophes, qui feront retentir dans vos oreilles la *loi de la nature*, on dit aussi quelquefois *l'équité naturelle* » (Même observation). V. aussi Rossi, *Mélanges*, II, p. 324 et s.

(1) L. 15, *De jurisd.*, 2, 1.— L. 2, pr., *De jud.*, 5, 1. — L. 20, *De aq. pluv.*, 39, 3. — L. 116, § 2, *De reg. jur.*—L. 8, l. 9, C., *De jur. et fact. ign.*, 1, 18.

M. Savigny; voici comment il s'exprime sur ce point :

« La proposition, dit-il (1), que l'erreur exclut la « volonté, si elle était vraie, aurait la plus haute « importance, et nous y trouverions un principe « positif et péremptoire sur l'efficacité de l'erreur ; « mais *il est indubitable que cette proposition doit* « *être déclarée fausse.* Nous en avons une preuve « décisive dans la théorie du *dolus*, si soigneuse- « ment élaborée en droit romain. Si l'erreur en soi « suffisait pour exclure absolument l'existence de la « volonté, et par conséquent ses effets, tout contrat « déterminé par l'erreur se trouverait nul, et il se- « rait *indifférent* que l'erreur fût ou non le résultat « de la fraude. Néanmoins le droit romain regarde « l'existence de la fraude comme une circonstance « importante et décisive. Dans ce cas même, il ne « déclare pas le contrat nul, mais il lui ôte ses ef- « fets par une voie indirecte, la *doli exceptio.* Tout « cela implique évidemment que l'erreur en soi « n'exclut ni la volonté ni ses effets, et qu'un con- « trat *déterminé par une simple erreur* est un con- « trat valide et inattaquable. »

Et maintenant comment s'empêcher de proclamer, en présence de pareilles opinions, que M. Savigny, quel que soit le poids de ce nom, a fait fausse route

(1) *Traité*, III, p. 339.

sur ce point? S'il avait pris la peine de considérer que l'erreur peut souvent tomber sur un point complétement étranger aux éléments du contrat, auquel cas elle n'influe pas sur la décision juridique au même titre que l'erreur que j'aurais commise dans un calcul ne peut en rien modifier les équations qui sont complétement étrangères à ce calcul; s'il avait pris en considération que l'erreur inhérente à tout ce qui tient à l'homme ne peut entrer en ligne de compte, que lorsqu'elle atteint certaines proportions, lorsqu'on ne peut dire *de minimis non curat prætor;* aurait-il jamais eu l'idée de déclarer fausse la maxime *qui errat non vult*, laquelle revient en définitive à dire que l'on ne peut avoir voulu ce que l'on n'a pas voulu? — Et que peut faire ici la théorie du dol? Pour que l'argument de M. Savigny eût pu être de quelque valeur, il faudrait dire que le domaine du dol et de l'erreur est le même. Voilà qui est inconcevable de la part de M. Savigny. Prenons pour exemple les *motifs* d'un contrat. Il est évident que l'erreur peut ici intervenir sans amener aucun vice dans le contrat lui-même. J'achète telle maison parce que je me suis persuadé à tort qu'en l'achetant, et en devenant ainsi propriétaire, je pourrai obtenir plus de crédit auprès de quelqu'un en place. Est-ce que cette erreur viciera la vente? Evidemment non! Mais en revanche si c'était le vendeur qui se fût joué de ma bonne foi en se livrant à des manœuvres frauduleuses, n'aurais-je pas droit de m'en plaindre? Que si sans la faute de personne je me trompais sur la maison qui a dû faire l'objet du contrat, si moi, croyant acheter votre maison n° 16, vous, vous avez cru me vendre votre maison n° 18, n'est-il pas évident que le contrat sera nul *ab initio* pour erreur? ou plutôt, si l'on aime mieux dire les choses par leur nom, parce qu'il y a ici défaut de *consensus?* Il est vrai que l'erreur ne donne en droit romain aucune action, aucune exception. Mais alors pourquoi s'arrêter à la théorie du dol comme l'a fait M. Savigny? pourquoi ne pas dire, comme nous l'avons fait, que l'erreur n'intervient en droit romain qu'avec un caractère négatif, et que toute décision concernant l'erreur se résout très-facilement et très-naturellement en quelque conséquence de principes très-différents?

La théorie de l'erreur de fait et de l'erreur de droit avait deux défauts irrémédiables : 1° celui de reposer sur une distinction insaisissable, ni philosophes, ni jurisconsultes n'étant jamais parvenus à dire ce qui est *fait*, et ce qui est *droit* (*stricto sensu*) (1); 2° de

(1) Pour laisser les philosophes de côté, on sait que, lorsque à la renaissance des études juridiques, quelques glossateurs eurent mis en vogue des exceptions de droit et de fait, il devint urgent d'abandonner ce système pour ne pas tomber dans un chaos inextricable. Aujourd'hui encore, quoi de plus fréquent que d'entendre dire que l'erreur de droit elle-même est une erreur de fait? Et pense-t-on que l'idée de droit et de fait se soit dégagée plus nettement aux yeux des

ne pas faire voir quel est le fondement logique d'une règle aussi péremptoire, pouvant s'appliquer à toutes les questions de droit. Pour éviter ces inconvénients, M. Savigny invente la soi-disant théorie d'excusabilité. Qu'a-t-on gagné au change? Reprenons ici un exemple que nous avons cité plus haut à l'occasion de la *condictio indebiti* : Je suis débiteur civil de Pierre pour 100 fr., et débiteur naturel de Paul pour la même somme; croyant payer à Pierre, je paie à Paul. Aurai-je la répétition? Tout le monde est d'accord pour dire que non? Il n'en est plus de même lorsqu'il s'agit de donner la raison. Nous ne nous chargeons pas de répondre pour les partisans de l'erreur de fait ou de l'excusabilité. Les premiers chercheront à prouver que dans ces circonstances

jurisconsultes romains qu'à ceux des nôtres? D'ailleurs, il n'existe pas d'auteur qui ait donné la définition de ce qui constitue le fait et de ce qui constitue le droit. Quiconque voudrait se persuader qu'en *droit*, il n'existe que des *droits*, ou bien qu'il n'y a que des *faits*, n'aurait qu'à lire ce que Doneau a écrit précisément pour marquer la limite qui sépare le fait du droit. La place et le temps nous manquent pour analyser sa dissertation. Seulement la preuve qu'elle n'est pas très-claire, c'est que M. Savigny lui-même, après avoir établi la distinction de l'erreur de fait et de l'erreur de droit, remet tout en question lorsqu'il se demande « si la combinaison erronée des faits auxquels s'applique une règle de droit est une erreur de droit ou une erreur de fait » (*Traité*, III, p. 328). « Si rapporter faussement une espèce à une règle constitue une erreur de droit ou de fait » (*Kod.*, p. 336). Lorsque M. Savigny lui-même en est réduit à faire reposer la solution de la plupart des questions sur des théorèmes de cette espèce, n'est-il pas évident que ce qu'on a de mieux à faire, c'est d'essayer de s'en dispenser?...

il ne s'agit plus d'une erreur de fait, mais d'une erreur de droit, *quod ad jus pertinet*, les autres, que l'erreur est inexcusable, etc. Mais au lieu de tout cela, n'est-il pas plus simple de bannir ces brocards parasites, ces fausses théories, et de chercher la raison de la réponse dans la nature même de l'obligation naturelle (1)? Pourquoi s'efforcer d'expliquer les lois

(1) Dans tout ce travail nous n'avons pas parlé d'un autre principe sur l'erreur qu'on attribue à Papinien (l. 7, *De jur. et fact. ign.*, 22, 6), et d'après lequel « Juris ignorantia non prodest acquirere vo- « lentibus, suum vero petentibus non nocet. » Nous faisons grâce au lecteur des innombrables commentaires dont cette loi a été le sujet. Il suffit de la rapprocher de l'espèce prévue dans le § 296 des *Vat. Fragm.*, et qui appartient aux *Quæstiones* de Papinien (peut-être même faisaient-elles suite l'une à l'autre, car le livre des *quæstiones*, d'où a été tiré le § 296, n'est pas bien connu. V. *Buchholtz ad fr.*, 296) pour en avoir le sens. C'est une vérité bien simple que Papinien y énonce en disant que, parce qu'une personne s'est trompée sur une question de droit, il n'est pas dit qu'elle ne pourra pas revendiquer sa chose, lorsque, par suite d'une erreur de droit, le possesseur lui-même ne s'est pas trouvé dans les conditions requises pour usucaper. De même on réduit à sa juste valeur la l. 5, *De jur. et fact. ign.*; en la rapprochant de l'exemple qui se trouve au § 57 du comm. IV de Gaius.

D'ailleurs, pour ces lois comme aussi pour la loi 8, *De jur. et fact. ign.* (dont on peut voir dans M. Savigny, *Traité*, III, p. 344, etc., une explication assez plausible), M. Savigny se montre appréciateur équitable en proclamant (*eod.*, *ib.*) qu'on ne saurait rien en conclure, vu leur défaut de précision. Nous renvoyons à ce même auteur pour la l. 11, C., *De jur. et fact. ign.*, 1, 18, qui n'est qu'un fragment isolé de la l. 3, C. Theod., *De sponsal.*, III, 5. « On voit, dit M. Savigny, d'après les fragments supprimés que *lucrum* désigne ici spécialement la donation, et non pas la moitié des actes juridiques en général ; qu'il est question de certaines classes privilégiées, et qu'en matière de donations on accorde aux mineurs une faveur repar des lois? Pourquoi chercher, comme dit Arnauld, la *cause formelle de la cause formelle?* Et que peut-on espérer d'une pareille recherche, si ce n'est de tomber dans un cercle vicieux?

Rejetant la règle *error juris....* comme inutile, la théorie de l'excusabilité comme dangereuse et arbitraire, nous avons cherché à montrer sur la législation romaine comment, tout rapport juridique exigeant pour sa formation et sa durée l'accomplissement d'un certain nombre de conditions positives, l'erreur ne se présentait jamais autrement que comme une manière de vérifier l'existence de ces conditions. Ce fait est-il particulier à la législation romaine? Nous pensons au contraire qu'il est général, qu'il est nécessaire. Il n'est pas possible que le législateur pose des règles, dans n'importe quelque système, de manière à viser bien réellement l'erreur. Regardez de près, vous verrez que toute déci-

fusée aux femmes. La suppression de la partie concrète a donné à la loi du Code le même caractère d'abstraction qu'aux textes de Papinien. Or, comme nous avons sous les yeux la suppression opérée par le Code, la supposition que le texte du Digeste a une même origine trouve dans cette analogie un fondement historique. » C'est à propos de ces lois que Cujas dit : « Vix ac ne vix quidem pugnantes interpretum sententiæ in concordiam reduci posse videntur ; ac ne « novos interpretes solos accuses, ecce tibi, Basilicon ipsi interpretes, « qui ea de re mirum in modum dissidia exercent. » V. aussi d'Aguesseau, *Dissert. sur l'erreur*, t. v, p. 474. C'est à dessein que nous n'avons pas cité souvent cette dissertation qui ne nous a paru présenter rien de saillant.

sion concernant l'erreur n'est qu'une manière de parler, sous laquelle se cache toujours ou bien un exemple, ou bien une modification très-positive de quelque institution, une institution nouvelle. Les obligations *naturelles* sont *civiles*, en ce sens que c'est aux prescriptions positives de la loi qu'elles doivent de produire certains effets obligatoires civilement. Par la même raison, le mariage putatif est un mariage civil, qui n'est pas la conséquence de l'erreur, mais un mariage organisé par la loi, en dehors de la plénitude des conditions exigées pour le mariage parfait. L'erreur, disions-nous en commençant, est tout ce qui diffère de la vérité. Or, nos connaissances prennent leur point de départ dans la vérité, non dans l'erreur. Et cela est si positif, que lors même que dans le calcul on évalue l'erreur, ce n'est pas en vertu de quelque principe particulier sur l'erreur qu'on opère, mais bien conformément aux principes qui sont considérés comme les conditions positives de l'exactitude de toute opération mathématique. Il n'en est pas autrement en droit. Chercher une théorie générale de l'erreur en droit, c'est chercher, bien plus qu'une théorie générale des conditions positives de validité de tous les actes juridiques, c'est se poser le problème du droit dans toute son inextricable synthèse, dans toute son immensité, et courir après la recherche d'un moyen général de dégager l'inconnue. Une telle tentative est téméraire pour ne rien dire de plus. Et ce n'est pas, croyons-nous, un des moindres éloges qu'on puisse faire aux rédacteurs du Code Napoléon, que d'avoir su éviter, ainsi que nous allons le montrer, grâce à leur instinct pratique, cet écueil contre lequel ont donné les aspirations plus scientifiques de certaines autres législations modernes.

DROIT FRANÇAIS

Il serait intéressant de suivre, à travers les siècles qui nous séparent des jurisconsultes romains, la marche que les idées ont suivie quant à la matière de l'erreur. Mais une pareille recherche exigerait des développements dans lesquels nous ne pouvons ni ne voulons entrer. Toutefois, chacun admettra avec nous, sans qu'il soit besoin d'en alléguer des preuves précises, qu'en vertu de la nature même des choses une sentence aussi péremptoire, du moins en apparence, que celle concernant l'erreur de droit et de fait, dut obtenir tout d'abord grand crédit, et que le crédit dut aller en diminuant à mesure que le puissant génie des légistes féodaux et coutumiers dégageant les bases du droit moderne, on fut à même de s'apercevoir combien était stérile la généralité trompeuse de ce débris de l'antique sagesse. Sans qu'on ait jamais positivement cessé de lui rendre hommage, on voit cette règle mise de côté de plus en plus. Si bien qu'en parcourant les œuvres des prédécesseurs immédiats des rédacteurs du Code, on rencontre de grandes difficultés lorsqu'on veut se faire une idée exacte de l'importance qu'ils y attachaient.

Laissant de côté le droit ancien, nous voyons que ce qui nous reste à faire ici, c'est d'examiner jusqu'à quel point le Code Napoléon confirme les résultats généraux auxquels nous sommes arrivés dans la partie consacrée au droit romain.

Nous y avons soutenu que la règle *error juris...* prise dans sa généralité, était et devait être fausse, non-seulement en droit romain, mais dans tout système de législation qui ne prend pas pour règle l'arbitraire du juge. Nous y avons de plus développé sur différents exemples tirés des parties les plus importantes du droit, cette autre idée que l'*erreur* en elle-même ne peut constituer un objet positif de réglementation législative. Dans ce qui suit, nous allons vérifier l'exactitude de ces deux propositions sur les données mêmes que nous fournit le Code Napoléon.

Quelques mots d'abord relativement à la manière dont nous entendons la *théorie* des *nullités* en droit français. Cette théorie est si intimement liée à celle de l'erreur, que nous devons en parler tout au commencement afin de nous épargner de fréquentes redites.

Un traité complet de la matière des nullités embrasserait tout le droit. M. Dalloz (1) donne pour tel l'ensemble de son ouvrage, dans chaque article duquel, en effet, on trouve exposées les règles particulières aux nullités qui le concernent. Un tel modèle est difficile à suivre. Tout ce que nous voulons, c'est de signaler aussi exactement que possible la marque distinctive et caractéristique des *nullités* proprement dites, et des *annulabilités*. Nos raisonnements se rapportent surtout au Code Napoléon.

Certains auteurs commencent par distinguer entre les actes nuls et les actes inexistants (2). Une pareille distinction est-elle nécessaire, est-elle utile ? Nous ne le pensons pas. Entre une vente que vous avez rêvé m'avoir faite et une vente qui se serait bornée à des pourparlers sans résultat, il est impossible de découvrir aucune différence juridique. Tant que les choses restent dans cet état, tout ce qui est vrai des actes nuls le sera aussi des actes inexistants. Et à moins de supposer l'intervention de nouveaux

(1) *Répert.*, t. XXXII, p. 778, v° *Nullité.*

(2) Larombière, *Oblig.*, IV, p. 33 : « Au-dessus du contrat déclaré « nul, on rencontre le contrat réputé non existant. » Aubry et Rau, t. I, p. 111, se plaignent de ce que la jurisprudence et la doctrine ne distinguent pas toujours nettement ces deux classes d'actes.

actes, les uns n'auront pas plus d'efficacité que les autres.

Cette première distinction repoussée, il reste à savoir si on rangera toutes les nullités sous le même chef. Or, ici nous n'hésitons pas à adopter l'avis de ceux qui pensent qu'il faut séparer les actes nuls des actes annulables. Aujourd'hui la presque unanimité des auteurs est acquise à cette distinction. Mais il s'en faut de beaucoup que l'on soit d'accord soit en théorie pour déterminer les caractères différentiels de la nullité et de l'annulabilité, soit dans la pratique pour décider qu'un tel acte est nul, que tel autre est simplement annulable.

« Les actes annulables, dit Marcadé (1), sont ceux « qui se sont vraiment formés, qui ont une existence « véritable, mais qui se trouvent entachés d'un vice « pour lequel la loi permet de les faire briser, cas- « ser, annuler; l'acte nul est celui qui n'existe pas, « dont l'existence n'est qu'une apparence sans réa- « lité. » D'autres auteurs voient dans les actes annulables des actes malades auxquels certains événements peuvent rendre la santé, tandis que d'autres événements peuvent donner la mort. Mais cette manière de présenter la distinction convient peu, pensons-nous, à la rigueur des déductions juridiques. Qu'en droit romain où le droit honoraire venait à

(1) T. i, p. 454, *et passim.*

chaque instant modifier le droit civil, un acte ait pu être considéré à la fois comme existant et comme inexistant, rien de plus naturel. Mais le caractère de la législation et de la jurisprudence romaine n'est plus de notre temps. Que sont-ce, en définitive, les actes annulables? Ce sont, disons-le hardiment, des des actes nuls. Un consentement vicié comme on dit par le dol, par la violence, par l'erreur, n'est pas le consentement que la loi exige, et dès que le consentement est nécessaire pour quelque acte, cet acte entaché de dol, de violence, on ne saurait en douter, est nul. Mais tout nul qu'il est pour le but qu'on s'était proposé, il n'en constitue pas moins un fait, et rien n'empêche que la loi, s'emparant de ces faits qui survivent aux actes nuls, ne pose des conditions d'après lesquelles ces faits puissent produire des conséquences de droit. Que je laisse passer sans réclamation le délai prescrit par l'art. 1304, et l'acte nul pour violence ne sera plus attaquable : par la raison que la loi voit dans le fait en question, combiné avec le silence décennal de ma part, la base suffisante d'une présomption *juris et de jure*, rendant impossible la preuve de la violence. L'acte n'est pas devenu valable de nul qu'il était, la loi suppose qu'il était valable *ab initio*. L'acte était nul ou valable *ab initio*, disons-nous. En effet, si j'avais prouvé la violence dans le délai de dix ans qui m'était accordé, les tribunaux auraient annulé. Or, nos tribunaux n'ont pas le pouvoir d'émettre des sentences constitutives de droit. Leurs sentences sont déclaratives, et lorsqu'ils annulent en réalité, ils ne font que constater la nullité. Que les Romains aient dit : *voluntas coacta tamen voluntas est* (1), cela prouve seulement que leur logique sur ce point n'est pas la nôtre. Et il n'est pas plus vrai que l'idée de consentement implique aussi l'idée de consentement violenté, qu'il ne l'est que l'idée de la ligne courbe est contenue dans l'idée de la ligne droite.

On fait un étrange abus des maximes juridiques, lorsqu'on objecte que *quod nullum est nullum habet effectum*, et que pourtant l'acte annulable produit des effets ; on ne fait pas attention à une circonstance bien simple, c'est que lorsque l'acte produit des effets, la loi nous autorise, par une présomption, à voir dans cet acte quelque chose qui était valable *ab initio*. En confirmant un zéro, on ne lui fait pas acquérir la valeur d'un chiffre ! D'accord. Mais en serait-il de même si, par définition ou par hypothèse, on s'accordait à donner la valeur d'un chiffre à un zéro confirmé ? Evidemment pas. Il en est de même des actes annulables. Quoi qu'on fasse, on ne peut nier qu'il n'y ait là un fait ; un fait, si vous voulez, sans importance aucune, mais qui n'en est pas moins un fait accompli hors de la puissance de l'homme et de la loi :

(1) Marcadé, I, p. 463.

Non ideo tamen
Diffinget, infectumque reddet,
Quod fugiens semel hora vexit (1).

Or qu'est-ce qui empêche de supposer que la loi, revenant sur ce fait accompli, ne lui accorde, grâce à la confirmation, une portée qu'il n'avait pas eu d'abord (2)?

Au lieu donc de la division tripartite des actes, en actes nuls, actes annulables, actes valables, nous n'admettons que deux catégories d'actes, les actes valables et les actes nuls. Quant à ceux qu'on désigne sous la qualification d'annulables, ils sont pour nous nuls ou valables *ab initio*, selon la nature des événements postérieurs. Et en envisageant ainsi cette classe d'actes, nous croyons d'autant plus énoncer une proposition vraie, qu'elle est la seule conforme au langage du Code, qui n'a parlé nulle part d'annulabilité, et qu'elle dispense de faire intervenir aucune idée arbitraire ou même incompréhensible, telle que celle du vice ou de la maladie d'un acte (3).

(1) Horat, *Carm.* 3,29.

(2) Inutile d'ajouter que cela n'aura pas lieu pour tous les actes indistinctement ; mais pour certains d'entre eux, expressément spécifiés par la loi.

(3) Marcadé lui-même proclame au besoin ces vérités : Ainsi, à propos du mariage (I, 520): « Quoiqu'on distingue, dit-il, trois « classes d'actes de mariage, il est vrai de dire, cependant, que ces « trois classes se réduisent à deux, savoir : le mariage qui produit

Revenons à l'erreur. L'erreur dans le droit français ne produit aucun effet général. Nous ne trouvons pas dans le Code, comme cela arrive pour le droit romain, de texte qui assigne à l'erreur une influence dans toutes les parties du droit : *in omni parte juris* (1). « Les lois régulièrement promulguées, disent MM. Aubry et Rau (2), sont obligatoires même pour ceux qui de fait en ignoreraient les dispositions. Ainsi personne n'est admis à invoquer son ignorance pour s'excuser de l'inobservation de la loi et pour se faire relever des conséquences de cette inobservation. Tel est le sens de la maxime *error juris nocet*. Elle constate l'application directe de la loi dont on prétendrait n'avoir pas eu connaissance à des faits, qui nécessairement et par eux-mêmes tombent sous son empire... Quant aux dispositions légales qui ont pour objet de venir au secours de celui qui a été victime d'une erreur ou d'accorder certains bénéfices à la bonne foi, elles n'atteindraient qu'imparfaitement leur but si elles distinguaient entre l'erreur de droit et

« les effets civils et celui qui ne les produit pas, c'est-à-dire le ma-
« riage valable et le mariage nul ; quant au mariage annulable, on
« peut dire qu'il ne forme pas précisément une troisième classe,
« mais qu'il rentre, selon les circonstances, tantôt dans la première
« et tantôt dans la seconde, etc. » Ce que Marcadé dit du mariage peut s'appliquer à tout acte annulable.

(1) L. 2, ff., *De juris et fact.*, 22, 6.

(2) I, p. 48.

l'erreur de fait. Aussi ne distinguent-elles pas (1). »

Ce n'est que dans des dispositions spéciales que le législateur a parlé d'erreur, et ce sont ces dispositions que nous aurons à analyser. Dans tous les autres cas, l'erreur peut intervenir, c'est vrai. Mais qu'on n'oublie pas l'observation judicieuse que nous venons de transcrire, du moment que la loi n'aura assigné aucune influence, soit générale, soit particulière propre à l'erreur, celle-ci, qu'elle amène comme conséquence une omission ou une commission, reste en dehors des limites de notre recherche. L'erreur d'omission soulève toujours une question de nullité, l'erreur par commission, une question de formation de lien juridique, laquelle n'est possible que si les conditions exigées par la loi se trouvent remplies.

Ces préliminaires tracent parfaitement le cercle dans lequel vont se borner nos recherches. Nous allons tout simplement rechercher si, dans les articles où la loi a parlé d'erreur expressément, elle y a rattaché aucuns effets propres et spéciaux (2).

(1) MM. Aubry et Rau citent, comme faisant exception à cette règle, les art. 1356 et 2052 qui, disent-ils, « pour des raisons spé« ciales, écartent l'erreur de droit comme moyen de revenir contre « un aveu ou contre une transaction. Mais, ajoutent-ils, *exceptio* « *regulam firmat*. » Nous verrons plus bas ce qu'il faut penser de cette exception.

(2) Les art. 180, 181, 201, 549, 1109, 1110, 1356, 1377, 2052, 2265, forment le siége de la matière.

DE L'ERREUR DANS LE MARIAGE.

Pour contracter valablement mariage le consentement est essentiel (art. 146). De là, la conséquence que le consentement vicié, n'étant pas plus le consentement exigé par la loi, qu'une ligne droite, comme nous le disions plus haut, n'est une ligne courbe, le mariage dans lequel le consentement des parties n'aura pas été libre, manque d'un élément essentiel à sa formation, et est dès lors nul. — Toutefois, la loi, prenant en considération tout ce qu'il y a de délicat et de personnel dans ces questions de consentement, déclare : 1° (art. 180) « que le mariage, en « pareil cas, ne peut être attaqué que par les époux, « ou par celui des deux dont le consentement n'a « pas été libre; 2° (art. 181) que dans le cas de l'ar- « ticle 180, la demande en nullité n'est pas receva- « ble, toutes les fois qu'il y a eu cohabitation conti- « nuée pendant six mois, depuis que l'époux a acquis « sa pleine liberté. » L'art. 181 s'exprime très-exactement; il ne dit pas que le mariage d'annulable, c'est-à-dire de *nul* qu'il était, deviendra valable; il dit que la preuve de la nullité ne sera pas reçue après un certain délai. C'est une question de preuve pour la production de laquelle la loi a imposé une limite fatale.

A côté de l'hypothèse où le consentement des parties n'a pas été libre, hypothèse dont nous ne dirons rien de plus, le législateur place celle de l'erreur. L'art. 180 nous dit que « lorsqu'il y a eu erreur dans « la personne, le mariage ne peut être attaqué que « par celui des deux époux qui a été induit en er- « reur. » Et l'art. 181 ajoute que : « l'action est « prescrite par six mois de cohabitation continuée « depuis que l'erreur a été découverte. »

Il importe de se fixer sur ce que l'on doit entendre par « erreur dans la personne. » Le tribunal de cassation avait proposé de substituer le mot *individu* au mot *personne.* « Cette rédaction, dit M. Valette (1), si elle avait été admise, aurait tranché la question... Mais on a laissé subsister les mots : erreur dans la personne, ce qui prouve qu'on a entendu rejeter le système du tribunal de cassation. » Le législateur n'ayant donc pas entendu parler dans les art. 180, 181, de l'erreur sur l'individu, il faut bien admettre qu'il a voulu parler de l'erreur sur les qualités. On est presque d'accord sur ce point ; on ne l'est plus lorsqu'il s'agit de préciser les qualités sur lesquelles l'erreur doit porter pour amener la nullité du consentement. « M. Proudhon, dit M. Valette (2), avait indiqué une distinction suivant que l'erreur dans la personne provient ou non d'un dol pratiqué par l'autre

(1) Sur Proudhon, *Etat des pers.*, I, 394, a.
(2) *Ib.*, p. 395.

époux ; et il rattache l'action en nullité à l'existence de ce dol. C'est là une idée sans doute fort raisonnable ; mais nous devons dire que, présentée à plusieurs reprises au sein du conseil d'Etat, elle y fut constamment repoussée. Il est très-difficile d'adopter des règles générales sur ces diverses questions. La loi paraît en avoir abandonné la solution à l'appréciation des tribunaux, qui examineront en fait si le mariage aurait eu lieu dans le cas où le véritable état civil de la personne eût été connu. L'imperfection des organes extérieure et apparente rentre dans les considérations précédentes(1).» Nous ne pensons pas qu'il y ait quelque chose à ajouter à ces appréciations, d'autant plus que la distinction fondée sur les *droits civils* d'une personne, distinction défendue avec tant d'insistance par certains auteurs, nous paraît tout à fait inadmissible. Y a-t-il plus grande erreur quant aux droits civils, que de prendre une femme française pour une étrangère et *vice versa* ; et pourtant ces auteurs eux-mêmes n'oseraient certainement pas soutenir que pareille erreur dût amener fatalement l'annulation du mariage. D'un autre côté, il n'y a pas

(1) M Bugnet (sur Pothier, VI, p. 131) est à peu près du même avis. « Ne prenons pas, dit-il, le mariage dans le simple état de na« ture, ne le considérons pas purement comme l'union de deux corps; « mais tel qu'il est dans la société actuelle .... n'est-il pas évident « que la personne civile est une cause aussi déterminante de mon « consentement que la personne physique, etc. ?» Et aussi, p. 41, telle est aussi l'opinion de Marcadé, I, 476.

longtemps que le tribunal de Paris, dans un procès qui fit sensation, se fondant sur les circonstances de l'espèce, déclarait valable le mariage contracté par erreur avec un forçat libéré. Le plus sûr est donc de s'en tenir aux idées émises par M. Valette. Et l'on ne peut que se confirmer dans cette manière de voir en songeant aux difficultés qui sugissent à l'occasion du mariage contracté par erreur avec un prêtre catholique (1), ou avec une personne de religion différente.

En admettant donc comme établi que l'erreur dont parlent les art. 180, 181, soit une erreur sur les qualités, livrée à l'appréciation des juges, ne faut-il pas dire que ces articles se rattachent à l'art. 146 d'après lequel il n'y a pas de mariage sans consentement? Marcadé le nie (2), et même il semble attacher à sa manière de voir une importance majeure que nous avouons pour notre part ne pas comprendre. Nous ne voyons pas comment on peut soutenir logiquement que l'art. 146 est étranger aux art. 180, 181, et, d'un autre côté, nous ne découvrons aucun inconvénient à ce que ces articles soient considérés comme faisant partie d'un même tout. Marcadé veut

(1) Dans le système de ceux bien entendu qui ne pensent pas que la qualité de prêtre catholique constitue un empêchement dirimant. V. sur ce point Valette, sur Proudhon, I, 415 et s. — Bugnet, sur Pothier, VI, 53. — *Contra*, Marcadé, I, 414.

(2) I, 469 et s. — Demolombe, III, 398 et s.

que l'art. 146 prévoie un cas de nullité, les art. 180, 181, un cas d'annulabilité. Mais il est tout au moins superflu de se créer des difficultés avec des mots qui n'existent même plus dans le Code. Allons au fond des choses. Lorsque mon consentement avait en vue chez la personne avec laquelle j'avais l'intention de m'unir des qualités essentielles, qui ne s'y trouvent pas en réalité, le défaut, l'absence de mon consentement sont évidents. Le tribunal ne pourra pas refuser de prononcer la nullité de mon mariage si je la lui demande, et sa sentence ne créera pas une nullité, elle ne fera que la constater. Quel intérêt y a-t-il donc à séparer l'art. 146 des art. 180, 181 ? Le premier de ces articles prévoit le défaut de consentement, les deux autres ne font que revenir sur cette idée, pour la mieux préciser, en disant que dans le cas où il y aura eu erreur sur les qualités principales (je laisse les autres hypothèses de côté), la preuve n'en sera reçue que dans les six mois de la découverte de l'erreur. Dans les deux cas, il y a défaut de consentement, seulement si je voulais le prouver en alléguant l'absence de certaines qualités essentielles, je ne serais recevable que si j'avais agi dans les six mois de la découverte de l'erreur. Qu'y a-t-il là qui nécessite la profonde séparation des art. 146 et 180, 181 ? Encore une fois, il nous est impossible de le comprendre. Au contraire, nous n'apercevons aucune explication satisfaisante des art. 180, 181, à moins de les rattacher à l'art. 146.

En résumé l'erreur sur les qualités essentielles d'une personne est pour nous une erreur sur l'individu, un individu n'étant en définitive que la réalisation des qualités qui le caractérisent ; et les articles 180, 181 semblent ne rien nous présenter de spécial quant à l'erreur. Dans ces articles, aussi comme dans l'art. 146, il s'agit d'un *défaut de consentement.* Seulement ce qu'il y a de particulier à ces articles, c'est que dans le cas où je voudrais agir en invoquant le défaut d'une qualité essentielle, je devrais le faire dans les six mois de cohabitation continuée après la découverte que j'aurai faite du défaut de cette qualité.

Constatons donc que non-seulement les art. 180, 181 ne distinguent pas entre l'erreur de droit (1) et l'erreur de fait, mais qu'ils ne décident non plus rien de particulier à l'erreur.

DU MARIAGE PUTATIF.

Dans ce qui précède le mariage était nul pour défaut de consentement. Dans le mariage putatif, au contraire, le consentement existe. Les deux parties

(1) Je me trompe sur les droits conférés par l'adoption, par la légitimation, ou la reconnaissance, à ma future épouse, etc.

voudraient bien se prendre pour mari et femme, seulement les conditions exigées par la loi pour la validité du mariage ne se trouvent pas réunies, et le mariage en conséquence devrait être nul. Cependant la loi, prenant, comme on le dit communément, l'erreur des parties en considération, valide le mariage quant au passé pour l'époux qui était de bonne foi et pour les enfants issus de ce mariage, et n'annule le mariage que dans l'avenir. Telle est en peu de mots l'économie générale du mariage putatif. Il s'agit maintenant de voir si l'erreur figure là bien réellement comme un objet positif et réel de réglementation législative.

Pour cela voyons d'abord ce qu'est le mariage putatif et à quelle espèce de mariage cette qualification peut être donnée.

Peut-on dire qu'il y a mariage putatif toutes les fois qu'une personne croit avoir contracté mariage selon la loi? Si une telle disposition existait en droit, elle équivaudrait, on en conviendra aisément, à une subversion totale de la législation du mariage. L'opinion individuelle deviendrait en somme la loi suprême. Dire qu'il y a des conditions en dehors desquelles le mariage ne saurait subsister, et ajouter que, cependant, l'on peut impunément se tromper sur ces conditions ; ou bien dire que le mariage consistera dans l'idée que chaque citoyen se fera de sa validité, nous paraît tout un. En pareille hypothèse, on pourrait dire : *tantum valet existimatio quantum veritas*. Mais on conçoit fort bien qu'une semblable monstruosité juridique n'a pu se produire à aucune époque. Forcément donc, et *a priori*, on devra conclure que lorsqu'il est question de mariage putatif, il ne peut s'agir que de la dispense de quelques-unes des conditions exigées pour la perfection du mariage.

De quelles conditions la loi a-t-elle donc entendu dispenser, lorsque, dans l'art. 201, elle nous dit « *Que « le mariage qui a été déclaré nul produit néanmoins « les effets civils, tant à l'égard des époux qu'à l'é- « gard des enfants, lorsqu'il a été contracté de « bonne foi?* » — L'extrême laconisme de cet article ne permet pas de se borner aux indications qu'il donne ; force est de recourir aux précédents, mais on peut le faire avec d'autant plus de sécurité que, de l'aveu de tout le monde, la doctrine du Code, en cette matière, est conforme au droit canonique et à l'ancienne jurisprudence (1). Portalis disait :

« Quoique régulièrement le seul mariage légi- « time et véritable puisse faire de véritables époux » et produire des enfants légitimes, cependant, par « un effet de la faveur des enfants...... il a été reçu

(1) Valette (sur Proudh., II, 3, a). — Laboulaye, *Mémoire pour les héritiers Pescatore*, p. 85 et s. C'est dans ce dernier travail que nous avons surtout puisé la plupart des indications que nous donnons ci-après, concernant la nature du mariage putatif.

« par équité que *s'il y avait quelque empêchement* « *caché qui rendît ensuite le mariage nul, les époux,* « *s'ils avaient ignoré cet empêchement,* et les en- « fants nés de cette union conserveraient toujours le « nom et les prérogatives d'époux et d'enfants *légi-* « *times*, etc. »

Et, en ceci, Portalis ne faisait que confirmer les maximes originairement introduites par le droit canonique auquel, d'ailleurs, toute l'institution du mariage putatif avait été empruntée. Innocent III, au concile de Latran (an 1216), limitait aussi cette exception introduite en faveur des mariages putatifs en proclamant que, « si quelqu'un osait contracter un « mariage clandestin... les enfants nés de ce mariage « seront tenus pour illégitimes, et l'ignorance de « leurs parents ne leur servira de rien (1). » — Cette sage distinction avait été admise presque sans difficulté par l'ancienne jurisprudence, ainsi que Coquille nous l'apprend (2).

« Il faut, pour être réputé vrai mariage pour les « droits civils, que le mariage soit célébré au lieu « où se dit la messe paroissiale, et en grande, pleine

(1) Décret. greg., lib. IV, tit. III, *De clandestina desponsatione*, cap. 3. — Le concile de Trente a une disposition semblable dans le chap. 5 du décret de réformation, touchant les mariages (sess. XXIV)... « *que, si ayant observé toutes les cérémonies requises,* on vient à « découvrir quelque empêchement, etc. »

(2) *Cout. du Niver.*, chap. XXIII, *Des droits appartenant à gens mariés*, art. 1er (édit. 1703, t. II, p. 211).

« et entière assemblée des chrétiens et après bans « proclamés. Ainsi le tient Marian Socin le jeune, « mon précepteur (Consil. 31 et 86, vol. II), et al- « lègue Panormitanus (1). » Toute l'ancienne jurisprudence a suivi cette voie, et la plupart des jurisconsultes modernes se sont prononcés dans le même sens (2). Il serait inutile de multiplier ici les citations et les preuves. Bornons-nous donc à conclure, avec M. Laboulaye, que le mariage putatif est celui qui, célébré publiquement, est nul pour quelque vice dirimant resté ignoré des parties (3).

Reprenons maintenant la question que nous nous étions posée plus haut, lorsque nous nous deman-

(1) C'était aussi l'opinion de Cujas. V. sur ce dernier point Michel Duperrey, *Traité des dispenses de mariage*. Paris, 1716, p. 127.

(2) Merlin, v° *Légitimité*, t. VII, sect. 1, § 1, p. 197. — Proudhon, *Etat des pers.*, t. II, p. 3, etc. — Duc., Bonnier et Roustain, I, 223.

(3) Plusieurs auteurs essaient d'introduire aussi les distinctions de l'erreur de fait et de l'erreur de droit; d'autres les repoussent. V. Marcadé, I, p. 523. Inutile de dire que nous partageons cette dernière opinion. Il est vrai que tout en repoussant la distinction du droit et du fait quant à l'erreur, Marcadé exige que l'*erreur* soit *raisonnable*. Mais les explications qu'il donne font voir qu'il entend par erreur raisonnable, l'*erreur probable*. A cela, nous souscrivons. On aura beau dire, par exemple, que l'on ne savait pas que la loi française défendît la bigamie ou la polygamie, il sera presque impossible de faire admettre la probabilité d'une pareille ignorance, sans qu'elle implique l'imbécilité, auquel cas l'efficacité du consentement elle-même serait mise en question. — Zachariæ (éd. 1840, III, p. 245) est aussi très-catégorique pour repousser la distinction de l'erreur de fait et de l'erreur de droit.

dions si l'on doit assigner, dans la matière du mariage putatif, quelque effet particulier à l'erreur. Notez que si l'on parvenait à constater quelque effet, ce serait encore à l'initiative du législateur qu'il serait dû, mais nous nions que tel puisse être le cas. La théorie du mariage putatif est ordinairement présentée de la manière suivante. On dit d'abord que le mariage putatif, ne réunissant pas en soi les conditions requises pour que le mariage soit valable, il en résulte que le mariage putatif est un mariage nul; puis on ajoute que la loi, néanmoins, par mesure d'humanité, accorde pour le passé, à l'époux de bonne foi et aux enfants issus de l'union, les effets civils du mariage, en considération de l'erreur des parties. Ce procédé d'interprétation nous semble faux. Il décompose en deux parties les conditions requises pour la validité d'un mariage, lesquelles, en réalité, n'en font qu'un tout; il prend en outre son point de départ dans une définition qui ne cadre plus avec les décisions du législateur moderne. — Le mariage putatif, en effet, une fois organisé par le législateur, devient tout aussi légitime que le mariage parfait. A quoi sert de dire, comme le fait Marcadé (1), que le mariage putatif est nul radicalement, « mais qu'en « vertu d'un *sic volo sic jubeo* du législateur, d'une « fiction légale, d'une création, » cet acte nul peut

(1) I, 519.

produire des effets civils? A quoi bon soutenir que le législateur « tient les nullités dans sa main, « et que dans sa toute-puissance il peut dire à une « nullité : *usque huc venies, et non procedes am-« plius*? » L'idée de ceux qui pensent (1) « que la loi « dans le mariage putatif n'a et ne peut avoir pour « but que de *conserver* à un mariage que l'on brise « les effets civils qu'il a produits jusqu'au moment « où il a été cassé, » n'est-elle pas plus conforme à l'idée que l'on doit se faire de l'unité des dispositions législatives d'un Code? — Ceux-là mêmes parmi les auteurs qui regardent le mariage putatif comme une exception à la règle concernant la validité du mariage (2), ne refusent pourtant pas à l'enfant issu du mariage putatif le titre de légitime. « On entend par « enfant légitime, dit Proudhon, celui qui est né « d'une manière approuvée par la loi. » Mais le mariage putatif, une fois reconnu par la loi, n'est-il pas une union approuvée par la loi? Si l'enfant issu d'un tel mariage est légitime, ne faut-il pas aussi dire que les parents étaient unis en mariage légitime? Les fictions, a-t-on dit, et d'après Marcadé, on a vu que le mariage putatif serait une fiction de mariage, les fictions, a-t-on dit, sont indignes du législateur. Nous croyons qu'on s'est mal exprimé. Une fiction qui

(1) *Id.*, *ib.*

(2) Proudhon, *Et. des pers.*, II, p. 2.

prend place parmi les dispositions législatives n'en est plus une. Autrement il faudrait envisager toutes les présomptions légales comme des fictions! Que sont en effet les présomptions de paiement, de libération, de donation, sinon des fictions? Mais un pareil langage serait-il admissible? La représentation, dit-on, est une fiction. Que gagne-t-on à cette hypothèse? Que j'admette la fiction, et que je discute ensuite sur l'étendue de la fiction ou que je la nie tout d'abord, sauf à admettre, en vertu des articles qui traitent de la représentation, des effets qui lui soient propres, cela ne revient-il pas au même? Et pour en revenir à ce qui concerne le mariage putatif, au lieu de dire, comme le fait Marcadé, que le législateur, *dans son omnipotence crée des nullités qui n'en sont pas*, au lieu de s'aventurer (1), comme a fait un auteur moderne, jusqu'à se fonder sur de pareilles déductions pour arguer de fausseté le principe, que *nihili nullus est effectus*, et prétendre que, dans la science du droit, les contradictions *in terminis* ne doivent point effrayer, n'est-il pas plus simple de fondre en un seul tout ces dispositions concernant le mariage parfait et le mariage putatif, et de formuler en doctrine la règle de la manière suivante :

« La célébration donne, dans le passé, le caractère et les effets du mariage à l'union de l'homme

(1) Berriat-Saint-Prix, *Notes élém.*, I, p. 159, § 948.

« et de la femme, lorsqu'ils ne s'unissent pas, ou que « l'un des deux ne s'unit pas à l'autre en connais- « sance et au mépris des conditions exigées par « la loi, pour la validité dans l'avenir de cette « union. »

Cette formule qui fait voir immédiatement comment l'erreur n'entre pas en réalité dans l'institution du mariage putatif, nous semble présenter plusieurs avantages sur celles que l'on propose ordinairement, et notamment celui de fournir la définition synthétique du mariage, tel qu'il résulte de la combinaison de l'art. 201 avec les précédents. Elle rappelle la controverse qui s'était élevée en droit romain entre les jurisconsultes au sujet d'une extension à donner à la définition du *connubium* par suite de l'admission de l'*erroris causæ probatio*, controverse dont nous avons signalé plus haut la portée. Elle résume en outre à elle seule les quatre conditions qui paraissent à la plupart des auteurs indispensables à la formation du mariage (1), et donne la raison de la pratique qui

(1) V. Demolombe, III, 383. Voici l'énumération de ces conditions: 1° différence de sexe; 2° la vie civile de l'un et de l'autre des futurs époux; 3° consentement des futurs époux; 4° célébration. Nous avons montré pourquoi nous repoussions ces distinctions entre les mariages nuls et les mariages inexistants. On trouvera tout au moins bizarre cette mention de la différence de sexe. Est-ce que deux personnes du même sexe pourraient jamais se prétendre mariées, ou avoir la prétention d'invoquer là prescription de trente ans! Marcadé parle aussi du mariage qu'on prétendrait avoir contracté avec un objet inanimé.

veut que la preuve de la mauvaise foi incombe toujours à celui qui l'allègue (1).

DE L'ERREUR DANS LA FORMATION DES OBLIGATIONS.

I. *De l'erreur sur la cause.*

La plupart des auteurs soutiennent (2) :

« Que les contrats sans cause ou sur cause fausse « ne sont annulés que sur la foi de cette présomp- « tion naturelle, que les parties n'ont pas entendu

(1) On justifie cette circonstance par la présomption établie par l'art. 2268. Mais si c'est une présomption légale, elle est de droit étroit (art 1350). Qu'est-ce qui autorise à l'étendre de la matière de la prescription et de la possession dans laquelle elle se trouve, à la matière du mariage putatif? D'ailleurs, on a vu que, chez les Romains, où la présomption légale n'existait pas, la pratique n'était pas différente.

Cette question du mariage était la seule dans tout ce qui concerne l'état des personnes où il ait pu être nécessaire de discuter la fausse apparence d'erreur. Dans tous les autres cas, ce serait inutile. Ainsi (art. 313), le désaveu du mari pour cause d'adultère et la production des preuves propres à justifier qu'il n'est pas le père de l'enfant, sont subordonnés à la circonstance du *recel* de la naissance. Mais personne, que nous sachions du moins, n'a été tenté d'y voir quelque effet de l'erreur et de dire, par exemple, comme on l'a fait pour le mariage annulable, que l'enfant né dans de pareilles circonstances est légitime, mais que si le mari réclame dans le mois de la découverte du recel, et par conséquent de la découverte de son ignorance, de son erreur, l'enfant cessera d'être légitime. Non, dit-on, dans cette hypothèse : si le mari administre ses preuves à temps, l'enfant n'aura jamais été légitime; pourquoi raisonner autrement lorsqu'il s'agit du mariage annulable?

(2) Larombière, *Obl.*, I, p. 275.

« contracter sans cause, sans raison, et qu'elles n'au-
« raient point contracté, si elles avaient su qu'il n'en
« existait aucune; — que dans les contrats sans
« cause ou sur fausse cause, il existe donc *un élé-
« ment d'erreur.* »

Il nous faut examiner le degré d'exactitude de cette assertion, après avoir vérifié tout d'abord ce que l'on doit entendre ici par *cause.* Nous le faisons d'autant plus volontiers que peu de théories du Code ont fourni matière à un aussi grand nombre de contradictions et de controverses.

Toullier (1) a longuement traité la théorie de la cause, mais sa dissertation porte les traces d'une telle négligence dans les expressions que l'esprit s'égare en cherchant à retrouver le système que cet auteur a eu en vue. On ne peut seulement savoir s'il entend parler de la cause de l'obligation, ou bien de la cause des conventions. Ce qui ressort de plus net de la lecture de Toullier, c'est que la cause pour lui n'est « qu'une condition inhérente au con-
« trat, sans laquelle le consentement n'aurait point
« été donné, ni l'obligation contractée (2). » Plus bas revenant sur la même question, il veut à la vérité que la cause ne soit « que le motif qui détermine à
« faire la promesse que le contrat contient (3). »

(1) Par Duvergier, t. III, p. 25 et s., p. 103 et s.
(2) V. *Eod.*, nos 38, 40, 41, 42.
(3) *Eod.*, no 166.

Mais dans les idées de Toullier, ce *motif*, ou plutôt « *la réalité du motif* déterminant, est toujours « une *condition* tacite de l'obligation, une cause, à « défaut de laquelle l'obligation s'évanouit (1). » — Ainsi identité de la cause et du motif déterminant avec une condition inhérente au contrat, telle est en peu de mots l'idée de Toullier, idée qui, pour laisser toute autre objection de côté, a le défaut de ne pas expliquer pourquoi l'on se donne la peine de faire une théorie spéciale, propre à la cause, du moment que celle-ci revient à une condition.

MM. Aubry et Rau (2) parlent autrement de la *cause des obligations conventionnelles*, intitulé vague, qui laisse dans le doute la question de savoir s'ils ont entendu parler de la cause des obligations ou bien de celle des conventions ; cette indétermination se perpétue d'ailleurs dans tout le cours de leur discussion où il est confusément traité de la cause des obligations, et de celle des conventions. La cause pour eux est *le motif juridiquement suffisant* des obligations conventionnelles. Or, une première difficulté, une difficulté insurmontable se présente tout d'abord sur cette définition, vu l'impossibilité dans laquelle on se trouvera presque toujours pour déterminer le *motif juridique*, la loi n'en ayant parlé

(1) *Eod.*, n° 168.
(2) T. III, p. 345, éd. 1856.

nulle part. A moins de confondre le *motif juridique* avec les conditions requises pour la validité du contrat, nous ne voyons aucun moyen d'éviter l'arbitraire. En règle générale, la loi ne prend pas et ne pouvait prendre en considération le motif d'un acte juridique. Pourquoi et comment MM. Aubry et Rau ont-ils cru qu'il en serait autrement de ce motif qu'ils qualifient de juridique? « Dans les contrats « de bienfaisance, nous disent-ils, *l'intention* d'exer- « cer un acte de libéralité constitue la cause de « l'engagement... Dans les contrats *intéressés* la « cause se trouve dans *l'avantage* que les parties en- « tendent se procurer, de sorte que pour ce qui con- « cerne ces contrats, la théorie de la cause se rat- « tache d'une manière intime à celle de l'objet. » Mais si *l'intention* constitue la cause des contrats de libéralité, pourquoi ne la constituerait-elle pas dans les contrats à titre onéreux? Si je vois l'intention de libéralité dans un acte de donation, je vois en revanche l'intention de réaliser un bénéfice dans un contrat de vente, de prêt, etc. Pourquoi l'intention serait-elle cause dans le premier cas et non dans le second. Pourquoi, si, dans les contrats à titre onéreux, la cause du contrat se confond avec son objet, aurait-on eu l'idée d'inventer une théorie de la cause (1)?

(1) Et pourquoi ne pas admettre aussi que, dans les contrats à titre gratuit, la cause se confond également avec l'objet?

Ces mêmes auteurs reconnaissent « que les obligations naturelles peuvent tout aussi bien que « les obligations civiles servir de *cause* à un nouvel « engagement. » Mais si nous ne nous trompons fort, cette idée combinée avec celle qui précède sur l'identité de la cause et de l'objet dans les contrats à titre onéreux, mène à des conséquences inadmissibles. Ainsi, si, vous devant mille, je remplace cette obligation (naturelle ou civile peu importe), par celle de vous donner tant d'hectolitres de blé, la cause de cette dernière convention sera, d'après ce qui a été dit, à la fois et l'obligation précédente dans laquelle j'étais de vous donner mille, et l'objet de ma nouvelle obligation, c'est-à-dire les hectolitres de blé; et qu'on ne dise pas que la cause de chacune des parties n'est pas ici la même, car s'agissant d'une novation, il est évident que la nouvelle obligation (et par conséquent un objet sans lequel elle ne saurait subsister), est tout aussi nécessaire à la formation de la novation que la préexistence d'une obligation naturelle ou civile. De toute manière il faut donc reconnaître que, d'après les continuateurs de Zacharie, une semblable obligation a *deux* causes. Que si vous devant mille naturellement, je m'engageais non à vous livrer tant d'hectolitres de blé, mais à accomplir un meurtre, pareille convention ne serait pas valable comme entachée de cause illicite, elle ne serait pas valable pour défaut de cause.

Et pourtant d'après MM. Aubry et Rau, cette convention immorale n'avait pas moins une *cause* : c'est-à-dire une obligation naturelle préexistante, que nous avions voulu nover. Si bien que la convention par laquelle je m'obligerais à tuer un homme afin de me libérer de mon obligation de vous payer mille serait une convention qui aurait une cause parfaitement légitime, mais qui n'en serait pas moins nulle pour cause illicite, ou pour défaut de cause. Il est étonnant, vraiment, que des auteurs aussi systématiques soient tombés dans une pareille confusion de langage.

M. Larombière (1) entre dans des explications très-dévoloppées en ce qui concerne la cause, mais ce n'est pas à dire qu'il soit moins obscur, moins embarrassé que les auteurs que nous venons de citer. Après avoir défini la cause : *le motif déterminant, la raison, le pourquoi de l'obligation*, il arrive dans la suite à déclarer (2) que la cause s'identifie à *l'objet*, lorsqu'il s'agit de la vente d'un cheval qui aurait péri avant le contrat; à la *condition* (3), comme « lorsque je m'oblige à vous donner mille francs à la « charge par vous de faire cela, » à la *clause* du « contrat (4), comme dans le bail d'une chose qui au-

(1) *Oblig.*, p. 272 et s.
(2) *Eod.*, p. 275.
(3) *Eod.*, p. 275.
(4) *Eod.*, p. 274, *in fin.*

« raît péri pendant la durée du bail, etc. » Nous ne pourrions donc que répéter, à l'occasion des explications de M. Larombière, les mêmes critiques que nous nous sommes permises sur les systèmes de Toullier et de MM. Aubry et Rau.

Arrivons à Marcadé. Il établit d'abord d'une manière très-nette que dans la section IV du titre des obligations conventionnelles, c'est bien de la cause des *conventions* que la loi a entendu parler. « Cette « section, dit-il (1) d'après la rubrique et la marche « du chapitre, s'occupe de la cause de la *convention*, « et c'est en effet l'expression dont va se servir « l'art. 1132, tandis que l'art. 1131 parle de la « cause de *l'obligation*. C'est toujours la suite de la « confusion faite par les rédacteurs entre le contrat « et l'engagement qu'il fait naître. » Cette opinion de Marcadé est d'autant plus certaine que les rédacteurs puisaient dans Pothier, et que celui-ci, après avoir dit, tout au commencement de son *traité des obligations* (2), que les « *causes des obligations* « sont les contrats, les quasi-contrats, les délits, les « quasi-délits, quelquefois la loi ou l'équité seule, » arrive à traiter, dans son n° 42, de ce qui concerne la *cause des engagements*, sous la rubrique *du défaut de cause dans les contrats*. — Ce point acquis à la

(1) T. IV, p. 375.
(2) *Oblig.*, n° 2.

certitude, il reste à se demander ce que l'on doit entendre dans les contrats, par le mot *cause*. « La « cause de *l'obligation*, » dit Marcadé (1), se servant abusivement lui-même du terme *obligation* à la place du terme *contrat*, « la cause de l'obligation est « le *motif immédiat de l'engagement*. Si le contrat « à titre onéreux est synallagmatique, la cause de « chaque obligation se trouve dans l'objet de l'autre « obligation; si le contrat à titre onéreux est toujours « unilatéral, c'est encore l'avantage que me pro- « cure l'autre partie; enfin dans les contrats de « bienfaisance, c'est le désir de rendre service. » Cette observation de Marcadé est d'abord en contradiction avec ce qu'il avait dit lui-même touchant le peu d'importance du motif dans les contrats. Si le motif est en général indifférent, pourquoi le motif immédiat serait-il au contraire décisif pour la validité du contrat? Ensuite, pourquoi le *désir du gain* n'est-il pas dans les contrats à titre *onéreux et synallagmatiques* la cause de l'engagement, tout aussi bien que le désir de rendre service l'est dans les libéralités? Pourquoi si dans les contrats synallagmatiques *cause et objet* ne font qu'un, pourquoi en faire deux théories différentes (2)? Ce n'est au surplus qu'en

(1) *Eod.*, p. 375.

(2) D'ailleurs, un grand nombre d'auteurs qui, sur l'art. 1108, tiennent encore à distinguer entre la cause et l'objet d'une convention, s'affranchissent bientôt de cette obligation, lorsqu'il s'agit d'appli-

distinguant là où la loi n'a pas distingué, en assignant aux causes des différents contrats diverses acceptions arbitraires que Marcadé parvient à rendre ce qu'il dit touchant la cause sinon vrai, du moins raisonnable. Mais en aurait-il été de même si Marcadé eût voulu être conséquent? On peut en douter. Et lorsque lui-même pose en principe que la *cause* de chaque obligation se trouve dans l'objet de l'autre obligation, on trouvera peut-être étonnant qu'il raille l'idée de M. Taulier qui, plus conséquent dans ce même système dont Marcadé n'a admis qu'une partie, et dont il rejetait arbitrairement le reste, allait jusqu'à prétendre que la *donation* (dites-en autant du mandat, du commodat, du dépôt, etc.) *était un contrat sans cause* (1).

Les exemples cités par Marcadé ne sont pas, d'ailleurs, de nature à éclairer sa théorie. « Si j'ai promis, dit-il (2), de vous payer 500 fr. votre ré« colte de blé, et qu'une inondation fasse manquer « totalement cette récolte, mon obligation sera « nulle pour absence de cause. Il en serait autre« ment, bien entendu, dans ce cas, si je vous « avais acheté, non pas précisément la récolte, mais

quer cette théorie à des conventions spéciales. C'est ainsi que M. Mourlon, par exemple, à propos de la transaction, déclare (*Répét. écr.*, III, p. 421), que la *cause du contrat de transaction se confond avec son objet*.

(1) V. Marcadé, *eod.*, p. 376, en note.

(2) *Eod.*, p. 276.

« la chance d'une récolte, et que nous eussions fait « ainsi un contrat aléatoire ; car alors c'est cette « chance d'avoir beaucoup, peu ou rien, qui a été la « cause de mon engagement. » Il y a là, si nous ne nous trompons pas, confusion entre la cause et l'objet. Dans le premier cas, l'engagement est nul pour défaut d'objet. Je vous avais promis de vous acheter votre récolte, abondante ou non, peu importe. Mais toujours est-il qu'il fallait qu'il y eût une récolte ; que si votre terre n'a absolument rien ou presque rien produit, il est évident que je n'ai pu vous acheter une récolte inexistante, pas plus que je ne pouvais vous acheter votre maison sise telle rue, lorsque vous n'aviez pas de maison à cet endroit. Que vient faire ici l'idée de cause ? « Quand nous convenons, « continue le même auteur, que je vous livrerai tant « d'hectolitres de blé à la place de la somme d'argent « que le testament de mon père me charge de vous « payer, et que je découvre ensuite un testament « postérieur révoquant votre legs, mon obligation se « trouve nulle pour fausse cause. » Mais est-ce bien en vue d'une pareille hypothèse qu'il serait nécessaire d'imaginer une théorie spéciale sur la cause ? L'obligation que je contracte envers vous est une sorte de paiement de l'indu. Or, pour annuler cette obligation, il n'est pas nécessaire de recourir à la *cause*. Il est évident que je ne me suis obligé envers vous qu'à la condition que le testament fût valable.

La condition venant à défaillir, mon obligation aussi s'évanouit.

Un dernier exemple de Marcadé. Dans son commentaire de l'art. 1131, il veut que si je vous loue « ma maison pour trois ans, et qu'elle se trouve brû- « lée au bout de six mois, votre obligation de me « payer le loyer cesse pour défaut de cause. » Marcadé prend ici encore le change en attribuant à la cause ce qui n'est que la conséquence d'une clause *naturelle* au contrat de louage. J'aurais pu convenir bien certainement que vous seriez tenu à me payer le loyer de la maison que je vous ai louée, lors même qu'elle viendrait à brûler avant l'expiration du bail. Est-ce à dire que les paiements que vous me feriez dans ce cas seraient sans cause? On n'ira probablement pas jusque-là. Dira-t-on que le louage serait converti par là en un contrat aléatoire ? Mais alors il faudrait en dire autant de toutes les ventes, où la perte de l'objet ne libère pas, en thèse générale, l'acheteur de l'obligation de payer le prix convenu ! D'ailleurs, il est inutile d'insister davantage sur ce point, Marcadé lui-même en ayant donné la vraie explication dans une autre partie de son livre (1).

(1) T. IV, p. 651 : « Quand l'obligation que vous prenez envers moi « est de me livrer telle chose déterminée, on conçoit que, de ma « part, une dette immédiatement absolue et irrévocable soit le prix « du *jus ad rem;* que (indépendamment des nouveaux principes sur « la transaction de propriété) j'acquiers sur cette chose *jus ad rem,* « qui deviendra ensuite ce qu'il pourra et pour lequel je subirai toutes

Nous n'avions eu pour but, en citant ces exemples, que de faire voir dans quelles difficultés les auteurs se sont trouvés lorsqu'il a fallu déterminer le sens du mot *cause*, mot dont Pothier lui-même s'était servi sans en déterminer le sens exact, sans en donner la définition. Dire, comme on l'a fait, que la cause s'identifie avec la condition, avec l'objet, avec le motif immédiat, avec le motif juridique, ou bien enfin avec le *but immédiat* du contrat (1), c'est, nous l'avons dit, arguer d'inutilité toute théorie de la cause.

Pour nous, nous pensons que si l'on veut assigner à la *cause* un sens propre (2), c'est dans l'*intention*

« les chances résultant de la force des choses; mais quand l'objet de « votre obligation est tout simplement un fait à accomplir plus « tard, il est bien évident que notre intention commune est que ma « dette sera, non pas le prix de votre promesse d'accomplir le fait « sans empêchement, mais bien le prix du fait accompli; par la na- « ture même des choses, ma promesse est *conditionnelle;* elle est de « vous payer telle somme si vous faites telle chose pour moi. »

(1) Deux mots sur cette idée. D'abord, elle a contre elle les termes eux-mêmes. Quoi de plus contraire à l'idée de *but* que l'idée de *cause?* Mais, passons là-dessus. Si la cause n'est autre chose que le but immédiat, donc le contrat sans cause sera le contrat sans but. Or, conçoit-on un contrat sérieux sans but? Nous doutons fort que ce système puisse produire un seul exemple où la cause ne revienne à l'idée d'*objet* ou de *consentement*. Ajoutez à cela que la loi n'a parlé nulle part du *but* comme se rattachant à la théorie des contrats.

(2) On pourrait dire, en effet, et cela à vue des exemples que tous les systèmes ont donnés de l'application de l'idée de cause, que la cause ne consiste, en définitive, que dans les éléments déclarés par la loi essentiels à chaque contrat. Mais l'explication que nous donnons

de s'obliger qu'il faut le chercher. Des exemples feront mieux comprendre notre pensée. Nous convenons que je vous accompagnerai dans tel voyage que vous comptez entreprendre. Dans cette convention, il y a et un objet et un consentement. Mais y a-t-il, à proprement parler, contrat? Non. Que manque-t-il? La cause même de tout contrat, c'est-à-dire l'intention de s'obliger. Pareilles conventions sont faites en effet sans qu'on y attache ordinairement aucune importance juridique, mais il suffirait d'admettre que cette convention avait été faite *animo contrahendi* pour que j'y fusse tenu. Or, l'élément qui manquait à la première convention pour la rendre obligatoire, c'était évidemment la cause, puisque, comme le consentement et l'objet y sont évidents si on y supposait aussi l'existence d'une cause, le contrat serait parfait. L'élément qui s'ajoute à la seconde convention, c'est l'intention de contracter. Que faut-il de plus pour faire toucher, pour ainsi dire du doigt, l'identité de la cause avec l'intention de contracter? La maison que vous m'aviez louée brûle avant l'expiration du bail, je ne vous dois plus rien. Sera-ce pour défaut de cause? Quelle nécessité y a-t-il de faire intervenir ici l'idée de cause? Aucune! Si je ne vous dois rien pour le temps qui a suivi la

nous a paru préférable par cela même qu'elle attribue un sens spécial au mot *cause*.

perte de la chose, c'est que nous sommes censés avoir admis, comme clause inhérente à notre contrat, l'art. 1722. Mais il ne tient qu'à ma volonté de m'obliger à vous payer le loyer même si la chose périt avant la fin du bail. Or, quelle autre *cause* pourra-t-on assigner à cet engagement de ma part, si ce n'est ma volonté? Mon but, mon motif juridique, mon motif immédiat, etc., sont les mêmes dans les deux cas; la seule différence perceptible, c'est que, dans ce second cas, j'ai voulu m'obliger à vous payer le loyer de la chose, même si elle venait, en attendant, à périr.

Cette manière d'entendre le mot *cause* ne permet pas, il est vrai, de distinguer entre la *fausse cause* et le *défaut de cause*. Mais est-ce bien là un inconvénient sérieux? Pothier était de l'idée (et c'est de son n° 22 qu'a été tiré l'art. 1131) qu'un engagement contracté sans aucune cause, ou dont la cause est fausse, est la même chose; et cette idée est partagée par la majorité des auteurs. Marcadé note, sur l'art. 1132, qu'il n'y aura lieu dans la pratique à envisager que la fausse cause, et M. Larombière (1) déclare « qu'il n'y a, quant à la nullité, aucune dif-« férence à faire entre le contrat sans cause et le « contrat avec cause fausse; au fond, la cause man-« quant toujours au contrat, et la nullité étant abso-

(1) *Oblig.*, I, p. 272.

« lument la même, soit qu'il n'y ait pas du tout de « cause, ou qu'il y en ait une fausse. » — Toullier prétend, il est vrai, « qu'il y a des cas où la cause du contrat existait réellement quoiqu'elle fût fausse (1). » Et il cite comme exemple l'hypothèse « où, institué « héritier de Titius, et chargé de vous donner « 10,000 fr., je souscris un billet par lequel je « m'oblige de vous les donner; en pareille hypo- « thèse, dit Toullier, si le testament est déclaré « faux, mon engagement n'ayant qu'une cause « fausse, ne peut produire aucun effet; mais à vue « de cet exemple, on ne peut pas dire qu'une obli- « gation sans cause et celle sur une fausse cause « soient la même chose. » Nous ne savons pas si cet exemple se présente à l'esprit de tout le monde comme à nous-même, mais il nous fait l'effet de prouver en somme bien peu. Pourquoi ne puis-je pas dire, dans ce cas, que mon obligation n'a pas de cause? Notez qu'ici il s'agirait à la rigueur, non de la cause du contrat, mais de la cause de l'obligation. Mais parlons le langage de Toullier; la véritable cause dans cette hypothèse eût été le testament, et en disant testament, j'entends le vrai et valable testament. Si celui-ci n'existe pas, qu'importe qu'il y en ait eu un qu'on a pu prendre pour un testament valable (2).

(1) T. III, p. 106.
(2) Il n'y a aucune objection à tirer de l'art. 1132 contre ce que

Résumons-nous, la cause pour nous c'est l'intention de contracter. Or, la cause ainsi envisagée, l'erreur, quelle influence y peut-elle exercer? Si la cause manque par suite de l'erreur, dirons-nous que l'erreur produit quelque effet particulier? Evidemment non. L'erreur, par elle-même indifférente, n'influe que si elle amène le défaut de cause, défaut qui peut être le résultat, non-seulement de l'erreur, mais aussi du doute, du dol, etc. A ce compte même, la non-influence de l'erreur reste vraie, que l'on attribue au mot *cause* le sens d'*objet*, ou de *condition tacite*, ou de *motif déterminant*. Il n'est pas absolument nécessaire pour cela d'admettre ce que nous pensons être le seul sens du mot *cause* vrai à nos yeux. Si nous y avons insisté, c'est que les opinions des auteurs sur ce point nous avaient toujours paru très-obscures (1).

nous disons ici de l'art. 1131. L'art. 1132 est surtout relatif à la preuve. Une obligation ne pouvant résulter que d'un contrat, d'un quasi-contrat, etc., et ne pouvant se produire, pour ainsi dire, spontanément entre deux personnes, l'art. 1132 décide que lorsque la source de l'obligation unilatérale constatée par un acte, par un écrit quelconque, ne sera pas constatée dans ce même acte, la présomption n'en sera pas moins en faveur de celui qui invoque cet acte. Ainsi, si je souscris un billet par lequel je promets payer, etc., bien qu'il n'apparaisse pas de quelle opération juridique résulte mon obligation, il y aura présomption contre moi. On présumera, jusqu'à preuve du contraire, un prêt, une novation, un rapport juridique quelconque. C'est là ce que l'art. 1132 a voulu dire.

(1) Notez que jamais les Romains n'ont parlé de la *cause* dans le sens qu'on y attache aujourd'hui. Ils n'en ont jamais fait une qua-

II. — *De l'erreur sur la substance.*

Nous avons établi qu en droit romain, il n'y avait à parler de l'erreur dans les contrats qu'en tant qu'elle impliquait le défaut de consentement; que le défaut de consentement pouvait résulter tout aussi bien de la non-identité de l'objet, que de l'absence des qualités qu'on avait eues principalement en vue; que ces points étaient péremptoirement démontrés par ce fait: que l'erreur ne fournissait aucune action ou exception qui lui fût propre. Nous avons enfin montré sur des exemples tirés du Digeste comment les actions de bonne foi permettraient de corriger dans la pratique ce qu'un pareil système aurait pu avoir de rigoureux en théorie. Pothier, le principal guide des rédacteurs du Code,

trième condition essentielle à la formation de tout contrat et indépendante du consentement, de la capacité et de l'objet. Aurait-on par hasard la prétention d'avoir découvert quelque nouveau principe en matière d'obligation? Toullier cite à l'appui de ses idées, qui tendent à identifier le motif avec la cause, Blackstone qui, dit-il, parle d'*inducement*. Mais est-il nécessaire de faire remarquer combien peu les idées des jurisconsultes anglais étaient présentes à l'esprit des rédacteurs du Code? — Qu'on veuille bien remarquer aussi combien l'explication que nous donnons de la *cause* s'harmonise avec cette autre idée, que pour apprécier le caractère immoral ou illicite de la cause dans les conventions, c'est bien moins au fait qu'à l'intention qu'il faut s'attacher. V. Pothier, *Oblig.*, nº 43. — Marcadé, *Comm. de l'art.* 1133, § 457.

ne paraît pas avoir envisagé les choses autrement. Voici quelques citations qui établiront le point d'une manière très-nette. « L'erreur, dit-il (1), est le plus grand vice des conventions, car les conventions sont formées par le consentement des parties, et il ne peut pas y avoir de consentement, lorsque les parties ont erré sur l'objet de leur convention; c'est pourquoi si quelqu'un entend me vendre une chose, et que j'entende la recevoir à titre de prêt, ou par présent, il n'y a dans ce cas ni vente, ni prêt, ni donation.... L'erreur *annule* (2) *la convention*, non-seulement lorsqu'elle tombe sur la chose elle-même, mais lorsqu'elle tombe sur la *qualité* de la chose que les contractants ont eue principalement en vue, et qui fait la *substance* de la chose... C'est pourquoi si, voulant acheter une paire de chandeliers d'argent, j'achète de vous une paire de chandeliers que vous me présentez à vendre, que je prends pour des chandeliers d'argent, quoiqu'ils ne soient que de cuivre argenté ; quand même vous n'auriez eu aucune intention de me tromper, étant dans la même erreur que moi, la convention sera nulle, parce que l'erreur dans laquelle j'ai été détruit mon consentement. Il en est autrement lorsque l'erreur ne tombe que sur

(1) *T. des oblig.*, § 17, 18, 19.
(2) C'est-à-dire rend nulle.

quelque qualité accidentelle de la chose. Par exemple, j'achète chez un libraire un livre dans la fausse persuasion qu'il est excellent, quoiqu'il soit au-dessous du médiocre: cette erreur ne détruit pas mon consentement ni par conséquent le contrat de vente; la chose que j'ai voulu acheter, et que j'ai eue en vue, est véritablement le livre que le libraire m'a vendu, et non aucune autre chose; l'erreur dans laquelle j'étais sur la bonté du livre, ne tombait que sur le motif qui me portait à l'acheter, et elle n'empêche pas que ce soit véritablement le livre que j'ai voulu acheter. Il en est de même de l'erreur sur la personne. Toutes les fois que la considération de la personne avec qui je veux contracter entre pour quelque chose dans le contrat que je veux faire, l'erreur sur la personne détruit mon consentement et rend par conséquent la convention nulle...»... « L'erreur (1) dans le motif annule-t-elle la convention ? Barbeyrac décide fort bien que cette erreur dans le motif (tant que le motif ne devient pas une condition) ne donne aucune atteinte à la convention. En effet, de même que dans les legs, la fausseté du motif n'influe pas sur les legs, de même et à bien plus forte raison, doit-on décider à l'égard des conventions que l'erreur dans le motif qui a porté l'une des parties à contracter, n'influe pas sur la convention. »

(1) Id., *eod.*, § 20.

Voici maintenant l'analyse de ces citations de Pothier, qui, toujours clair, toujours lucide, ne laisse pas moins désirer quelquefois, et c'est ce qui arrive dans notre matière, sous le rapport de la précision scientifique.

I. L'erreur sur l'identité de l'objet occasionne le défaut de consentement et partant la nullité du contrat.

II. Ce n'est que lorsqu'il y a identité d'objet qu'il peut être question d'erreur sur les qualités. Mais cette question ne peut jamais se présenter lorsque l'objet du contrat a été envisagé *tel quel*. Ainsi j'achète tels quels des chandeliers que je vois exposés à votre étalage, il est évident qu'à moins de quelque circonstance particulière, je n'aurai rien à réclamer de vous, si plus tard je découvre que ces chandeliers sont de tel alliage plutôt que de tel autre. Mais il y a tout de suite à remarquer que, bien qu'achetant un objet tel quel, je puis convenir avec vous que, si plus tard telle condition venait à se réaliser, vous seriez tenu envers moi de telles ou telles prestations. C'est là l'office de la garantie pour vices cachés rédhibitoires et pour éviction. A défaut d'autre preuve, il n'y aurait qu'à invoquer l'origine historique de ces institutions, qui ne sont que les anciennes stipulations *duplæ*, ou *quanto minoris*, etc., transformées par l'usage en pactes inhérents à la vente. Inutile d'ajouter qu'une clause expresse dispenserait de toute garantie soit pour vices rédhibitoires (art. 1643), soit pour éviction (art. 1627).

III. Que si, explicitement ou tacitement, nous étions convenus d'objets ayant certaines qualités essentielles et que plus tard je vinsse à découvrir le défaut de ces qualités, alors il y aurait lieu à nullité faute de consentement.

Je vous demande une paire de chandeliers en argent, vous m'en donnez une qui est en alliage, le contrat est nul pour défaut de consentement. Le consentement n'a porté en effet que sur la moitié de la proposition qui devait être agréée par les deux parties dans sa totalité. Or, la moitié d'une volonté n'est jamais une volonté. Le contrat sera donc nul tout comme si l'erreur avait porté sur l'identité du *corpus*. Et il importe peu que l'erreur ait été unilatérale ou commune. Il est évident que dans les deux cas elle occasionne le défaut de consentement. — Notez la différence qui sépare ce cas du précédent. Là j'invoquais la clause de garantie sous-entendue, c'est-à-dire *l'effet* du consentement; ici j'invoque le *défaut* du consentement. Ainsi outre que les vices rédhibitoires n'ont été toujours entendus que des vices cachés, chacune de ces deux théories conserve sa sphère propre, même pour ce genre de vices. Car, les vices rédhibitoires, reposant sur des présomptions générales, ne peuvent s'entendre que de vices cachés considérables, tandis que la moindre qualité pouvant faire d'après la teneur de notre convention tacitement ou explicitement la qualité essentielle de l'objet du contrat, il y aurait nullité dans le cas où cette qualité ferait défaut, bien qu'elle ne fût pas de nature à constituer un vice rédhibitoire, peu importe que l'erreur fût commune ou unilatérale. — Pas besoin d'ajouter que pour qu'il soit question de rédhibition il faut avant tout qu'il y ait *vice*. On voit par là l'immense différence qui sépare les vices rédhibitoires de l'erreur sur les qualités substantielles. Pendant que le nombre et la nature de ses dernières sont illimités, les premiers ne s'entendent que de clauses tacites concernant des *vices cachés* et considérables (1).

Que décidait donc Pothier dans le cas suivant :

(1) M. Larombière professe d'autres idées quant à la différence des vices redhibitoires d'avec l'erreur sur les qualités. Voici en quels termes il en parle (*Oblig.*, p. 46) : « Les vices rédhibitoires altèrent « la chose, sans la dénaturer ; l'erreur fait, au contraire, que ce n'est « plus *la même chose;* elle n'opère pas seulement une altération, mais « une mutation véritable. Aussi affecte-t-elle plus *profondément* la « convention. » Le caractère essentiel de la différence échappe à cet auteur, si nous ne nous trompons. N'y a-t-il pas, d'ailleurs, dans la phrase que nous venons de citer, une confusion encore plus grande? Si l'erreur fait que ce n'est *plus la même chose*, la conséquence forcée, c'est que la convention ne s'est pas formée. Mais alors comment et pourquoi parler d'une convention qui *n'existe* pas, comme étant profondément affectée? — Ce que nous disons touchant les vices rédhibitoires s'applique d'autant mieux dans la loi française, que d'après la l du 20 mai 1838, ces vices sont déterminés pour les ventes d'animaux, c'est à-dire dans la matière qui en fournit le plus d'applications.

J'ai acheté de vous une paire de chandeliers, puis je viens vous les rendre, prétendant que mon intention n'était pas d'acheter les chandeliers de telle matière, mais de telle autre? — La réponse nécessite des distinctions. Il s'agit d'abord de savoir si la vente n'a pas eu pour objet les chandeliers tels quels, auquel cas il ne resterait plus que la ressource de la rédhibition pour *vices cachés* et *considérables*. Mais *quid* si le vendeur prétendait avoir vendu les chandeliers tels quels, l'acheteur au contraire n'avoir fait qu'une acquisition de chandeliers de telle espèce, par exemple de cuivre, de bronze, etc.? En supposant ces circonstances prouvées, il est évident qu'en réalité le consentement n'a pas existé, mais il restera au juge à apprécier si, vu les circonstances de l'espèce, lors même que le vendeur n'eût pas garanti la nature des objets vendus et établi par là son consentement à la proposition de l'acheteur, celui-ci n'aurait pas acheté tout de même. Le juge appréciera en d'autres termes si le consentement quant à l'identité n'emporte pas dans l'espèce le consentement quant à la nature et les qualités de l'objet. En somme, cela revient, on le voit, à une question de consentement.

Que si, tacitement ou explicitement, nous étions convenus que l'objet de la vente serait des chandeliers d'argent, alors il y aurait eu défaut de consentement, absolument comme si, ayant demandé une montre, on m'eût vendu une boussole. Voilà pour l'erreur sur les qualités. Quant à celle qui porterait sur les motifs, on se rend très-aisément compte de la décision de Pothier, qui disait qu'elle n'influait en rien, par la raison que presque jamais la loi ne prend en considération la vérité ou la fausseté du motif (1).

Telle a été la doctrine de Pothier, et si le Code en fût resté là, nous n'aurions rien à ajouter à ce que nous avons dit dans la première partie. Mais les art. 1109, 1110, 1117, 1304 semblent nécessiter un autre système : « La convention contractée « par erreur, dit l'art. 1117, n'est point nulle de « plein droit ; elle donne seulement lieu à une

(1) Voici un passage de la *Logique* de Port-Royal (2e partie, ch. 7), qu'il peut être bon de rappeler ici. Le *motif*, en effet, se rapproche de la *désignation* (Je lègue à Stichus, qui m'a soigné pendant ma maladie... ou je lègue à Stichus parce qu'il m'a soigné pendant ma maladie); et la désignation revient toujours à une proposition incidente « sur laquelle il faut remarquer que la fausseté de la proposi- « tion incidente n'empêche pas, pour l'ordinaire, la vérité de la pro- « position principale. Par exemple, *Alexandre, qui a été fils de « Philippe, a vaincu les Perses*. Cette proposition doit passer « pour vraie, quand Alexandre ne serait pas fils de Philippe, parce « que l'affirmation de la proposition principale ne tombe que sur « Alexandre, et ce qu'on y a joint incidemment, quoique faux, n'em- « pêche pas qu'il soit vrai qu'Alexandre ait vaincu les Perses. — Que « si, néanmoins, l'attribut de la proposition principale avait rapport « à la proposition incidente, comme si je disais : *Alexandre, fils de « Philippe, était petit-fils d'Amyntas*, ce serait alors seulement « que la fausseté de la proposition incidente rendrait fausse la propo- « sition principale. »

« action en nullité ou en rescision, » et il nous renvoie à l'art. 1304. Donc l'erreur en droit francais n'annule pas le contrat, elle ne le rend qu'annulable, et l'action à laquelle elle donne lieu n'est pas soumise à la prescription ordinaire de 30 ans, mais bien à une prescription spéciale de dix ans, réglée par l'art. 1304.

« Les commentateurs, a dit Marcadé (1), ont trop souvent oublié qu'il ne s'agit pas ici du défaut de consentement, mais seulement des cas où le consentement ayant été réellement donné se trouve affecté d'un vice qui permet de le faire révoquer et de faire briser le contrat... Si le consentement n'existait pas, le contrat ne se serait pas formé, l'obligation ne serait pas née, et, par conséquent, il ne pourrait pas être question de faire annuler le contrat, d'éteindre l'obligation. Or, la loi nous dira plus loin que l'action en nullité pour erreur, violence ou dol, est une des causes d'*extinction* de l'obligation, et que si cette action n'est pas intentée dans dix ans, le contrat et l'obligation qu'il a fait naître continuent de subsister (art. 1234, 1304). »

Ces raisonnements nous paraissent irréfutables, lorsqu'on se place sur le terrain de la terminologie du Code. Mais ils ne nous semblent pas mériter le moindre crédit aux yeux de la logique. Nous avons

(1) T. IV, p. 344, sur l'art. 1109.

exposé plus haut, à l'occasion du mariage annulable, les raisons qui nous faisaient dire que les vices du consentement et le défaut de consentement sont tout un : avec cette différence, toutefois, que lorsqu'on veut prouver le défaut du consentement par suite de l'absence de quelques-unes des qualités essentielles de l'objet qu'on a eu en vue, on doit se conformer aux dispositions concernant la prescription dans les dix ans de cette espèce de preuve. Nous ne voyons rien ici qui doive nous faire changer de manière de voir. L'art. 1117 est bien dans le Code. Il n'y a pas moyen de le nier. Mais quelques expressions hasardées des rédacteurs pourront-elles faire déroger aux exigences les plus impérieuses du bon sens ? Entre un acte nul pour défaut de consentement, mais à partir de la passation duquel il s'est écoulé trente ans sans réclamation, et un acte vicié, comme on dit, par suite de consentement violenté ou erroné, et depuis la découverte du vice duquel il s'est écoulé dix ans, quelle différence y a-t-il ? — De même entre un acte nul attaqué dans les trente ans, et un acte annulable contre lequel on a agi dans les dix ans, quelle différence encore y a-t-il ? Evidemment aucune. La substance (1), c'est l'ensemble des qua-

(1) Si je parle de la substance plus particulièrement, c'est que tout bien considéré, c'est à l'erreur qui porte sur la substance que se borne la portée de l'art. 1109, quelle que soit la généralité de ses termes. Marcadé établit, en effet, très-bien (t. III, p. 347) que l'er-

lités d'un objet (1), et les objets ne nous sont connus que par leurs qualités essentielles. Dès lors comment peut-on soutenir que deux substances différentes puissent être représentées par le même objet, comment croire qu'il y a dans l'erreur sur la substance un consentement moins défectueux que lorsque nous ne nous sommes pas entendus sur l'identité corporelle et matérielle de l'objet ? Ces auteurs que Marcadé reprend si crûment pour avoir confondu le vice du consentement résultant de l'erreur sur la substance avec le défaut de consentement, ces auteurs, disons-nous, qui connaissaient aussi l'art. 1117, sont-ils si coupables, lorsque Marcadé lui-même, en définitive, admet qu'il n'y a que deux espèces d'actes : les actes nuls et les actes valables, et que quant aux actes annulables, ils sont l'un ou l'autre, mais ne constituent pas de classe séparée (2) ? Lorsque nous aurons admis avec l'art. 1304 que la preuve du dé-

reur ne peut porter que sur cinq points : 1° sur la nature du contrat ; 2° sur l'objet du contrat ; 3° sur le motif du contrat ; 4° sur les qualités de l'objet ; 5° sur la personne avec laquelle on contracte. Mais le 1° et le 2° sont des cas de défaut absolu de consentement ; le 3° est indifférent, et le 5° revient d'après le 2e al. de l'art. 1110 au 4°.

(1) Tous nos auteurs admettent, avec Pothier, que « l'erreur sur la « substance n'est que l'erreur sur la qualité de la chose *que les con-* « *tractants ont eu principalement en vue* et qui fait la substance « même de la chose. »

(2) V. le passage de Marcadé (I, 520), cité *supra*, p. 229 (3) : « *Ainsi,* « *nul ou valable, valable ou nul, le mariage ne peut sortir de* « *ces deux catégories.* »

faut de consentement résultant de l'absence des qualités principales et essentielles d'un objet, n'est plus recevable après une confirmation expresse ou tacite, que cette confirmation expresse est réglée par l'art. 1339, comme la confirmation tacite l'est par l'art. 1304; quand en un mot, tout en proclamant la nullité radicale d'un contrat pour erreur sur la substance, nous aurons admis, comme autant de déchéances de la preuve de cette nullité, toutes ces circonstances dans lesquelles on voit d'ordinaire la validation des conventions *viciées* pour erreur, nous ne voyons pas en quoi notre manière de voir s'écarterait de celle admise par la généralité des auteurs. L'argument qu'on voudrait nous opposer de ce que l'art. 1234 mentionne l'action en nullité comme une cause d'extinction d'une obligation existante, est très-faible, si l'on songe que, dans ce même article, il est question de l'accomplissement de la condition résolutoire comme d'une cause d'extinction des obligations. Personne ne s'avisera pourtant d'en tirer la conséquence que les rédacteurs ont voulu par là innover quant à la nature de l'obligation sous condition résolutoire.

Ceci nous amène à préciser nos idées sur le dol, qui, d'après l'art. 1116, est une cause de « nullité de la convention lorsque les manœuvres pratiquées par l'une des parties sont telles, qu'il est évident que, sans ces manœuvres, l'autre partie n'aurait pas contracté. »

Marcadé à ce sujet (1) dit « que ce n'est pas précisément le dol, mais bien l'erreur résultant du dol, qu'il faut considérer ici. Or, de trois choses l'une, ou bien l'erreur produite sera de nature à détruire le consentement, et alors il n'y aura pas de contrat ; ou bien elle sera de nature à vicier ce consentement et à faire annuler le contrat formé, et alors ce sera le cas de l'art. 1110; ou bien enfin, l'erreur ne tombera que sur des circonstances indifférentes à la validité de la convention (par exemple, sur les qualités simplement accidentelles de la chose, sur les motifs du contrat, etc.), et c'est là le seul cas pour lequel notre article soit fait. » Or cette erreur, bien que ne rentrant pas sous l'application de l'art. 1110, n'en est pas moins de nature à causer un tort à la partie trompée; et le moyen le plus simple et le plus sûr de me procurer l'exacte réparation du tort que me cause le contrat, c'est évidemment de remettre les choses au même état que si ce contrat n'avait pas eu lieu. Cette manière de voir explique si bien le caractère tout personnel de l'action en indemnité pour cause de dol, sépare si nettement le domaine du dol de celui de l'erreur, que nous ne croyons pas qu'on puisse objecter, avec quelque chance de succès, comme le fait M. Duranton (2), qu'il est arbitraire de ne « pas

(1) Sur l'art. 1116, p. 354.
(2) x, 181.

reconnaître le dol comme un véritable vice du consentement, puisque l'art. 1109 lui assigne formellement ce caractère. » Ce n'est là qu'un argument *de mots* très-peu efficace auprès de ceux qui savent dans combien d'articles du Code une rédaction défectueuse a faussé l'esprit du législateur.

Les principes que nous venons d'exposer ont une portée tellement générale, qu'il serait inutile d'en vouloir faire des applications spéciales. Nous ne voyons pas pourquoi nous préférerions tel exemple à tel autre. Bornons-nous à deux que nous fournit le Code.

L'art. 1356 nous dit que « l'aveu judiciaire ne peut être révoqué, à moins qu'on ne prouve qu'il a été la suite d'une erreur de fait, et qu'il ne pourrait être révoqué sous prétexte d'une erreur de droit. » C'est un des rares articles du Code où l'on ait admis la distinction de l'erreur de fait d'avec l'erreur de droit. Or à quoi revient en définitive l'erreur de droit en pareille matière? A avoir ignoré les conséquences juridiques de son aveu (1). En d'autres termes, on n'est pas reçu à réclamer contre l'aveu en prétendant qu'on n'aurait pas dit la vérité si l'on savait qu'elle serait préjudiciable. — Argumenter de son erreur de droit équivaut donc à faire aveu de la vérité, aveu auquel on voudrait imposer une condition. « Je vous dis

(1) Pothier, *Oblig.*, 833; Bonnier, *Preuves*, § 292; Marcadé, v, p. 215.

bien la vérité, mais ne tenez pas la vérité pour dite si elle doit me nuire. » Dans cette proposition il n'est pas difficile de voir qu'il y a encore confirmation de la vérité. Il est donc tout naturel que la loi n'admette pas comme une cause suffisante de révocation de l'aveu, l'erreur de droit. La fin de l'article 1356 n'existerait pas dans le Code, qu'il n'en serait guère autrement, et nulle part peut-être l'inanité de la distinction entre l'erreur de fait et l'erreur de droit ne ressort mieux que dans cette matière.

Laissons donc de côté l'erreur de droit, considérons l'erreur de fait; y a-t-il là au moins quelque effet particulier à l'erreur qui autorise la révocation de l'aveu? Qu'on en juge par l'exemple que donne Pothier lui-même. « Un héritier assigné convient devoir au demandeur la *somme portée au testament*; cet héritier découvre un codicille portant révocation du legs, sa confession à laquelle l'ignorance de ce codicille, qui est une erreur de fait, avait donné lieu, sera détruite. » De deux choses l'une : ou bien l'héritier assigné a déclaré que telle somme était portée au testament au profit du légataire et qu'il la devait en vertu du testament, ou bien il a simplement avoué devoir au demandeur telle somme. Dans la première hypothèse, lorsque le codicille sera découvert, l'héritier en réalité n'a rien à révoquer. Qu'avait-il avoué? ce qu'il est prêt à répéter encore, qu'il devait tant *ex testamento*. Peut-on soutenir qu'il rétracte cet aveu ? Nullement ! Ce qu'il prétend maintenant, c'est que le codicille découvert anéantit la disposition testamentaire; il était non pas simplement *votre débiteur*, il était *votre débiteur d'après le testament*, car l'aveu est ici indivisible (art. 1356, 3ᵉ al.). Or pour vous demandeur il n'y a plus de testament après la découverte du codicille. Il vous devait en vertu du testament ; si ce testament est réduit à zéro, comme zéro ne produit pas d'obligation, l'héritier, de par son aveu, ne peut être tenu à quoi que ce soit.

Mais supposons que l'héritier ait simplement confessé vous devoir mille. Serez-vous, vous légataire, plus avancé pour cela ? Nullement. Il n'y a pas d'obligation sans source, peu importe qu'elle soit expressément indiquée ou qu'on s'y soit tacitement référé (art. 1132), l'essentiel c'est qu'elle existe. Mais quelle peut être dans l'espèce la *cause* de l'obligation de l'héritier? Ce n'est pas l'aveu pris en lui-même. L'aveu n'est pas élevé par la loi à la hauteur d'une source spéciale d'obligation; il est rangé parmi les présomptions, ou, pour être plus exact, parmi les preuves. Il n'est pas non plus une convention, et ce qui le prouve, c'est que la force et l'efficacité de l'aveu sont indépendantes de l'acceptation de l'autre partie (1).

(1) M. Bonnier, *Des preuves*, § 292, est, il est vrai, d'une autre opinion, mais nous préférons, sur ce point, l'avis de Marcadé (v,

L'obligation de l'héritier ne peut donc provenir que d'une source antérieure à l'aveu, à la déclaration. Forcément il faut admettre que l'héritier en avouant vous devoir mille n'a fait qu'avouer vous devoir mille d'après une cause sous-entendue, laquelle venant à disparaître, son aveu ne peut avoir contre lui-même aucune efficacité, ainsi qu'on l'a vu dans le cas précédent.

Tout bien considéré, on est par conséquent amené à dire que dans les cas où, d'après l'art. 1347, l'on prétend trouver une *erreur de fait*, il n'y en a aucune; l'erreur est plutôt dans l'interprétation des commentateurs que dans l'aveu de l'héritier. Aussi pensons-nous qu'il ne sera soumis dans des hypothèses analogues à celle que nous venons d'analyser non-seulement à la prescription décennale de l'art. 1304, mais pas même à la prescription trentenaire, parce qu'en réalité il n'a rien à révoquer, rien à retracter (1), et que nous ne connaissons pas de prescription qui puisse courir contre l'interprétation logique des actes et des déclarations.

p. 215) : « Que peut signifier, en effet, la réunion de ma volonté à la « vôtre sur le point de savoir si le fait allégué par moi contre vous « est ou n'est pas vrai? Est-ce qu'il s'agit ici d'un contrat? Est-ce « que la vérité ou la fausseté d'un fait s'établit par une convention, « par un concours de volonté?... »

(1) Nous supposons, bien entendu, que par suite d'un désistement, il n'est pas intervenu de jugement passé en force de chose jugée et condamnant l'héritier à payer, et, de plus, que l'héritier n'a pas payé à la suite du désistement.

Le seul genre d'erreur dans l'aveu, où il y ait nécessité de révocation d'aveu, nous le voyons lorsque l'héritier a par exemple avoué devoir à Pierre croyant qu'il s'agissait de Paul ; lorsqu'il s'est trompé sur l'objet, etc. Mais il est évident qu'il y aurait là défaut de volonté, et (en supposant toujours le défaut de jugement passé en force de chose jugée), seule, la prescription trentenaire pourrait mettre l'héritier dans l'impossibilité, non pas encore de révoquer son aveu, mais bien de prouver le défaut de volonté, le défaut d'aveu de sa part (1).

Le législateur a prévu aussi spécialement différents

(1) D'après ce qui vient d'être dit sur la révocation de l'aveu pour erreur de fait, on comprendra aisément pourquoi nous sommes portés à taxer d'inexactitude l'exemple donné par Pothier comme application de la révocation de l'aveu pour erreur de droit. Il suppose (*Oblig.*, n° 833) qu'un mineur en âge de tester a légué une somme considérable à son précepteur et que l'héritier désigné est convenu devoir à ce précepteur la somme portée au testament. Ce legs, fait par un mineur capable de tester à son précepteur, revient à un legs qui serait fait contrairement aux prescriptions de l'art. 909. Il y a là pour le légataire une question de capacité ; en quoi donc peut consister l'erreur de droit de l'héritier? Assigné, il reconnaît que ce legs est porté au testament. Est-ce que cet aveu relèverait le légataire de son incapacité ? A quoi servirait-il de supposer que l'héritier eût avoué qu'il doit le legs porté au testament ? Un pareil aveu n'avancerait guère le légataire. Tout ce que l'héritier avoue, c'est que le legs existant, si le légataire a les conditions de capacité requises, il pourra le réclamer. Enfin, lors même que l'héritier aurait tout simplement avoué devoir *mille*, on a vu comment le défaut de cause ferait que, même dans cette hypothèse, il n'y aurait pas obligation pour lui, et cela d'après son aveu. Il est impossible d'admettre qu'en pareil cas, il y ait la moindre erreur de droit.

cas d'erreur, dans le titre consacré aux transactions. Un coup d'œil rapide jeté sur les principales hypothèses dont s'occupe ce titre fera voir, pensons-nous, qu'il n'y a là à signaler aucun effet particulier à l'erreur.

Ainsi l'art. 2058 nous dit que l'erreur de calcul dans une transaction doit être réparée. Supposons l'article non écrit, aurait-on jamais pu douter un seul instant de cette idée? Il faudrait que les mots eussent une force sacramentelle tout à fait étrange dans la transaction pour qu'il ne fût pas permis d'y toucher. *Non sermoni res, sed rei sermo subjectus est.* C'est une conséquence du défaut de formalisme dans notre législation et rien de plus. Il ne s'agit pas dans ce cas de toucher à la transaction pour la modifier, il s'agit au contraire de rechercher l'exacte teneur de la transaction pour lui donner toute son efficacité.

L'art. 2052 porte « que les transactions ne peuvent « être attaquées pour cause d'erreur de droit. » En serait-il, encore une fois, autrement si cet article n'existait pas dans le Code? Non ! Car une transaction ayant toujours pour but de terminer une contestation née ou de prévenir une contestation à naître, par des *concessions* réciproques, il serait absurde qu'on pût revenir sur la transaction pour erreur de droit. La transaction ne servirait à rien. Et l'art. 2052 ne fait que proclamer une vérité incontestable lorsqu'il veut (car c'est à cela qu'il revient en définitive) que les conventions aient force de loi entre les parties (art. 1134).

Ne rentrons-nous pas d'ailleurs dans les règles de droit commun lorsqu'en vertu de l'art. 2053, nous sommes autorisés à réclamer contre une transaction intervenue par suite d'une erreur dans la personne ou sur l'objet de la contestation? N'y a-t-il pas là défaut complet de volonté? L'erreur dans la personne, les commentateurs le font remarquer, en matière de transaction, ne peut qu'amener une erreur sur l'objet. Et cette dernière erreur n'est-elle pas exclusive de toute volonté, de tout consentement nécessaire à la perfection de la convention (1)? Il serait raisonnable aussi de dire que, lorsque la transaction manque d'objet, l'acte en devrait être non-seulement rescindable, mais radicalement nul. Cependant l'art. 2053 n'y voit qu'une transaction rescindable. Cette décision du Code, quelque difficulté qu'elle présente dans le système qui veut absolument distinguer entre l'annulabilité et la nullité, n'en fait aucune pour nous qui dès le principe n'y avons vu qu'une question de preuve. Qu'y a-t-il d'étonnant

(1) Il est facile de se confirmer dans cette idée par les exemples donnés par ceux qui prétendent qu'au contraire l'erreur sur la personne, en matière de transactions, n'est pas *toujours* une cause de nullité. (V. Mourlon, *Rép. écr.*, III, p. 426.) Lorsque je transige avec le véritable légataire croyant transiger avec Paul, je me trompe d'objet.

que le Code, en raison du caractère particulier que présente le contrat de transaction, ait voulu restreindre la preuve de l'erreur dans le laps de dix ans seulement?

Les art. 2054, 2055, 2056, 2057, parlent encore d'erreur, de découverte de titres inconnus, de titres faux ou nuls, etc. Mais ils se résument aisément en ces deux principes : 1° la transaction sur un titre nul manque d'objet et par conséquent est nulle aussi ; 2° on peut transiger sur la nullité d'un titre, lorsque bien entendu cette nullité est contestable, et que les parties ont eu l'intention de transiger sur la nullité même.

Nous n'avons pas ici le temps d'entrer dans de plus amples détails sur la transaction, nous nous bornons à énoncer les principes précédents dont il sera facile d'apprécier la justesse, lorsqu'on voudra ne pas oublier qu'autre chose est la connaissance de la nullité d'un acte, et autre chose la connaissance de la circonstance qui doit motiver la nullité de cet acte ; et que si, dans le premier cas, il est raisonnable de voir l'intention de transiger sur la nullité, il n'en est pas de même dans le second.

II. — DE L'INFLUENCE DE L'ERREUR EN MATIÈRE D'EXTINCTION DES OBLIGATIONS.

Pour mettre de l'ordre dans cette discussion dans laquelle il s'agit encore de prouver qu'en matière d'extinction des obligations, l'erreur n'exerce aucune influence même en droit français, nous allons distinguer deux cas de paiement (*lato sensu*) : 1° celui où il a été effectué entre le véritable débiteur et le véritable créancier ; 2° celui où le prétendu paiement s'est effectué en dehors de ces conditions.

Examinons d'abord la première hypothèse et voyons en première ligne quelle est la situation du débiteur qui a payé à son créancier une chose dont il n'était pas propriétaire. L'al. 1er de l'art. 1238 veut que « pour payer valablement on soit propriétaire de la « chose donnée en paiement et capable de l'aliéner, » bien entendu dans le cas où c'est le paiement même qui doit transférer la propriété. Lors donc que mon débiteur m'aura transmis en paiement un immeuble dont il n'était pas propriétaire, je ne le deviendrai pas non plus, et tant que la prescription n'aura pas couru, pouvant être évincé par le véritable propriétaire, je pourrai poursuivre mon débiteur en exécution de sa promesse, qui était non pas de me mettre à même d'usucaper, mais de me rendre propriétaire. Si l'on suppose pourtant que le temps nécessaire à l'usucapion a couru, je ne pense pas que le créancier, qui peut maintenant opposer la prescription, soit recevable à attaquer le débiteur en disant qu'il « répugne à sa conscience d'user de la prescription, qu'il ne veut pas garder un objet qu'il découvre lui venir d'un autre que son véritable maître ; » le débiteur qui a payé trouve en effet dans la loi, d'après l'art. 2225, une ressource dont il ne peut pas dépendre du caprice du créancier de le priver ; et malgré la renonciation du créancier il pourra toujours lui opposer la prescription. S'il en est ainsi pour les immeubles reçus de bonne foi par le créancier, il n'en sera pas autrement des meubles pour lesquels la prescription est instantanée. Ainsi le créancier aura acquis la propriété des meubles qui lui ont été donnés en paiement par son débiteur, et il est complétement indifférent que le débiteur ait été de bonne ou de mauvaise foi. Mais supposons que les meubles fussent de nature à ne pas être usucapés instantanément par le créancier, *quid juris?* S'il a été de mauvaise foi, il en sera tenu, qu'il les ait consommés ou non ; que s'il a été de bonne foi, il en sera tenu encore s'il les possède ; car comment pourra-t-il s'opposer à la revendication du propriétaire ? Mais l'hypothèse où le créancier aurait consommé de bonne foi les objets que son débiteur lui a livrés et dont il n'a pu se rendre propriétaire est plus délicate. Si le débiteur est insolvable, et c'est le seul cas où la question présente de l'intérêt, qui, du propriétaire ou du créancier qui a consommé de bonne foi, doit supporter la perte ? Il est d'abord une chose évidente, c'est qu'il n'y a dans tout ceci aucun reproche à adresser au créancier ; sa conduite a été irréprochable, il ne s'est même pas enrichi aux dépens d'autrui, car en recevant le paiement (supposé valable) il a aliéné sa créance, et il ne s'est même pas enrichi en ce sens qu'il évite les conséquences de l'insolvabilité du débiteur, car il se peut très-bien que celui-ci eût été très-solvable au moment où il payait avec la chose d'autrui. La situation est donc très-perplexe, et dès lors il n'est pas étonnant que la loi l'ait résolue dans le sens qui ne donnera lieu qu'à une seule action, celle du propriétaire contre le débiteur, plutôt que dans celui qui aurait donné lieu à deux actions : celle du propriétaire contre le créancier qui a consommé, et celle de ce créancier contre le débiteur.

L'art. 1238 règle en somme une question d'indemnité, et la décision donnée dans son second alinéa n'est que la conséquence forcée du principe posé par l'art. 1382 : qu'on n'est tenu à indemniser quelqu'un qu'autant que la perte et le tort qui sont causés, sont le résultat d'une faute, ou au moins d'une négligence.

Une question analogue à celle qui précède est réglée par l'art. 1240, qui veut que « le paiement fait « de bonne foi à celui qui est en possession de la « créance, soit valable, encore que le possesseur soit « par la suite évincé. » Pour qu'il y ait intérêt à la question, il faut supposer le possesseur évincé insolvable. Or, dans ce cas, sera-ce au débiteur qui a déboursé la somme nécessaire à l'acquittement de sa dette, ou bien au vrai créancier, à supporter la perte? On pourrait dire que la perte du débiteur importe peu, que, en définitive, le débiteur n'a pas acquitté sa dette envers son créancier, et qu'au reste on n'a pas à lui tenir compte des malheurs qui peuvent lui être survenus. Mais cette manière de voir n'a pas été celle du législateur. Il a considéré le paiement fait par le débiteur au créancier qui est en possession de la créance comme valable, du moment qu'il n'y entrait pas de mauvaise foi. C'est un paiement valable, disons-nous, et c'est pour cela même que nous en parlons ici où il n'est question que de paiements faits de vrai débiteur à vrai créancier. A quoi sert en effet de commencer par dire que le paiement est nul, pour ajouter aussitôt après que la loi le valide? Notre article précisément prouve que l'on doit entendre par *paiement* valable non-seulement celui qui est fait du vrai débiteur au vrai créancier, mais aussi celui qui est fait du vrai débiteur à celui qui est en possession de la créance. Il en est ici comme dans le cas de mandat révoqué et non notifié (art. 2005). Tout ce que la loi exige pour la validité de ce paiement, c'est, en effet, qu'il y ait un possesseur de la créance et absence de mauvaise foi de la part du payant. C'est à cela que revient en définitive la condition de bonne foi, puisque la jurisprudence et les auteurs décident que, lors même que le débiteur aurait pu avoir des doutes, on ne pourrait pas en définitive les considérer comme un obstacle sérieux à la validité du paiement, si d'ailleurs le poursuivant était possesseur de la créance.

L'art. 1255, relatif à l'imputation des paiements, parle de surprise, et sous ce nom, il semble comprendre l'erreur. Or y attache-t-il un effet particulier? Nullement! Tout ce qu'il a voulu dire, « c'est « que la quittance dans laquelle le créancier a im- « puté ce qu'il a reçu sur une des dettes spéciale- « ment » que cette quittance que le débiteur a consenti à recevoir, établit une présomption d'acquiescement du débiteur à l'imputation qui a été faite, sauf à lui à prouver qu'il a été victime d'une erreur, et que, par conséquent, il y a là défaut de consentement et d'acquiescement (1).

En vertu du même principe, que l'erreur ne produit aucun effet particulier, nous voyons, par l'art. 1186, que celui qui, ayant terme, paie par ignorance avant l'arrivée du terme, peut répéter ce qu'il a payé pour en jouir jusqu'à l'échéance de la dette. Sans doute quand c'est à dessein que le débiteur a payé, il ne peut plus répéter, puisqu'il a renoncé par là au bénéfice du terme; et, dans ce cas, en vertu de l'art. 1186, il ne sera pas permis de voir une donation

(1) Nous pensons même que cette action du débiteur ne serait pas prescrite par dix ans. Il n'y a pas ici erreur viciant la convention. L'erreur porte sur l'objet même de la convention; il y a défaut de consentement absolu.

des intérêts qui courraient depuis l'époque du paiement effectué jusqu'à celle de l'échéance fixée par la convention. Mais là s'arrête la portée de l'article. Et quand un héritier dont l'auteur vous devait vingt mille francs payables dans trois ans, prouve qu'il ne vous a payé à l'instant que dans l'ignorance de ce terme de trois années, c'est-à-dire, quand il prouve qu'il n'a nullement consenti à renoncer au terme, il est impossible de trouver dans le Code quelque principe qui vous autorise à repousser la répétition (1).

Une autre confirmation nous est fournie par le paiement d'une obligation naturelle. Sans vouloir entrer ici dans une discussion approfondie du caractère différentiel des obligations naturelles en droit français et en droit romain, il est incontestable, néanmoins, que ce qui caractérisait chez les Romains l'obligation naturelle, c'était le défaut d'action, tandis que dans le Code Napoléon, c'est le défaut de répétition. Du moment que l'obligation naturelle à Rome ne différait de l'obligation civile en thèse générale que par le défaut d'action, il était naturel d'admettre que, de quelque façon que le paiement

(1) Toullier (XI, 59 et 60); Zachariæ (III, p. 185) et d'autres auteurs, sous l'influence des idées formalistes du droit romain avec lesquelles le Code Nap. a rompu, entendent l'art. 1186 autrement que nous ne l'avons fait. A l'opinion de ces auteurs, nous opposons les paroles mêmes de l'orateur du gouvernement (Fenet, XIII, p. 244), et la très-brillante discussion de Marcadé (art. 1377, III°).

eût été effectué, et lors même qu'il n'aurait été qu la conséquence d'une erreur, le créancier fût autorisé à le garder. En droit français, au contraire, où le paiement d'une obligation naturelle ne vaut que comme reconnaissance libre et volontaire de certaines obligations que la loi ne reconnaît pas sans cela, on conçoit que cet effet ne puisse se produire et qu'il n'y ait pas lieu à répétition qu'autant qu'en payant on l'aura fait en connaissance de cause, c'est-à-dire tout en sachant que l'on pouvait ne pas payer. C'est aussi là l'opinion qui prévaut généralement aujourd'hui. « On voit, dit « Marcadé (1), que si le Code sanctionne l'obliga-« tion naturelle, c'est non-seulement *après l'exé-« cution*, ou autre acte équivalent, mais aussi et « précisément à *cause de l'exécution*; et parce « qu'il voit, dans le fait d'un débiteur qui vient « payer ou autrement reconnaître son engagement, « alors qu'il sait n'y pouvoir pas être contraint, l'a-« veu énergique de l'existence et de la valeur de la « dette. C'est pour cela que l'article 1235 demande, « pour refuser la répétition, que le débiteur ait payé « *volontairement*, c'est-à-dire en connaissance de « cause, sachant bien que sa dette était purement « naturelle et ne pouvait pas être exigée. S'il en était « autrement, si le débiteur n'avait payé que par er-

(1) T. IV, p. 514.

« reur, et se croyant lié civilement, son paiement, « qui alors ne proviendrait, ou pourrait ne prove- « nir que de la crainte des poursuites et des voies de « contrainte légale, ne prouverait plus sa conviction « intime; on n'y pourrait plus voir l'aveu dont nous « parlions... C'est bien ce que disait l'orateur du « gouvernement, devant le Corps législatif. L'obli- « gation naturelle ne devient un lien civil *que par « une induction tirée du paiement*... Ce paiement « est une renonciation de fait aux exceptions...; re- « nonciation que *la bonne foi seule et le cri de la « conscience sont présumés* avoir provoquée (Fe- « net, XIII, p. 264) » (1).

Ces idées bien comprises nous semblent donner immédiatement les vraies solutions d'une foule de questions sur la novation, questions qui font difficulté ordinairement en droit romain. — Ainsi que dire, si ayant nové avec un mineur dans l'espoir que ce mineur ne demandera pas l'annulation de sa nou-

(1) Ces mêmes idées sont rendues plus claires par ce que le même auteur dit (t. V, p. 91), touchant la confirmation des obligations naturelles : « Au fond et pour parler rigoureusement, il est vrai de dire « qu'on ne donne jamais d'effet qu'à une obligation civile, et que « l'obligation naturelle qui reste inefficace tant qu'elle n'est pas « naturelle, n'acquiert de valeur et n'est reconnue pour avoir été « une obligation naturelle qu'au moment même qu'elle devient une « obligation civile. Le dualisme qui existait à Rome entre l'obliga- « tion civile et l'obligation naturelle, n'existe pas et ne pouvait pas « exister dans notre Code; il existe bien jusqu'à un certain point « dans les mots, mais non dans la réalité des choses. »

velle obligation, il arrive que je sois trompé dans mes espérances ? Pourra-t-on prétendre que la première obligation est éteinte par novation, et que la seconde est éteinte elle-même par l'annulation prononcée? Un tel raisonnement serait bon en droit romain, mais il ne l'est pas en droit français. Remarquons avant d'aller plus loin, que l'erreur ici ne joue aucun rôle et que la solution dépend bien plus de l'idée qu'on se fera de la novation que de celle qu'on se fera sur l'importance et sur le rôle de l'erreur.

L'obligation annulée pour incapacité laisse-t-elle subsister une obligation naturelle suffisante pour opérer la novation? Si la réponse à cette question est négative, il devient inutile de chercher plus avant. L'idée de novation implique forcément l'idée d'une obligation remplaçant une autre. Elle implique deux obligations; supprimez-en l'une et vous rendez toute novation impossible. Or, chez nous, il faut bien se garder de croire qu'une obligation annulée continue de constituer aux yeux de la loi une obligation naturelle. Lorsque la loi la déclare nulle civilement, c'est qu'elle la présume nulle naturellement... Que si l'incapable, après avoir fait annuler d'abord sa promesse vient ensuite en faire une exécution régulière, ou en reconnaître autrement la validité, « cette exécution ou cet aveu, dit Mar-

« cadé (1), prouve au législateur que sa présomption « était en défaut pour ce cas particulier ; et l'on sait « alors, mais alors seulement, que la promesse civi- « lement annulée était demeurée obligatoire na- « turellement. Il résulte de là, ajoute le même au- « teur, que, dans l'esprit de notre loi française, la « promesse que l'incapable a fait annuler se trouve « inexistante en équité comme en droit et ne pré- « sente pas plus d'obligation naturelle que d'obliga- « tion civile. »

En somme, dans ce cas, il ne saurait y avoir novation, et la première obligation demeure efficace. Ce même raisonnement mène à une conclusion identique si l'annulation est prononcée pour erreur, violence ou dol.

Mais *quid* si l'annulation n'avait pas été prononcée? La partie qui aurait consenti à la novation croyant avoir affaire avec un majeur, pourrait-elle demander l'annulation de cette novation si elle venait à découvrir plus tard que son nouveau débiteur est un incapable? Nous n'en doutons pas. Il y a là évidemment un consentement vicié d'erreur, comme on dit. Je veux bien que cette erreur ne porte pas sur l'objet même, mais sur les qualités ; que ce soit là une nullité soumise à la prescription décennale de l'article 1304. Il n'en est pas moins vrai que, lorsque le

(1) IV, p. 574.

créancier aura demandé et obtenu l'annulation de la nouvelle convention pour erreur, l'ancienne obligation revivra, ou plutôt aura continué de subsister, puisque, d'après ce que nous venons de dire sur les obligations naturelles, l'obligation primitive n'a jamais été éteinte.

Enfin, une disposition particulière à l'erreur, telle que nous l'envisageons, est fournie par l'art. 1299, qui veut que celui qui a payé « une dette qui était, « de droit, éteinte par la compensation, ne puisse « plus, en exerçant la créance dont il n'a point op- « posé la compensation, se prévaloir au préjudice « des tiers, des priviléges ou hypothèques qui y étaient « attachés, à moins qu'il n'ait eu une juste cause « d'ignorer la créance qui devait compenser sa « dette. » Il est évident que cette disposition est inconciliable avec le principe de la compensation de plein droit, proclamé par l'art. 1290. Dans ce cas spécial, la compensation n'opère pas lorsqu'on a ignoré, elle n'opère que *lorsqu'on a su*, lorsqu'on a *opposé ce moyen d'extinction.* Qui ne voit que ce sont là des règles prises dans un tout autre ordre d'idées que celui qui avait dicté l'art. 1290? Mais, pour s'en faire une appréciation exacte, voici comment il nous semble qu'il faut envisager les choses. — On peut admettre que la compensation s'est opérée de plein droit, mais que la loi a transporté, en vertu de son omnipotence, les garanties hypothécaires et autres de l'ancienne créance sur la créance qui résulte de la *condictio indebiti.* Ce bénéfice aura lieu toutes les fois qu'on n'aura pas payé connaissant que la compensation s'était opérée, circonstance d'où l'on devra induire que le payant a voulu avoir contre l'*accipiens* une *condictio indebiti* pure et simple. Cette explication est de tout point semblable à celle que l'on donne, dans un certain système, pour la théorie de la subrogation.

Nous avons envisagé jusqu'à présent le cas où il y aurait eu véritable créance. Voyons maintenant celui où il n'y en aurait pas, c'est le cas de la répétition de l'indu, dont les rédacteurs du Code ont cru devoir parler plutôt par routine et parce que on en avait parlé beaucoup en droit romain, que parce que la nécessité des explications dans lesquelles ils sont entrés sur ce point se faisait réellement sentir.

Ainsi, supposons que quelqu'un vienne me remettre, à titre de paiement, une certaine somme lorsque rien ne m'est dû de ce chef. Il est clair, d'abord, que si je suis de bonne foi j'aurai acquis la propriété en vertu de l'art. 2279, si c'est un meuble. Mais même dans ce cas, la question de remboursement reste intacte. Or, en vertu de quel droit pourrais-je refuser la restitution, ou dans tous les cas le remboursement? Je ne puis alléguer aucune cause d'enrichissement légitime. Cela suffit pour que la personne qui m'a remis la somme en paiement ait le droit de la réclamer, et l'art. 1376 n'existerait pas, que rien ne serait changé (1). Ce n'est pas à dire que ma bonne ou ma mauvaise foi, que l'erreur ou la connaissance de cause du *tradens* soient complétement indifférentes. Loin de là. Si je suis de bonne foi, et qu'il s'agisse d'un meuble, je deviens propriétaire, *secus* si je suis de mauvaise foi. Il y a d'autres conséquences encore de la mauvaise foi ; elle entraîne l'obligation de restituer (art. 1378) tant le capital que les intérêts ou les fruits, du jour du paiement; et si la chose indûment reçue est un immeuble ou un meuble corporel (art. 1379), celui qui l'aura reçue de mauvaise foi se trouvera obligé de la restituer en nature, si elle existe, ou sa valeur si elle est périe ou détériorée par sa faute ou par cas fortuit. Mais ce sont là des rigueurs que la loi édicte dans un esprit de pénalité contre ceux qui se sont

(1) Cela est encore vrai pour le cas où le *tradens* savait parfaitement ne rien devoir. Il en était autrement à Rome, où l'on voyait en pareil cas une donation, *ejus consulto dati donatio est* (l. 53, ff. 50, 17). Ce système de donation présumée est incompatible avec l'esprit et le texte du Code français. (V. Marc, v, 255). Ne conçoit-on pas qu'une personne puisse avoir le caprice de remettre un objet à une autre, en prétextant de lui devoir, sans avoir l'intention de lui donner, dans le but, par exemple, de le laisser en dépôt dans une maison qui ne l'accepterait peut-être pas à ce titre (V. Marc., sur l'art. 1235, III) ? Bien entendu que la propriété en pareil cas se trouverait bien souvent transmise, art. 2279, et que d'ailleurs l'art. 1382 fournirait moyen d'obtenir des dommages-intérêts le cas échéant.

rendus possesseurs de mauvaise foi. Ceux au contraire qui ne se sont pas rendus coupables sur ce point, ne sont tenus que de rendre ce dont ils se seront enrichis sans raison. Ont-ils la chose entre les mains, ils la restitueront (art. 1376) ; a-t-elle péri ou bien a-t-elle subi des détériorations provenant du fait du possesseur de bonne foi ou de la négligence qu'il a mise à l'entretien ou à la conservation de la chose, celui-ci n'en sera pas responsable (1) ; enfin la chose a-t-elle été vendue, celui qui l'a reçue de bonne foi ne devra restituer que le prix de la vente (art. 1380), car c'est du montant de ce prix qu'il s'est rendu plus riche. Sous un autre point de vue, l'erreur du *tradens* n'exerce aucune influence. A part, en effet, les effets de l'art. 2279, nous voyons que, lorsqu'il s'agit de prestations qui ne tombent pas sous l'application de l'art. 2279, la revendication reste toujours permise au *tradens* (2). Jusqu'ici, nous avons supposé que l'*accipiens* n'était pas réellement créancier de la dette qu'on prétendait acquitter. Que si au contraire il était créancier, l'erreur

(1) Il est vrai que l'art. 1379 semble dire le contraire ; mais la règle par nous exprimée est en définitive celle que contient la rédaction vicieuse de l'article. (V. comment Marcadé analyse cet article, t. v, p. 259).

(2) Ce point est encore controversé. Mais l'opinion énoncée ci-dessus est non-seulement parfaitement soutenable, mais même celle qui est le plus généralement admise (V. Marc., t. v. p. 260. — Duranton, XIII, 683.)

de celui qui paie serait nécessaire ; autrement il aurait très-valablement payé la dette d'autrui conformément aux règles qui régissent l'extinction des obligations par paiement (art. 1235 et suiv.) Le seul point où la loi s'écarte du droit commun, est la disposition de l'al. 2 de l'art. 1377, d'après laquelle le droit de répétition cesse dans le cas où le créancier a supprimé son titre par suite du paiement.

Il est évident que celui qui vient effectuer un paiement à l'efficacité duquel j'ai toute raison de croire, et qui devient cause de la suppression de mon titre, il est évident, disons-nous, que celui-là me doit des dommages-intérêts. Je ne puis plus réclamer de mon débiteur ce qu'il me devait par suite de la faute d'un tiers, ou bien pour arriver à administrer la preuve de mes droits, il me faudra recourir peut-être à un procès très-long et très-dispendieux ; quoi de plus juste, dès lors, que de me mettre, moi, à l'abri de toute perte, puisque je ne suis nullement en faute, et de faire supporter au *tradens* les conséquences de son erreur, de sa négligence ? C'est ce que la loi fait précisément. Mais encore une fois, on aurait tort d'attribuer à quelque effet tout particulier de l'erreur ce qui n'est qu'une réglementation législative touchant la manière dont l'indemnité doit être répartie, réglementation dont plusieurs articles nous ont déjà fourni des exemples.

DE L'ERREUR DANS LES QUESTIONS QUI SE RATTACHENT A LA MATIÈRE DES SUCCESSIONS OU DES TESTAMENTS.

Nous allons, selon le plan que nous nous sommes proposé, examiner certaines questions d'erreur touchant la matière des successions et des testaments, afin de démontrer que l'erreur, ici comme ailleurs, n'exerce aucune influence particulière.

Aliénations faites par l'héritier apparent.

La validité des aliénations faites par l'héritier apparent a été l'objet de bien des controverses. Si nous en admettions la validité, nous n'aurions pas, on le conçoit fort bien, d'après ce que nous avons établi précédemment, reconnu par cela même quelque efficacité à l'erreur; car alors encore nous aurions la ressource de dire que du moment où la loi décide au moins implicitement que l'héritier apparent peut aliéner valablement, il s'ensuit qu'il n'y a plus ici ni apparence ni réalité, que *tantum valet existimatio quantum veritas*, et que quant au pouvoir d'aliéner les biens appartenant à une succession, *possession vaut titre.* Mais nous n'en sommes pas là. Nous pouvons repousser ici toute modification au principe *nemo dat quod non habet*, et soutenir avec une foule d'auteurs que les annulations faites par l'héritier apparent sont nulles en droit.

Et comment pourrait-il en être autrement? «L'héritier apparent, dit Marcadé avec raison (1), n'est pas propriétaire; l'erreur ne peut point engendrer la vérité, et votre opinion, aussi consciencieuse que possible, que telle chose est, ne fait pas que cette chose soit. Les art. 1599 et 2182 ne font que proclamer des idées que le seul bon sens indique, quand ils disent, le premier, que la vente de la chose d'autrui est nulle (en tant que pouvant conférer quelque droit réel), et le second, que le vendeur ne peut transmettre à l'acquéreur que les droits qu'il avait lui-même sur la chose vendue. Sans doute, s'il avait plu au législateur de déroger à ce principe pour ce cas, il l'aurait pu, car il est tout-puissant. Mais l'a-t-il fait? Qu'on nous cite à cet effet un seul article du Code!»

Les partisans de l'opinion contraire allèguent d'abord l'art. 132, d'après lequel « si l'absent reparaît ou si son existence est prouvée après l'envoi définitif, il recouvrera ses biens dans l'état où ils se trouveront, etc. » Or il n'y a aucun argument à tirer de cette disposition tout exceptionnelle qui prévoit le cas où il s'est écoulé au moins *trente-cinq* années depuis le départ ou les dernières nouvelles de l'absent. S'étonnera-t-on qu'alors la loi, pour ne pas laisser indéfiniment la propriété dans l'incertitude,

(1) T. I, p. 347.

donne au *possesseur capacité pour aliéner* irrévocablement ? Faudra-t-il conclure de l'adoption d'une éventualité extrême à l'établissement d'une règle de droit commun ?

Il n'y a évidemment rien de plus faible que cet argument, si ce n'est celui qu'on essaie de tirer de l'art. 790, qui reconnaît la validité des aliénations faites par le curateur d'une succession vacante. Le curateur est ici le mandataire légal de l'héritier, au nom et pour le compte duquel il est chargé d'administrer ; tout ce qu'il fait, c'est donc l'héritier qui est censé le faire.

L'art. 1240 qui déclare valable et inattaquable pour le créancier réel le paiement fait par un débiteur au créancier apparent, présente aussi plutôt un argument contre que pour la validité des annulations de l'héritier apparent. Il a été écrit à titre d'exception : Or, *exceptio regulam firmat.* Y a-t-il d'ailleurs aucune parité de situation entre un héritier apparent qui vient me proposer l'acquisition d'un immeuble de la succession, et l'héritier qui me poursuit en vertu d'un titre ? Je suis libre de ne pas acheter, je ne suis pas libre de ne pas payer, à moins de vouloir assumer sur moi les conséquences d'un procès difficile et considérable. Ce n'est pas quelque propriété particulière à l'erreur, hâtons-nous de le répéter, qui fait que le paiement effectué entre les mains du possesseur de la créance est valable. Non !

ce n'est pas là, comme diraient peut-être quelques partisans des brocards juridiques, une conséquence de la maxime *error facti* ou *probabilis non nocet.* C'est une conséquence immédiate de la volonté du législateur. Inutile de dire que c'est un paiement nul que le législateur valide. Du moment qu'il le valide, c'est donc qu'il est valable, et qu'en pareille matière on se libère valablement dans les mains du possesseur. — Mais il n'y a aucune analogie entre le paiement reçu par le possesseur du titre et l'acquisition des biens d'une succession *à non domino.*

Il en faut dire autant des art. 1380 et 2005, 2008, 2009.

« Dans le premier, qui fait ailleurs l'objet d'un examen plus particulier, le Code, comme le dit Marcadé (1), déclare que, si la chose que nous avions vous livrée, moi reçue en paiement, croyant l'un et l'autre que vous me la deviez, tandis que vous ne me la deviez pas, est par moi vendue à un tiers, vous ne pourrez pas faire annuler la vente, mais seulement me demander, à moi, le prix de la chose. C'est encore là une exception au principe que le propriétaire seul peut aliéner ; elle était d'autant plus rationnelle, qu'ici le propriétaire ne peut pas s'en plaindre, puisque l'erreur est son propre fait, et que c'est lui-même qui est cause de ce qui s'est passé. »

(1) T. 1, p. 350.

Nous ne voulons pas revenir sur ce que nous avons dit touchant la règle et l'exception. Il nous suffit de faire remarquer encore une fois que ce n'est pas *parce que j'ai cru* que vous me deviez la chose que vous m'avez livrée (art. 1380), ou que j'ai cru traiter avec un mandataire autorisé lorsqu'il ne l'était plus (art. 2005, 2008, 2009), que j'acquiers, mais bien parce que la loi a érigé par des dispositions spéciales ces *negotia juris* en modes réguliers d'acquisition ou d'aliénation. L'erreur y figure comme un motif législatif qu'il serait dès lors impossible d'étendre à d'autres cas par analogie, et non comme un motif juridique. Quand on multiplierait de pareilles citations à l'infini, cela ne prouverait absolument rien.

Quelle portée peut donc avoir sur ce point l'argument de M. Demolombe, que l'héritier apparent doit être considéré comme le mandataire de l'héritier réel? Marcadé réplique avec avantage « que l'héritier apparent, loin d'être le mandataire, est, par la nature même des choses, l'adversaire de l'héritier réel, contre lequel il prescrit chaque jour à la différence d'un envoyé en possession. » Il est vrai que la solution doctrinale de la nullité des aliénations de l'héritier apparent peut quelquefois présenter des résultats regrettables dans la pratique. Mais d'abord ces considérations sortent de la sphère du jurisconsulte ; ensuite, en prenant la loi telle qu'elle est faite, il semble que l'inconvénient serait bien plus grand, si sur de simples considérations de plus grande utilité on dérogeait aux principes les mieux établis de la législation française.

Nous nous croyons donc fondés à penser que l'erreur ne modifie aucunement, en matière d'aliénations faites par l'héritier apparent, les règles générales sur la transmission de propriété.

Acceptation et répudiation d'hérédité.

L'acceptation d'une succession n'est et ne peut être que la manifestation de la volonté d'être héritier : or cette volonté peut se manifester ou par des faits ou par des paroles, *re aut verbis* ; dans le premier cas elle est tacite, dans le second, elle est expresse. La question de savoir s'il y a eu ou non acceptation sera donc laissée, par la force même des choses, très-souvent, à l'appréciation des tribunaux. M. Demolombe (1) veut, il est vrai, que le double devoir des magistrats soit tout à la fois :

« D'une part, de déclarer qu'il y a acceptation, lorsque les faits de l'espèce qui leur est soumise présentent les caractères et les conditions desquels la loi fait résulter la preuve de la volonté d'accepter ;

« D'autre part, de déclarer qu'il n'y a pas accep-

(1) *Successions*, II, p. 454.

tation, lorsqu'au contraire les faits ne présentent pas ces conditions ni ces caractères. »

Il est toutefois fort douteux que l'on puisse parvenir à séparer en théorie *le fait du droit* dans la matière de l'acceptation tacite. L'acte doit être tel (art. 738) qu'il suppose nécessairement l'intention d'accepter. Mais à moins d'une présomption légale expressément édictée par le législateur, telle que celle dont il est traité dans l'art. 780, à raison des renonciations que l'héritier peut faire (1), il n'y a pas d'acte qui implique *nécessairement*, et autrement que comme un simple indice, l'intention d'accepter. La question se ramènera donc forcément à une appréciation à faire par le tribunal. Les juges apprécieront les circonstances dans leur ensemble. Il n'y a pas d'autre moyen d'arriver à caractériser un fait. La vente d'un immeuble de la succession ne dit par elle-même et *nécessairement* rien, quant à l'intention que pouvait avoir l'héritier. Il se pourrait qu'il ignorât la mort du *de cujus* et crût pouvoir agir en qualité de mandataire. Il y a cercle vicieux à dire : « La preuve de l'acceptation n'est plus

(1) On décide avec raison que, lors même que, vu le caractère de donation d'une pareille renonciation, l'acte qui en aurait été fait serait entaché de nullité, comme n'ayant pas été passé par devant notaire avec les formalités requises, on décide avec raison, disons-nous, que cette nullité n'empêcherait pas l'acte d'emporter acceptation de la succession. La présomption de la loi se fonde, non sur la validité de la donation, mais sur le fait de la renonciation.

livrée à l'appréciation souveraine des tribunaux, elle résulte du fait; mais ce fait doit être de nature à impliquer *nécessairement* l'intention d'accepter»; et malgré les très-longs développements dans lesquels M. Demolombe a cru devoir entrer pour montrer le changement que l'art. 778 a opéré dans l'ancienne théorie du droit romain et du droit français quant à l'acceptation tacite, nous persistons à n'y voir qu'une question d'appréciation (1). »

Si l'acceptation peut être tacite, il n'en est pas de même de la renonciation, qui, d'après l'art. 784, «ne se présume pas; et ne peut plus être faite qu'au greffe du tribunal de première instance dans l'arrondissement duquel la succession s'est ouverte, sur un registre particulier tenu à cet effet. » Aucune des difficultés, aucune des incertitudes que nous signalions plus haut dans la matière de l'acceptation ne peut désormais se présenter dans celle des renonciations. La loi en a réglé elle-même la forme. Toute renonciation faite ailleurs qu'au greffe, même par convention entre les cohéritiers, ne serait plus aujourd'hui une renonciation régulière, et ne pourrait pas être opposée aux créanciers ou légataires. Elle ne serait pas nulle, bien entendu, comme convention particulière entre les parties qui l'auraient

(1) Cf. les explications données par les auteurs sur l'art. 2221 : « La « renonciation à la prescription est expresse ou tacite; la renoncia- « tion tacite résulte d'un fait qui suppose l'abandon du droit acquis. »

conclue ; mais le cohéritier qui aurait ainsi renoncé n'en resterait pas moins soumis, vis-à-vis des tiers, à toutes les charges héréditaires, jusqu'à ce qu'il eût fait une renonciation dans les formes légales. Les préliminaires ainsi posés, voyons maintenant quelle influence l'erreur peut exercer en matière d'acceptation ou de répudiation d'hérédité.

Ce qui a trait aux moyens d'obtenir annulation de l'acceptation expresse ou tacite d'un majeur (1) est réglé par l'art. 783, et cet article ne prévoit que le dol et la lésion. Que faut-il penser des deux autres vices du consentement, la violence et l'erreur? comment le dol et la lésion doivent-ils être entendus?

Quant à la violence, il ne faut pas mettre en doute qu'elle est une cause de nullité ou de rescision de l'acceptation. L'objection que l'art. 783 n'en fait pas mention, et qu'il est limitatif, n'est pas sérieuse. M. Demolombe fait en effet remarquer (2) avec la presque unanimité des auteurs que l'art. 783

(1) L'article ne parle que des majeurs, parce que les mineurs ont la ressource de l'annulation pour lésion (art. 1305) dans le cas où l'acceptation n'a pas été faite dans les formes prescrites ; que s'ils ont accepté ou répudié avec autorisation du tuteur et du conseil de famille (art. 461, 462), il est évident qu'ils sont assimilés aux majeurs (art. 463). — D'après cela, on voit que sur la validité des actes des mineurs, nous admettons pleinement et sans aucune restriction le système développé par M. Valette (sur Proudhon, II, p. 465 et s., et *Explicat. somm.*, p. 255 et s.).

(2) *Successions*, II, p. 633.

sous-entend la violence évidemment, en ce sens que la violence est comprise dans le dol, dont elle est effectivement une des espèces, avec circonstances aggravantes (1), et que, d'autre part, c'est *à fortiori* que la violence doit être ici, comme partout, une cause de rescision ; car elle agit plus profondémont encore que le dol, aux yeux de la loi, sur le consentement; « et la preuve en est, » ajoute le même auteur, « que dans les contrats l'action en nullité qui résulte de la violence est *in rem*, tandis que l'action en nullité qui résulte du dol est seulement *in personam*. Il est vrai que dans la matière spéciale de l'acceptation des successions, le législateur n'a pas voulu maintenir cette différence entre le dol et la violence; et c'est même là ce qui explique comment il a inséré ici, en ce qui concerne le dol, une disposition spéciale pour déroger au droit commun, disposition qui n'était pas nécessaire en ce qui concerne la violence, qui demeurait, au contraire, sous l'empire du droit commun. »

En ce qui concerne l'erreur, si elle n'est pas mentionnée dans l'art. 783 comme cause spéciale de nullité ou de rescision de l'acceptation, c'est qu'en effet dans cette matière l'erreur ne pourrait avoir ce caractère ni cet effet. L'erreur d'un héritier qui accepterait une succession croyant en accepter une

(1) Cf. l. 4, § 33, *De dol. mal. et met. exc.*, 44, 4.

autre, porterait sur l'identité de l'objet et rendrait l'acceptation nulle de droit, par application de la règle générale sur l'erreur *in ipso corpore rei*. Vainement invoquerait-on l'art. 1110 qui parle d'erreur sur la substance ! Quelle que soit l'idée qu'on se fasse de cet article, elle est indifférente, puisqu'on n'aperçoit pas quelles seraient les qualités substantielles d'une succession. Dès que l'erreur n'a plus trait à l'identité, elle tombe sur les forces de l'hérédité, sur l'importance plus ou moins grande de son actif, et alors elle se confond avec la lésion.

La violence revenant au dol, l'erreur rentrant dans la lésion, il devient donc clair qu'en somme les causes de nullité de l'acceptation se réduisent à deux : le dol et la lésion. Pour le dol, nous ne nous en occupons pas ici ; qu'il nous suffise de dire que de l'avis de tout le monde le dol n'est plus *in personam*, quand il s'agit d'une acceptation de succession, mais bien *in rem*. Insistons, au contraire, avec quelques détails sur la lésion. Qu'on veuille remarquer qu'ici encore l'erreur ne produit aucun effet, et que la nullité ne provient que de la lésion; et d'ailleurs ce n'est pas même la *lésion* qui devient cause de l'annulation, mais bien l'accomplissement de la condition prévue par la fin de l'article. La lésion n'est pas en effet laissée ici à l'appréciation des juges, la lésion ne s'entend, nous dit expressément le législateur, que du cas où la « succession se trouverait absorbée ou diminuée de plus de moitié par la découverte d'un testament inconnu au moment de l'acceptation. »

Je n'entre pas dans l'historique de la rédaction de l'article; je le prends tel qu'il est maintenant pour essayer de lui trouver un sens. Il en présente d'abord un très-évident dans le système qui veut que l'héritier soit tenu de payer ces legs même *ultra vires*.

« Voilà, par exemple (1), une succession qui, au moment où elle s'ouvre, présente 100,000 fr. d'actif, et 50,000 fr. de passif; l'héritier accepte; et ensuite on découvre un testament renfermant des legs, qui s'élèvent à 60,000 fr. On comprend bien que l'héritier étant obligé de payer tous les legs, même *ultra vires*, il éprouvera dans ce cas une lésion, c'est-à-dire une perte sur ses propres biens, puisque l'actif n'est que de 100, et que le passif se trouve maintenant porté à 110. »

Cette explication est toutefois inadmissible lorsqu'on l'examine de plus près. Elle suppose que l'héritier en droit français et sous l'empire du Code Napoléon est tenu de payer les legs *ultra vires*. Supposition ayant pour tout fondement cet article 783, même qui est un des plus énigmatiques du Code. Nous avons déjà « déduit de cet article 783, dit

(1) V. Demolombe, *Succ.*, II, p. 649; Duranton.

M. Demolombe lui-même (1), la conséquence que l'héritier pur et simple est tenu, sous l'empire de notre Code, des legs comme des dettes *ultra vires.* »

Il n'est pas besoin d'insister pour faire comprendre tout ce qu'il y a de vicieux dans un pareil procédé. L'idée que l'héritier n'est tenu des legs qu'*intra vires* se fonde sur des arguments des plus imposants tirés et des principes rationnels du droit et de l'équité, et des traditions historiques et des textes mêmes du Code Napoléon. Pour ne parler que de ces deux derniers articles, les art. 802 et 1017 impliquent très-catégoriquement (2) l'idée que l'héritier pur et simple n'est pas tenu des legs *ultra vires.* L'art. 802 dispose que « l'effet du bénéfice d'inventaire est de donner à l'héritier l'avantage de n'être tenu du paiement *des dettes* de la succession, que jusqu'à concurrence de la valeur des biens qu'il a recueillis ; » ce qui suppose virtuellement que l'héritier n'a pas besoin du bénéfice d'inventaire pour n'être pas tenu *des legs* au-delà des biens qu'il a recueillis. L'art.

(1) *Id., ibid.*

(2) Quant aux art. 723, 873, qui déclarent que les héritiers sont obligés d'acquitter *toutes les charges de la succession, les dettes et charges de la succession*, et qu'on cite pour prouver l'obligation dans laquelle se trouve l'héritier de payer les legs même *ultra vires*, ils ne prouvent rien, d'abord parce que les art. 1009, 1012, 1013, distinguent les *charges* d'avec les legs, et ensuite parce qu'ils prouveraient trop, en mettant l'héritier réservataire lui-même dans la nécessité d'accepter bénéficiairement pour n'être pas tenu des legs *ultra vires!*

1017, qui détermine précisément l'obligation de ceux qui doivent les legs, met sur la même ligne *les héritiers et les autres débiteurs d'un legs*, c'est-à-dire les autres légataires, soit à titre universel, soit à titre particulier, qui pourraient être eux-mêmes tenus de délivrer des legs; or, il est évident qu'un légataire particulier qui serait grevé d'un legs, ne serait pas tenu *ultra vires*. Et l'on viendrait renverser tout cela afin de faire place à une interprétation nécessaire pour donner un sens à l'art. 783 ! Franchement il faudrait pour cela avoir dans l'infaillibilité des procédés de rédaction des rédacteurs du Code Napoléon une confiance que nous ne partageons pas. Encore si cette explication rendait compte de l'article 783 ! Mais tout au contraire elle mène directement à l'absurde. Ainsi dans l'exemple précédent, l'héritier qui, ayant accepté une succession avec un actif de 100 et un passif de 50, se trouvait plus tard obligé de payer 60 de legs et de perdre ainsi 10, pouvait demander l'annulation de son acceptation, parce qu'il était lésé de dix, tandis que si, ayant accepté une succession de 100 d'actif et de 70 de passif, il découvrait plus tard un legs de 50, il perdrait 20, le double de ce qu'il avait perdu dans le cas précédent, sans qu'il lui fût possible de demander l'annulation (1). Une

(1) Nous sommes d'autant plus sûrs de ne rien changer aux données et aux conditions de la question, que M. Demolombe nous dit lui-

pareille interprétation méritait bien qu'on dérogeât à la règle que l'héritier n'est pas tenu *ultra vires !* Et que dire d'une ressource que la loi me ménagerait contre la lésion lorsque je ne perds que dix, tandis que je ne l'aurais plus si je perds vingt !...

A leur tour les jurisconsultes qui n'admettent pas que l'héritier soit tenu *ultra vires*, ont fourni de l'art. 783 deux explications différentes qu'il nous faut examiner.

« La découverte, dit Marcadé (1), d'un testament enlevant plus de la moitié des biens d'une succession, forme une cause de restitution. Ainsi, un hétier, voyant une succession de 50,000 fr. chargée seulement de 15,000 fr. de dettes, l'accepte et paie les dettes; puis il découvre ensuite un legs de 30,000 fr. Il est vrai qu'il a de quoi payer ce legs, puisqu'il possède encore 35,000 fr. et qu'il lui resterait 5,000 fr. après l'avoir acquitté. Il est vrai aussi que dans les cas où il lui viendrait encore 10, 12 ou 15,000 fr. de dettes dont l'existence lui paraît probable, il pourrait agir contre le légataire pour se faire rembourser par lui tout ce qu'il paierait de ses deniers; attendu que les legs ne sont dus que sur ce qui reste

même (*ib.*, p. 656), « que le législateur, en exigeant que la succession « se trouve absorbée de moitié par les legs renfermés dans le testa- « ment, a entendu parler non de la moitié de l'*actif net*, mais bien « de la moitié de l'*actif brut.* »

(1) T. III, p. 152.

des biens après acquittement des dettes. Mais ce légataire pourrait être devenu insolvable, et cette seule éventualité a déterminé le législateur à permettre l'annulation de l'acceptation. »

Cette explication de Marcadé, bien que soutenue d'une autorité aussi imposante que celle de Demante (1), ne paraît pas destinée à faire fortune. On objecte :

1° Que l'art. 783 accorde la restitution pour *lésion* et non pour *éventualité de lésion.*

2° Que la pensée du législateur s'arrête au fait de la découverte du testament, et que c'est gratuitement que l'on imagine ici deux autres faits, à savoir : la découverte postérieure de nouvelles dettes et l'insolvabilité des légataires qui auraient été payés.

3° Que, dans ces dernières hypothèses, la lésion ne résulterait pas de la découverte du testament, mais bien de la découverte de nouvelles dettes.

M. Demolombe (2) ajoute aux précédentes une quatrième objection, qui consiste à dire que, dans le système de Marcadé, si le testament ou plutôt le legs ne venait à être découvert que lorsque le paiement des dettes aurait déjà absorbé tout l'actif, il n'y aurait pas moyen d'obtenir restitution (3) ; ce

(1) *Cours analytique*, t. III, n°s 103 et 103 *bis*. — Cf. Mourlon, *Rép. écr.*, II, p. 97, 8.

(2) *Ibid*, p. 653.

(3) L'actif, au moment de l'acceptation, était de 100,000 fr. ; les

qui, ajoute-t-il, est une violation manifeste de l'art. 783. — Mais faut-il l'avouer? Nous ne voyons pas trace de cette violation pourtant si manifeste. Lorsque l'art. 783 parlé de diminution, d'absorption de la moitié de la succession, il entend parler évidemment de l'actif de cette succession. Or, du moment qu'il *n'existe plus* d'actif, comment demander la restitution pour *diminution* ou *absorption* de cet actif non existant! Ne confondons pas l'obligation au paiement des dettes avec celui du paiement des legs. Un héritier est tenu aux dettes connues ou inconnues, *intra et ultra vires*: quant aux legs, il en est autrement; il n'en est tenu qu'*intra vires*. Pourtant la loi accorde une restitution dans le cas où l'héritier serait lésé par l'absorption de plus de moitié de l'actif de la succession. C'est ce cas qu'il faut trouver. Nous avouons nous-mêmes que l'explication de Marcadé croule par la base, mais ce n'est pas une raison pour qu'on mette sur son compte de prétendues inconséquences qui n'en sont réellement pas, une fois le système de l'obligation du paiement des legs *ultra vires* rejeté.

D'après une autre explication, le législateur, dans

dettes actuellement connues sont de 120,000 fr. C'est en cet état de choses que l'on découvre un testament renfermant des legs qui s'élèvent à 80 ou 100,000 fr.

l'art. 783, aurait eu en vue la lésion qui, par suite de la découverte d'un testament, résulterait pour l'héritier de l'obligation du rapport qu'il aurait contractée envers ses co-héritiers, en acceptant soit purement et simplement, soit même sous bénéfice d'inventaire. Il est en effet de toute justice de reconnaître que, d'après l'intention positivement exprimée dans la discussion, on ne peut supposer que le législateur ait eu en vue une lésion qu'il était facile de prévenir par une acceptation bénéficiaire (1). Voici donc l'espèce que le législateur aurait eue en vue. Si l'on suppose 110,000 fr. de biens et deux héritiers dont l'un a reçu entre-vifs 50,000 fr, l'héritier donataire a intérêt à accepter pour avoir encore 30,000 fr. Que l'on découvre maintenant un testament qui réduit la succession de 110,000 fr. à 45,000, et l'héritier donataire se trouvera lésé, puisque devant rapporter les 50,000 fr. et la masse étant réduite à 95,000, il aura dans sa part 7,500, et sera lésé par conséquent de 2,500 sur la donation de 50,000 fr. Il est donc juste de le restituer, contre son acceptation même bénéficiaire.

Cette explication ne justifie pas entièrement, disent certains auteurs (2) et avec raison, la disposition finale de l'art. 783, car le rapport qui suppose

(1) V. *Comm. du Code civ.*, par Bonnier, Ducaurroy et Roustain, II, p. 397.
(2) *Id.*, eod.

le concours de plusieurs copartageants ne saurait avoir lieu dans une succession déférée à un héritier unique, et dans le cas même où il existe plusieurs héritiers, il faut encore supposer des circonstances exceptionnelles pour trouver une application du texte. Cependant, à défaut d'une meilleure solution, nous serions pour notre part très-disposé à admettre celle-là si elle ne menait à des conséquences inadmissibles. Ainsi dans l'exemple ci-dessus nous avons vu que l'héritier qui avait rapporté 50,000 francs pouvait réclamer la restitution contre son acceptation lorsqu'il était lésé de 2,500 fr. Eh bien ! sans rien changer au chiffre de la donation, supposons que l'actif de la succession soit de 60,000 fr. et que plus tard on découvre un legs de 29,000 fr. Il est d'abord évident que l'héritier donataire a intérêt à accepter. En rapportant il gagne 5,000 fr. Mais lorsque plus tard la succession se trouve diminuée de 29,000 fr., l'héritier n'a plus que 40,500 fr. pour sa part. Sur la somme des 50,000 fr. il perd non plus 2,500 fr. mais bien 9,500 fr. Et pourtant il ne pourra pas se faire restituer. Comprenne qui pourra ! nous avouons n'y rien entendre. On restitue pour une lésion de cinq, on ne restitue pas pour une lésion de vingt, et cela dans des circonstances identiques, sous le prétexte que dans le premier cas la moitié de la succession est absorbée par le legs, et qu'au second cela n'arrive pas ! Mais le but de cette condition entendue raisonnablement aurait dû être de servir de garantie contre la lésion, non de consacrer l'injustice la plus flagrante. (1) Plutôt que

(1) Qu'on nous permette d'employer la langue algébrique pour mieux faire voir en quoi consiste le vice de cette explication. Soit a la donation, X le montant de la succession, x celui du legs découvert plus tard, n le nombre des héritiers. Pour qu'il y ait intérêt à accepter malgré le rapport, il faut que $\frac{a+X}{n} > a$, ou bien que (1) $X = (n-1)a + \delta$, δ désignant une quantité arbitraire. Après la découverte du legs, la part de l'héritier sera :

(2) $\frac{a + X - x}{n}$ et si, pour indiquer que le legs ne surpasse pas la moitié de la succession, on désigne par α une autre quantité arbitraire et que l'on pose

$$(3)\quad x = \frac{X}{2} - \alpha,$$

substituant dans l'expression (2) X, et x par leurs valeurs, on a pour la part de l'héritier :

$$\frac{(n+1)a + 2\alpha + \delta,}{2n}$$

quantité qui sera moindre que a, condition qui donne

$$(4)\quad 2\alpha + \delta < (n-1)a.$$

Dans ces données, point de restitution. Que si au contraire nous désignons par X' x', δ' α' des quantités analogues à celles de l'exemple précédent, et que pour rendre la restitution possible nous posons

$$x' = \frac{X'}{2} + \alpha',$$

par un raisonnement en tout semblable au précédent, nous arriverons à désigner la part de l'héritier par

$\frac{(n+1)a + \delta' - 2\alpha'}{2n} < a$, ce qui donne $\delta' - 2\alpha' < (n-1)a$.

Cette part étant la part restituable, il y aura absurdité toutes les fois qu'elle sera plus grande que la part non-restituable, c'est-à-dire toutes les fois qu'on aura :

de se jeter dans de pareils écarts, nous sommes porté à penser qu'il est préférable de déclarer que l'art. 783 n'a pas encore reçu d'explication satisfaisante, et que très-probablement, pour ne pas dire certainement, les rédacteurs du Code Napoléon qui l'ont écrit ne s'en sont pas eux-mêmes bien rendu compte. Dans l'état actuel de la jurisprudence, nous pouvons donc dire qu'il n'y a pas de restitution pour cause d'erreur contre une acceptation d'hérédité, puisque l'erreur en cette matière se confond avec la lésion, et que l'on ne peut trouver d'espèce admissible dans laquelle il y aurait lésion.

L'héritier aura-t-il au moins le droit de faire annuler pour erreur la renonciation qu'il aurait faite ? On comprend que ce droit d'annulation, s'il existe, pourrait fort bien s'exercer après l'acceptation de l'héritier subséquent ; mais existe-t-il ?

Marcadé, qui a examiné la question (1) et à l'avis duquel nous nous rangeons, pense que la violence à l'égard de tous, le dol contre celui-là seulement qui

(5) $\delta + 2\alpha < \delta' - 2\alpha' < a$ (faisant pour plus de simplicité $n = 2$).

D'où l'on voit que les quantités X, x, X' x', dépendant de δ, δ', a, α', un exemple étant donné où il n'y a pas restitution, on peut toujours déterminer $\delta' - 2\alpha'$, de manière à ce qu'il soit plus petit que a et plus grand qu $\delta + 2\alpha$, et administrer la preuve par l'absurde. L'inconvénient serait le même, comme il est aisé de s'en convaincre, si l'on supposait que le legs dût dépasser la moitié, non pas de la succession seule, mais la moitié de la succession augmentée du rapport.

(1) T. III, p. 167.

a pratiqué les manœuvres, sont des causes très-valables de restitution contre la renonciation qu'on aurait faite. — Le dol dans l'art. 783 est, il est vrai, *in rem*, mais c'est là une disposition toute d'exception qui ne peut dès lors s'appliquer qu'au seul cas prévu. Quant à l'erreur, on a vu que l'art. 1110 est inapplicable ici, puisqu'il n'y a pas lieu de parler de substance et qu'en ce qui regarde l'art. 783, on ne peut en argumenter par analogie, du moment qu'il n'existe pas d'annulation d'acceptation pour cause d'erreur, et qu'ainsi les cas d'application directe de l'article font eux-mêmes défaut (1).

Annulation de partages. Une fois qu'un partage est effectué, l'art. 887 nous apprend qu'il ne peut plus être rescindé que pour cause de violence, de dol et de lésion lorsque, bien entendu, cette lésion est de plus du quart. Mais pourquoi l'erreur qui, dans les obligations, figure toujours à côté du dol et de la violence comme une cause d'annulation, n'est-elle pas mentionnée aussi comme une cause spéciale

(1) MM. Aubry et Rau, t. v, p. 171, disent « que l'erreur est une « cause d'annulation de la renonciation qui a porté sur une *autre* « *hérédité* que sur celle à laquelle le successible entendait renoncer. » Et après avoir cité les art. 1109 et 1110, ils ajoutent en note « que, « dans la matière qui nous occupe, l'erreur ne peut être une cause « de nullité de la renonciation que lorsqu'elle porte, comme dans *le* « *cas prévu au texte, sur la substance* de l'hérédité elle-même. » Il nous semble qu'il y a là confusion. Les art. 1109, 1110, cités, sont aussi incompatibles avec ce qui est porté au texte, que ce texte lui-même est contraire à ce qui est dit dans la note.

de nullité ? La réponse est très-simple : c'est que l'erreur, dans le cas de l'art. 887, devient une cause de nullité absolue lorsqu'elle ne se confond pas avec la lésion. Dans les contrats, la loi a reconnu certains effets spéciaux au défaut de consentement résultant de l'erreur sur les qualités substantielles de l'objet de la convention. Il n'en a pas été, et il ne pouvait pas en être de même dans les partages, ainsi qu'on pourra le voir en parcourant les différentes hypothèses qui peuvent se présenter.

Si l'on a compris dans le partage des objets appartenant à des tiers, ou si l'on a omis d'y comprendre des objets appartenant au défunt, comme aussi lorsque la valeur des biens qui sont entrés dans la composition des différents lots n'a pas été équitablement fixée, l'action en nullité pour erreur n'est pas recevable. Mais il y aurait lieu, dans le premier cas, à une action en garantie d'éviction, dans le second, à une action en supplément de partage, et dans le troisième, à une action en rescision pour lésion, pourvu que la lésion soit de plus du quart.

Ces solutions sont données par presque tous les auteurs (1), et Demante (2) y ajoute l'observation suivante qui ne sera, croyons-nous, contestée par personne ; quoique l'erreur qui ferait comprendre

(1) Marcadé, III, p. 298. — Aubry et Rau, V, p. 277. — Chabot sur l'art. 877-2°.

(2) *Cours anal.*, III, p. 370.

dans le partage des biens qui ne devraient pas y entrer, et celle qui consisterait au contraire à en exclure des biens de la succession, ne puissent, en général, donner lieu qu'à des actions en garantie ou en supplément de partage, il se pourrait cependant faire aussi que l'erreur « sur l'existence d'un objet « compris dans le partage, ou exclu du partage, fût « de nature à constituer une nullité de droit, en fai- « sant défaillir entièrement la base du partage. »

Si l'erreur a porté sur l'existence des droits héréditaires, si l'on a omis un des cohéritiers, cet héritier aura la pétition d'hérédité pour réclamer ses droits, et agira comme si le prétendu partage n'était pas intervenu. En ce point encore les auteurs se rencontrent. Mais ils se partagent dans l'hypothèse où l'erreur ne consisterait pas à omettre un ayant droit, mais bien à admettre un étranger. « Dans ce cas, « dit Marcadé (1), les biens attribués à cet étranger « se trouveront toujours à la succession et être en- « core indivis ; ce sont des biens omis, pour lesquels « il y aura lieu à un supplément de partage, comme « on l'a dit plus haut. » Nous ne saurions admettre cette opinion de Marcadé. Nous croyons qu'il y a une grande différence à omettre simplement certains objets du partage, et à admettre un étranger à partager. La première hypothèse place bien les parties

(1) Loc. cit.

dans les conditions de l'art. 887, 2e al., qui n'accorde qu'une action en supplément de partage. Il en est tout autrement lorsque la participation d'un étranger a vicié tout le partage. — Le partage dans ce dernier cas, d'après Demante, est *assis sur une fausse base*, il est *irrégulier*, comme dit M. Valette, et partant *nul* (1). C'est aussi l'opinion de MM. Aubry et Rau. « Que si, disent-ils, la qualité de cohéritier « avait été faussement attribuée à l'un des copartageants, les intéressés pourraient, sans attaquer le « partage, qui serait, sous ce rapport, à considérer « comme non avenu, demander le délaissement. »

Reste enfin une dernière hypothèse : celle où l'erreur porte sur la quotité des droits des héritiers. Ici encore le partage est nul, d'après M. Valette et Demante, comme irrégulier, comme péchant par la base. Marcadé, aussi, veut qu'il soit nul, mais, ajoute-t-il, pour *défaut de cause*. Mais il y a, si nous ne nous trompons pas, une double inconséquence dans cette assertion de Marcadé. Tout à l'heure, il considérait les biens donnés en partage à un étranger comme simplement omis, et il ne proposait qu'un supplément de partage. Pourquoi alors voit-il une nullité radicale dans le cas où l'on a donné des biens pour un tiers à celui qui n'avait droit que pour un

(1) Il est en effet de l'essence du partage de ne pouvoir avoir lieu qu'entre co-propriétaires.

quart? Pour être conséquent, il n'aurait dû y voir qu'un douzième de biens omis à l'occasion desquels il y aurait lieu à supplément de partage. Il serait inutile de refaire le partage en entier; il est évident que les biens omis se trouvent dans le lot de l'héritier qui a reçu plus que sa part héréditaire, et qu'il n'y a que ces biens à partager. — Une autre inconséquence de Marcadé consiste à dire que ce partage est nul faute de *cause.* Nous cherchons en vain le sens qu'il attache à ces mots. Nous comprenons fort bien qu'on dise comme M. Valette et Demante, qu'en réalité il n'y a pas ici de partage, parce que le partage ne s'entend pas d'une convention quant aux biens d'une succession conclue avec des étrangers, ou bien avec des héritiers pour une part plus grande que celle que la loi leur attribue. Mais dire que le partage est nul faute de cause, c'est vraiment incompréhensible. Pourquoi Marcadé ne disait-il la même chose quand il s'agissait d'un partage avec un étranger? — C'est là une preuve de ce que le mot *cause* laisse de vague dans l'esprit. Une vente est-elle nulle pour défaut d'objet ou de prix, on dit qu'elle est nulle faute de cause. Un partage est-il intervenu dans des conditions qui font que ce n'est pas un partage, on dit encore que le partage est nul faute de cause. *Cui bono?* Ne suffisait-il pas de constater, comme le font M. Valette et Demante, qu'il n'y a pas partage en pareil cas, parce que les conditions essentielles à sa formation font défaut? Ces mêmes observations sont applicables dans l'hypothèse de l'art. 1073, relatif au partage d'ascendants. Et à l'appui de ce que nous disions touchant l'inutilité de faire intervenir l'idée de cause, nous ferons la remarque que MM. Aubry et Rau, après avoir, au § 626, et à l'occasion *des actions par lesquelles un partage ordinaire peut* être attaqué, attribué au défaut de cause la nullité qui résulterait de *ce que la qualité de cohéritier avait été faussement attribuée à l'un des copartageants*, etc., ne parlent plus de défaut de *cause* lorsqu'il s'agit de ces mêmes nullités dans les partages d'ascendants, se contentant de se demander, § 732, « entre quelles per- « sonnes les partages d'ascendants doivent être faits « pour être valables. » La nullité qui, au § 626, était attribuée au défaut de cause, est attribuée au § 732, et avec plus de raison, au défaut des conditions exigées, quant aux personnes qui interviennent dans un partage, pour que ce partage soit valable.

De l'erreur en matière de testaments (1).

Nous avons peu de choses à dire touchant l'erreur en fait de dispositions testamentaires. Celles-ci devant être l'expression d'une volonté parfaitement libre et éclairée de la part du testateur, il y va de soi qu'elles sont susceptibles d'être annulées toutes les fois, et

(1) V. sur ce point MM. Aubry et Rau, t. v, p. 465.

par cela même, que l'erreur aura occasionné le défaut de volonté.

Ainsi l'erreur vicie les dispositions testamentaires, soit qu'elle tombe sur la personne même du légataire, soit qu'elle ne tombe que sur une simple qualité supposée à ce dernier, pourvu que dans ce cas il soit certain que le legs a été fait plutôt en vue de la qualité qu'en faveur de l'individu.

Quant à la fausseté du motif qui a pu porter le testateur à léguer, elle n'entraîne la nullité du legs, au cas même où ce motif a été indiqué dans le testament, qu'autant qu'il y a été énoncé sous la forme d'une condition (1), ou qu'il résulte clairement des termes du testament que le testateur a voulu faire dépendre l'efficacité du legs de l'existence de ce motif (2). Du reste, il est indifférent que l'erreur dans laquelle s'est trouvé le testateur soit une erreur de droit ou de fait (3).

Faut-il ajouter que l'erreur commise par le testateur sur le prénom ou le nom du légataire ne porte aucune atteinte à la validité de la disposition, quand

(1) Troplong, I, 387.

(2) Merlin, *Rép.*, v° *Legs*, sect. 2, § 2, n° 14 ; Toullier, v, 654 et 703. V. surtout, pour le développement de ces idées, Pothier, *Des test.*, chap. 2, sect. 2, § 1 et s., où M. Bugnet fait remarquer que, bien que « le Code ne contienne aucun article sur ce sujet, toutes « les règles qu'on trouve dans Pothier sont trop évidentes pour ne pas « être suivies, etc. »

(3) V. MM. Aubry et Rau, t. v, p. 466, et en note les renvois à Furgole et à Toullier.

il n'existe pas d'incertitude sur la personne qu'il a entendu gratifier? Que la démonstration erronée de l'objet légué ne vicie pas non plus la disposition, lorsque, indépendamment de la démonstration et en la retranchant, cet objet est encore suffisamment indiqué? Que cette règle reçoit néanmoins exception, lorsque la démonstration a été exprimée implicitement au moins sous forme de condition? En vérité, tout cela semble trop élémentaire pour y insister; et nous croyons pouvoir dire autant de cette autre règle de l'art. 1021, qui établit la nullité du legs de la chose d'autrui (1).

Si la volonté du testateur est la loi souveraine lorsqu'il s'agit de régler la validité et l'étendue du legs, elle ne l'est pas moins pour ce qui est de la révocation : dans les cas, bien entendu, où la révocation du legs ne se relie pas à celle du testament (2), ou ne résulte pas de quelque présomption spécialement indiquée par la loi, comme dans l'art. 1038, pour l'aliénation faite par le testateur.

Enfin, la répudiation d'un legs, quoique devenue définitive, peut être rétractée pour cause d'erreur. Et pour cette hypothèse, nous croyons pleinement

(1) V. Marcadé, IV, p. 97; Mourlon, *Répét. écr.*, II, p. 380. C'est avec raison, croyons-nous, que sur la foi des travaux préparatoires, ce dernier auteur tient pour bon le legs qui serait fait dans ces termes: « Je lègue à Paul la maison A, qui appartient à Titius »

(2) Qui ne saurait se faire que d'après des conditions déterminées. V. les art. 1035, 1036.

applicables, du moins pour ce qui est de la répudiation des legs particuliers, les dispositions des art. 1109, 1110, dont nous repoussions plus haut l'application que MM. Aubry et Rau voulaient faire en matière de succession. Ce dernier point se rattachant à ce que nous disons de l'erreur substantielle dans les contrats, nous n'avons pas à nous en préoccuper ici. Concluons que l'erreur n'exerce aucune influence particulière dans la matière des successions et des dispositions testamentaires.

DE L'ERREUR OU DE LA BONNE FOI EN MATIÈRE D'ACQUISITION DES FRUITS ET DE PRESCRIPTION.

Les très-longs développements dans lesquels nous sommes entrés, touchant ces deux institutions en droit romain, nous autorisent à être plus courts en ce qui concerne le droit français.

Parlons d'abord de la bonne foi nécessaire à l'acquisition des fruits.

L'art. 549 nous dit que le simple possesseur ne fait les fruits siens que dans le cas où il possède de bonne foi, et l'art. 550 ajoute que « le possesseur « est de bonne foi quand il possède comme proprié« taire en vertu d'un titre translatif de propriété « dont il ignore les vices, et qu'il cesse d'être de « bonne foi du moment où ces vices lui sont con« nus. » La loi française établit elle-même, et de la manière la plus explicite comme on le voit, ce que nous nous étions efforcé de démontrer en droit romain : que la bonne foi n'est pas autre chose qu'une négation, et que ce n'est pas parce qu'on est de bonne foi qu'on gagne les fruits, mais bien qu'on n'est pas obligé de les rendre parce qu'on n'est pas de mauvaise foi. Le Code, en effet, nous dit que l'on est de bonne foi *lorsqu'on ignore* les vices de son titre de propriété. Connaît-on les vices de sa possession? on est alors de mauvaise foi et l'on tombe sous l'application des art. 549, C. N., et 129, C. de p. Est-on, au contraire, de bonne foi? on rentre alors sous l'application des règles générales. Notez même que, selon le droit français moderne, on peut dire, dans un sens différent, il est vrai, de celui de la coutume de Normandie (1), que le possesseur de mauvaise foi fait les fruits siens; car, de quoi en définitive est-il tenu, en vertu de l'art. 129, C. p.? A une simple restitution de *valeurs*. Ce n'est que pour la dernière année seulement qu'il est tenu à restituèr les *fruits eux-mêmes*. Les auteurs et la jurisprudence sont même presque unanimes pour décider que la différence est grande entre la restitution à faire par

(1) Le possesseur de mauvaise foi n'était pas soumis sous la coutume de Normandie à aucune restitution pour les fruits perçus jusqu'au jour de la demande (art. 62), *à moins*, dit Flaust, *qu'il ne fût question d'une possession usurpée par la force, ou d'une possession fondée sur un contrat nul ou frauduleux, lequel serait annulé* (t. II, chap. 3, § 4). V. aussi Basnage sur l'article.

le possesseur de mauvaise foi des fruits perçus avant la demande, et celle des fruits perçus après la demande (1). Les restitutions auxquelles est tenu le possesseur de mauvaise foi ont bien plus le caractère d'indemnité que celui qui résulterait d'une simple revendication. C'est ainsi que M. Demolombe nous dit (2) que, « en prenant possession, soit par un dé« lit, soit par un quasi-délit, suivant les circons« tances, d'une chose appartenant à autrui, le pos« sesseur de mauvaise foi *s'est obligé* envers le « maître *à réparer* tout dommage qui résultera pour « lui de son indue possession (art. 1382).

Le même auteur ajoute que « l'origine et la cause « de son obligation ainsi constatées, il sera facile « d'en mesurer les effets et l'étendue ; qu'en ce qui « concerne la chose elle-même, le possesseur de « mauvaise foi *devra indemniser* le maître de tout « le dommage qui résulterait, soit des dégradations « qu'il avait commises, soit du défaut d'entretien ; « qu'il devra des dommages-intérêts d'une somme « égale à celle que les loyers auraient produite, etc.»

Les restitutions du possesseur de mauvaise foi étant ainsi la conséquence de son obligation de dommages-intérêts, il est naturel d'en conclure que

(1) Pour ces derniers, il est tenu, d'après l'ordonnance de 1667, à rendre le plus haut prix pour lequel ils ont pu être vendus dans le cours de l'année. V. Boitard, *Code de pr.*, I, p. 276.

(2) *De la propr.*, I, p. 520.

le possesseur qui n'est pas de mauvaise foi, qui n'a pas commis de délit ou de quasi-délit, qui n'a rien à se reprocher, le possesseur de bonne foi, en un mot, n'aura rien à restituer, rien à rendre, puisque la base même de son obligation, le délit, le quasi-délit, font ici entièrement défaut. Sa situation est donc celle du droit commun. Il gagne les fruits non-seulement en ce sens qu'il n'est pas soumis à la revendication de ce chef (nous avons vu que le possesseur de mauvaise foi, lui aussi, n'est pas attaqué par une revendication proprement dite) (1), mais surtout en ce sens que, n'étant pas obligé *ex delicto*, il n'est tenu à aucun remboursement, *à aucune indemnité*, pour les fruits qui sont entrés dans son patrimoine en vertu des principes généraux d'acquisition de la propriété.

Or, quel est ici le principe, quel est le mode d'acquérir du possesseur de bonne foi quant aux fruits? M. Demolombe (2) veut que ce soit *la loi*. « Il est évident, dit-il, que ce n'est point *le droit d'accession*. M. Duranton qui a écrit que l'*acquisition des fruits est une sorte d'accession* à la bonne foi, ne

(1) V., à l'art. 549, la trace persistante du principe sur lequel nous avons longuement insisté dans la partie consacrée au droit romain et d'après lequel il n'y a pas de revendication principale de fruits. « Dans le cas contraire, dit l'art. 549, le possesseur de mauvaise foi « est tenu de rendre les produits *avec la chose* au propriétaire qui *la* « revendique. »

(2) *Ibid*, p. 562.

croit pas lui-même à l'exactitude de cette idée ; et il enseigne que la perception est au contraire pour le possesseur un mode d'acquérir *principal et originaire.* Nous croyons, pour notre part, que l'acquisition des fruits par le possesseur de bonne foi a pour cause, avant tout, la loi, le bienfait de la loi, qui fait son titre. » Mais quel est le droit qui n'a pas sa cause immédiate dans la loi ? Dire que le possesseur de bonne foi acquiert les fruits en vertu de la loi, c'est dire qu'il les acquiert parce qu'il les doit acquérir. Dans le droit romain, la loi figurait, quoique rarement, parmi les modes d'acquérir, parce que la rigidité des anciens principes ne permettait pas de ranger sous aucun autre chef certains cas où il y avait attribution de propriété. Mais cette manière de voir ne devrait pas être admise aussi facilement dans notre droit moderne. Nous ne voulons pas entamer là-dessus une discussion qui nous entraînerait trop loin. Nous nous contentons de faire remarquer qu'en disant que le possesseur de bonne foi fait les fruits siens, en vertu de la loi, on ne présente à l'esprit aucune idée nette.

Marcadé, lui, veut (1) que le possesseur gagne les fruits en vertu de l'art. 2279. « C'est un principe de notre droit, dit-il, principe proclamé sous une rédaction très-vicieuse par l'art. 2279, qu'en fait de

(1) T. II, p. 402.

choses mobilières, la possession de bonne foi opère instantanément la prescription, et rend dès lors immédiatement propriétaire. Donc, quand un tiers possède de bonne foi l'immeuble appartenant à autrui, les différents produits de cet immeuble devenant meubles par leur séparation du fonds, et se trouvant ainsi mobilisés pendant et sous la possession du tiers, deviennent à l'instant même sa propriété. » Cette opinion de Marcadé, quelque ingénieuse qu'elle soit, est assurément fausse. D'abord, elle est fausse parce qu'il veut appliquer l'art. 2279, qui ne vise que la tradition, à une hypothèse où il ne saurait être question de tradition, et ensuite parce qu'il exagère les avantages du possesseur de bonne foi en lui accordant non-seulement les fruits, mais même les *produits*. Marcadé enseigne, il est vrai, que la première partie de l'art. 549 est inexacte, et qu'il y faut entendre par fruits tous les produits. Mais nous croyons, au contraire, que le mot *produits* n'est employé dans le second alinéa du même article, que comme synonyme de *fruits*, avec d'autant plus de confiance, que l'art. 138 n'accorde aussi que les fruits au possesseur de bonne foi d'une succession. Marcadé a de plus contre lui des considérations morales très-concluantes (1), l'autorité de la Cour de cassation (2), et enfin le droit romain. Dans ce dernier

(1) V. Demolombe, *ib*, p. 564.

(2) « Attendu que les arbres au paiement desquels les demandeurs

droit le principe de l'art. 2279 n'existait pas, tant s'en faut, et pourtant le résultat était le même quant au possesseur de bonne foi. Il est donc évident que le principe en vertu duquel le possesseur de bonne foi gagne les fruits est aujourd'hui le même que dans le droit romain, et du moment que en droit romain nous avions assigné comme mode d'acquérir du possesseur de bonne foi l'*occupation*, nous ne voyons pas pourquoi nous n'en ferions pas autant en ce qui concerne le possesseur de bonne foi du droit français. Qu'on veuille remarquer d'ailleurs qu'il n'y a aucune analogie entre les produits et les fruits ; les fruits n'ont jamais été à proprement parler dans le patrimoine du propriétaire, tandis qu'il en est autrement des produits ; avec la meilleure foi du monde je ne puis m'approprier par simple occupation la chose d'autrui, ou partie de cette chose, et tel est le cas des futaies abattues, du mur démoli, etc. : *quod in fructibus dissimile est qui nunquam debitoris fuerunt.*

Le possesseur de bonne foi fait donc les fruits siens par occupation. Or pour cela que faut-il? qu'il ne soit pas de mauvaise foi, et c'est à cela que revient

« ont été condamnés, étaient des arbres de haute futaie, qui n'a« vaient pas été mis en coupes réglées ; qu'ainsi ils ne faisaient plus « partie des fruits que le possesseur de bonne foi est autorisé à re« tenir. » (8 décembre 1836 ; Cassation, *Journal du Palais*, 1837, I, 126.)

en définitive la définition du Code, lorsqu'il exige que le possesseur *ait ignoré* les vices de son titre. Tout le monde est d'accord en effet pour dire que, dans la matière de l'acquisition des fruits, il ne faut pas s'attacher avec rigueur à l'existence du titre ; qu'un titre putatif suffirait, et que la bonne foi elle-même doit être entendue *latissimo sensu*, et seulement comme impliquant bien plus le défaut de mauvaise foi que l'idée de quelque condition positive.

En voici de nombreux exemples :

Les anciens auteurs admettaient et la jurisprudence paraît avoir consacré ce principe, que le titre même seulement putatif suffit pour que le possesseur soit considéré comme de bonne foi à l'effet d'acquérir les fruits (1).

La jurisprudence décide aussi que celui qui a acheté *à non domino* la chose d'autrui, avec stipulation de non-garantie ou même à ses risques et périls (art. 1628, 1629), peut ne pas être de mauvaise foi (2). Plus il est difficile, pour ne pas dire impossible, de se rendre compte de cette décision, lorsqu'on prend pour point de départ l'idée que la bonne foi consiste *dans la croyance positive que la chose*

(1) Pothier, *Propr.*, n° 293. — Cass., 24 février 1834; Augier, Dev., 1834, I, 78; Colmar, 18 janvier 1850; Ranner, Dev., 1851, II, 533. — Demol., *Propr.*, I, p. 536. — Bonnier, Duc., Roust., II, n° 100.

(2) Caen, 2e chambre, 28 août 1835, Renauld. — V. Demol., *ib.*, p. 537.

nous appartient légitimement, plus il est facile au contraire de se rendre compte de cette jurisprudence, lorsqu'on part de l'idée que le possesseur se rend propriétaire par occupation et que la bonne foi n'est que l'absence de mauvaise foi et des obligations à indemnité qu'entraîne tout délit, tout quasi-délit.

La jurisprudence décide encore que le possesseur fait les fruits siens lorsqu'il a acheté sciemment, d'un mineur, un fonds, dont ce mineur était propriétaire (1). Dans cette hypothèse il ne peut être question de bonne foi, dans ce sens que le possesseur *croirait avoir acquis la propriété*. Il n'est de bonne foi qu'autant qu'il espère obtenir la ratification de cet acte. M. Demolombe se montre conséquent avec sa doctrine en combattant cette décision. Mais elle ne montre que davantage combien la définition même qu'on donne de la bonne foi est étroite.

La jurisprudence est d'avis (2) que le titre nul pour vice de forme n'empêche pas l'acquisition de fruits. S'il s'agissait pour le possesseur de prescrire par dix ou vingt ans la propriété d'un immeuble qu'il croit avoir acquis, l'art. 2267 lui déclarerait nettement que : « Le titre nul pour défaut de forme « ne peut servir de base à la prescription de dix

(1) Amiens, 18 juin 1814, Esseux, Sirey, 1815, II, 40. — Cass., 5 déc. 1826, Douceur, Sirey, 1827, I, 130.

(2) V. de nombreuses citations d'arrêts dans Demol., *ib.*, p. 343.

« ou vingt ans. » Mais il s'agit de l'acquisition de fruits, et « la vérité est, dit M. Demolombe, qu'il « n'y a ici qu'une seule condition exigée, à savoir : « la bonne foi, c'est-à-dire, l'ignorance des vices « du titre, » ou plutôt le défaut de mauvaise foi.

Bien que les opinions ne soient pas d'ailleurs fixées sur ce point, on reconnaît généralement que toute distinction entre l'erreur de droit et l'erreur de fait doit être repoussée lorsqu'il s'agit de l'acquisition des fruits (1). Cela est si vrai, que les partisans de la doctrine contraire hésitent eux-mêmes dans l'application, et n'osent pas en affronter toutes les conséquences. Et cet embarras nous paraît d'autant plus significatif que le système qui distingue entre l'erreur de droit et de fait est visiblement dominé par le souvenir du droit romain et les inventions des commentateurs dont nous avons discuté plus haut le mérite. C'est ainsi que l'on reconnaît généralement que, s'il n'est pas permis d'ignorer un principe, il est permis du moins de se tromper sur le fait de son application ; ou encore que l'erreur sur le sens d'une loi douteuse et controversée pourrait ne pas être exclusive de la bonne foi (2). « On « ne réserve, dit M. Demolombe (3), l'application

(1) V. les nombreuses autorités en doctrine et en jurisprudence citées par M. Demolombe, *ib.*, p. 548.

(2) V. *supra*, p. 113.

(3) *Ib.*, p. 547.

« de la doctrine qui distingue entre l'erreur de « droit et l'erreur de fait, que pour les cas où il « s'agit de la violation d'une loi formelle, d'une « violation de nature à frapper les regards les moins « attentifs. Que la bonne foi ne doive être, ajoute « avec raison le même auteur, dans ce dernier cas, « que difficilement admise, nous le croyons nous-« même; mais ce n'est là qu'une application de fait, « et nous ne croyons pas qu'il faille, même pour ce « cas, poser en principe aucune distinction. » C'est par ces considérations que la Cour de Pau accordait le bénéfice de l'acquisition des fruits à un maire, adjudicataire d'un bien de la commune qui lui avait été adjugé par *le notaire sur la réquisition de l'adjoint, assisté du sous-préfet de l'arrondissement*, le tout en contravention flagrante de l'art. 1596 (1).

Il serait aisé de multiplier les exemples, mais cela serait peu utile. En somme il nous paraît indubitable que, dans la matière de l'acquisition des fruits, la question du titre revient à celle de la bonne foi, et que celle-ci, revenant à l'idée d'occupation, n'a d'autre fondement que l'absence de mauvaise foi. Si donc le possesseur n'est jamais tenu de prouver sa bonne foi, ce n'est pas en vertu de la présomption de l'art. 2268, mais bien parce que, lorsqu'on vient

(1) V. arrêt de la cour de Pau du 13 mai 1835, *cassé* le 11 janv. 1843; Poymiro, Dev., 1843, 1, 149.

soutenir contre lui en justice qu'il doit restituer les fruits comme possesseur de mauvaise foi, c'est-à-dire qu'il est *obligé* envers le propriétaire par suite de son délit ou de son quasi-délit, c'est que, dans ce cas, disons-nous, *actori incumbit probatio* et que *actore non probante, reus absolvitur etiamsi nihil præstiterit.* — Nous nous en référons au surplus à ce que nous avons dit sur ce même sujet en droit romain.

Les articles concernant le droit d'accession relativement aux choses immobilières ou mobilières fourniraient aussi, au besoin, différentes considérations quant à la nature et aux effets de la bonne foi. Mais comme ce qui nous importe, c'est moins de discuter en détail le règlement de compte que la loi établit entre le propriétaire et le possesseur, que de préciser l'idée que l'on doit se faire du possesseur de bonne foi et de la bonne foi elle-même, nous nous contenterons de citer à l'appui de ce qui précède l'art. 555. Tout le monde convient que dans cet article on a voulu établir des distinctions entre le possesseur de bonne foi et celui de mauvaise foi. Il est indubitable que c'est sur les observations de la section de législation du Tribunat que la fin de l'article tel qu'il est a été ajoutée à la rédaction primitive *qui paraissait trop dure à l'égard du possesseur de bonne foi* (1). Or comment, ces deux classes de

(1) Fenet, t. XI, p, 94 et 100.

possesseurs se trouvent-elles désignées dans l'article? L'article ne parle pas de *possesseur de bonne foi*, ce qui aurait ramené à l'idée d'un possesseur *qui ignore les vices de son titre* (art. 550) ; il ne parle que d'un possesseur qui n'aurait pas été condamné à rendre les fruits perçus. Peut-on douter après cela que les rédacteurs du Code entendaient par possesseur de bonne foi, simplement celui qui n'était pas de mauvaise foi? Ils commencent d'abord par établir la nécessité de la restitution des fruits par le possesseur de mauvaise foi, comme une conséquence de son délit ou quasi-délit, et ce n'est que par exclusion ensuite qu'ils comprennent sous le titre de possesseur de bonne foi tout possesseur qui, évincé, n'est pas condamné à la restitution des fruits (1).

(1) Comme application pratique de cette distinction, je citerai la décision suivante de MM. Taulier (t. II, p. 274) et Demolombe (*ib.*, p. 628) : « L'art. 555 doit être appliqué au cas où les travaux « auraient été faits par un tiers qui ne possédait pas le fonds, soit « que le fonds fût possédé par un autre tiers, soit qu'il fût possédé « par le propriétaire lui-même. Dans ce cas, il faudrait dans le rè- « glement des rapports du propriétaire du sol avec le tiers construc- « teur ou planteur, considérer la *bonne foi* ou la mauvaise foi per- « sonnelle de celui-ci, sans égard à la bonne foi ou à la mauvaise foi « du possesseur du fonds. » N'est-il pas évident qu'ici il ne peut plus être question de la bonne foi, qui consiste à avoir ignoré les vices d'un titre translatif de propriété, puisque ce tiers n'est pas même possesseur? N'est-il pas évident que par tiers constructeur ou planteur de bonne foi, l'on doit entendre celui qui n'est pas de mauvaise foi? Que c'est là le sens dans lequel doit être entendu l'art. 555 et même l'art. 549 en définitive?

De la prescription. — Nous avons à examiner le rôle que l'erreur joue dans la prescription ou plutôt si l'erreur exerce quelque influence dans cette institution. En traitant du droit romain nous avons établi que la prescription prenait son origine dans l'idée de l'acquisition par le temps ; que les Romains, quoi qu'on en ait dit, exigeaient toujours l'existence d'un *vrai titre*, et qu'enfin la bonne foi, l'erreur, n'y figurait que dans ce sens, qu'il ne fallait pas qu'on fût de mauvaise foi. Ces mêmes idées sont celles que nous retrouvons dans le Code.

Ce qui frappe surtout les rédacteurs dans l'institution de la prescription, c'est l'idée que la prescription est un moyen d'acquérir par le temps. L'art. 2219 porte très-explicitement « que la pres- « cription est un moyen d'acquérir ou de se libérer « *par* un certain laps de temps, et sous les condi- « tions déterminées par la loi. » Vainement M. Troplong (1) et Marcadé aussi (2) se livrent-ils à des critiques amères sur cette manière de s'exprimer des rédacteurs. Nous n'avons pas à faire ici le procès de toutes les théories philosophiques qu'on peut imaginer à l'occasion de la prescription. Que des auteurs, comme M. Savigny, veuillent y voir une conséquence de l'*excusabilité de certains actes de l'homme*, ou

(1) *De la prescr.*, nº 24.
(2) *Comm.* sur l'art. 111º.

que d'autres y attachent l'idée d'une pénalité, tout cela nous touche peu. L'essentiel pour nous, c'est que le Code y a vu un mode d'acquisition et de libération *par le temps*, et qu'en ceci le droit français est en tout semblable au droit romain.

Il n'en est pas autrement pour ce qui concerne la théorie du titre. Nous croyons avoir démontré qu'en droit romain on ne pouvait usucaper sans titre, et que la théorie du titre putatif n'est qu'une invention des commentateurs modernes. Or, il en est de même en droit français, et les art. 2265, 2267 ne laissent aucun doute sur ce point. Il est vrai que l'on a soutenu que c'est par suite d'une prétendue erreur des anciens commentateurs (1) qui regardaient ce juste titre comme exigé aussi dans tous les cas par le droit romain, que cette règle a été introduite dans le droit français. Mais on pense bien que ce n'est pas nous qui adresserons pareil reproche aux rédacteurs du Code. Au reste il ne faut pas oublier qu'il se peut très-bien faire que, tout en admettant une complète uniformité pour tout ce qui a trait au *titre* dans les deux législations, les changements introduits sur d'autres principes amènent des solutions différentes. Ainsi, pour prendre un exemple très-connu, nous avons vu Neratius et Africain décider que le mandataire qui nous aurait fait tradition d'un fonds qu'il pré-

(1) Marcadé, *ib.*, p. 194.

tendrait faussement avoir acheté, nous mettrait en état d'usucaper. En droit français, on donne ordinairement la solution contraire (1), et avec raison, croyons-nous ; non parce que, d'après Marcadé, « l'unique question en droit romain était, en définitive, de savoir s'il y avait bonne foi, et que cette « idée est inadmissible sous le Code, qui exige positivement l'existence du titre, » mais parce que la portée du contrat de mandat n'est plus aujourd'hui la même qu'en droit romain. Sous ce dernier droit, et en s'en tenant à la rigueur de la définition scientifique du contrat, c'était de la tradition effectuée par le mandataire que devait dater la translation de propriété, le mandataire contractait alors pour lui-même. Aujourd'hui il contracte *pour le mandant et en son nom* (art. 1984), et la prétendue vente qui aurait été faite à mon mandataire ne serait pas plus un titre pour moi mandant, que si je prétendais qu'on m'avait vendu la chose à moi quoiqu'aucune opération de ce genre ne fût intervenue. Ajoutons aussi à cette occasion que la tradition ne joue plus dans le droit français le même rôle qu'en droit romain. Aujourd'hui c'est bien plus par l'individualisation de la chose à livrer que la translation de propriété a lieu, que par une tradition réelle ou fictive. La tradition s'identifie donc avec la cause qui y donne lieu, bien

(1) Marcadé, *ib.*. p. 198.

plus sous le Code Napoléon, que dans les principes du Digeste. Pour ce dernier, nous avions vu une *justa causa usucapiendi* dans la tradition, indépendamment de l'acte qui l'avait précédée : il serait plus difficile de trouver des applications de cette théorie sous l'empire du Code. Mais les détails sur la portée et le sens du titre et de la tradition restent en dehors de notre programme.

En est-il enfin en droit français autrement qu'en droit romain de la troisième condition de l'usucapion, la bonne foi? Nous avons donné les raisons qui faisaient qu'en droit romain la bonne foi n'était, en matière d'usucapion, que la condition du défaut de mauvaise foi. Ces mêmes arguments seraient aussi très-concluants à notre avis en droit français; car un fait incontestable, c'est qu'en cette matière les rédacteurs n'ont fait que suivre les anciens commentateurs, qui eux-mêmes copiaient les dispositions des lois romaines. Et, d'ailleurs, pourquoi serait-il de la bonne foi en matière de prescription autrement que de la bonne foi en matière de l'acquisition des fruits, où nous venons à l'instant d'établir qu'elle ne consiste, d'après le Code même, qu'à être exempt du reproche de mauvaise foi? Une bonne preuve de ce que nous disons serait puisée dans les discussions interminables qui se renouvellent toujours et quoi qu'on fasse, lorsqu'il s'agit de déterminer la limite exacte qui sépare la théorie de la bonne foi de celle du juste titre. Dans les art. 549, 550 la loi les confond en réalité, et lorsque à propos de la bonne foi requise pour la prescription on veut donner une idée quelque peu rigoureuse de la bonne foi, les meilleurs auteurs finissent par retomber dans la question du juste titre. La définition qui consisterait à dire que le possesseur de bonne foi est celui qui croit avoir acquis *a domino*, ou qui croit que son auteur était propriétaire, est évidemment trop étroite. Aussi Marcadé (1), Tròplong, Mourlon et d'autres auteurs sont-ils d'avis que pour qu'il y ait bonne « foi, il faut : 1° que l'acquéreur ait cru l'alié« nateur propriétaire de l'immeuble; 2° qu'il l'ait « cru capable de l'aliéner ; 3° que le titre de trans« mission ait été à ses yeux pur de toute espèce de « vice. »

Ou nous nous trompons fort, ou toutes ces conditions, tous ces éléments de la bonne foi seraient bien mieux saisis si l'on eût dit tout simplement que le possesseur doit ne pas être de mauvaise foi. On répète fort souvent que la bonne foi doit être entendue dans la matière de la prescription d'une manière bien plus rigoureuse que dans celle de l'acquisition des fruits; mais il est impossible de concevoir une bonne foi meilleure qu'une autre. La rigueur de la loi porte sur l'exigence du juste titre; quant à la

(1) *Ib.*, p. 201.

bonne foi, nous pensons que, tout bien considéré, elle est la même dans les deux cas. A quoi Zachariæ arrive-t-il lorsqu'il dit (§ 217) que le sens des expressions bonne foi en matière d'usucapion est plus restreint, « et qu'elle consiste uniquement dans la « croyance où est l'acquéreur, que la chose appar- « tient à celui qui en dispose en sa faveur, ou « mieux encore, dans l'ignorance où il se trouve que « le disposant n'en est pas le légitime propriétaire? »

Cette explication est d'abord contraire à celle que fournissent Marcadé et d'autres auteurs, quant aux éléments multiples qui concourent à la formation de la bonne foi en matière d'usucapion. Ensuite, elle est peu conciliable avec ce que cet auteur dit lui-même plus bas, lorsqu'il déclare « que les appré- « hensions que peut avoir un acquéreur sur la va- « lidité de son acquisition considérée sous tous au- « tres rapports ne le constituent pas en mauvaise « foi. » Il résulte évidemment de là qu'aux yeux de Zachariæ l'essentiel pour décider s'il y a lieu ou non à l'acquisition par dix ou vingt ans, c'est le défaut de mauvaise foi, bien plus que la croyance positive au droit de l'aliénateur.

Un acte tel que si l'aliénateur eût été propriétaire, il nous eût transmis la propriété (juste titre), absence de mauvaise foi, telles sont à notre point de vue les deux conditions essentielles de la prescription.

L'exemple suivant montrera l'avantage qu'il y a à envisager ainsi les choses.

Supposons qu'après avoir apporté dans une société un immeuble qui ne m'appartient pas, cet immeuble, lors de la dissolution et par l'effet du partage, tombe à mon lot ou bien au lot d'un de mes associés, *quid juris?* Il y a une première distinction à faire, selon que l'on considère la société comme une personne civile ou non. Si on reconnaît à la société une existence civile, « elle devient (1), en droit, un être qui « doit avoir les mêmes avantages que tout autre individu; et si elle pouvait parler, elle dirait avec raison « qu'elle possède de bonne foi et *ex justa causa.* » Mais dans cette première hypothèse, il y a ici à remarquer que la loi qui peut bien donner à la société une existence civile, ne peut point aller jusqu'à lui prêter des sentiments honnêtes ou malhonnêtes, de la bonne ou de la mauvaise foi. Si donc il fallait nécessairement, pour usucaper, la bonne foi, entendue dans le sens absolu d'une croyance positive, la société, être moral, ne pourrait jamais usucaper. Vainement argumenterait-on de l'art. 2268 qui présume la bonne foi. Cet article, lors même qu'on voudrait le prendre à la lettre, ne présume la bonne foi que là où il peut y avoir question de bonne foi ou de mauvaise foi, mais il n'a jamais eu pour but de prêter la

(1) V. Bugnet, sur Pothier, *Prescr.*, n° 79.

bonne foi aux êtres qui n'ont pu jamais avoir de sentiments moraux bons ou mauvais. Cette observation fait toucher du doigt pour ainsi dire la nécessité qu'il y a à admettre la bonne foi non comme une condition de l'existence de quelque croyance positive, mais bien tout simplement comme signifiant le défaut de mauvaise foi. On conçoit alors comment ces personnes juridiques, ne pouvant jamais être de mauvaise foi, sont admises à usucaper.

Mais revenons à la question que nous nous sommes posée plus haut : Que faut-il penser des effets d'un partage de société (personne juridique) quant à l'usucapion ? Le partage a un effet rétroactif (art. 883). Or comme dans l'hypothèse d'une société, personne morale, l'indivision n'a commencé à exister qu'après la dissolution de la société, c'est donc à cette dissolution même que remonte la fiction de l'art. 883, que ce soit au lot de celui-là même qui a mis le bien en société, ou dans le lot d'un de ses associés que le bien est tombé. La question définitive est donc celle-ci : le temps qui s'est écoulé depuis la dissolution de la société, personne morale, jusqu'au partage, profite-t-il, quant à la prescription, à celui dans le lot de qui le bien est tombé ? et à quelles conditions ? La difficulté ne peut point venir du chef de la possession, car ceux qui possèdent les biens indivis de la succession, de la société, etc., les possèdent (à moins que ce ne soient des usurpateurs) au nom de celui à qui ils seront dévolus définitivement en vertu des règles du partage. Ainsi point de difficulté de ce côté. La difficulté vient du chef de la bonne foi. — Si le partage est rétroactif en vertu de l'art. 883, si la possession intérimaire peut me profiter, ces circonstances sont complètement indifférentes lorsqu'il s'agit de la bonne foi. Celle de la société n'existe plus, car elle est dissoute, et la mienne, comment pourrait-elle exister, si je ne connais même pas le bien qui m'écherra en partage, si je n'y ai même pas songé de ma vie, et que la bonne foi consiste à se croire propriétaire d'une chose? Vainement dirait-on que la bonne foi consiste à croire non pas qu'on est propriétaire, mais bien que l'auteur de qui on tient le bien en était propriétaire, et que, dans l'espèce qui nous occupe, on a pu considérer comme une bonne foi suffisante celle qui a consisté à admettre que la société, être moral, était propriétaire de la totalité des biens. Cette distinction qui nous ramène à la discussion interminable de la bonne foi et du juste titre ne nous avance guère. Si l'on attache de l'importance à la circonstance que j'ai cru qu'un tel est propriétaire de telle maison, de tel champ, ce n'est que parce que c'est là la condition *sine qua non* de la croyance que je suis devenu moi-même propriétaire. Autrement s'inquiète-t-on des opinions plus ou moins erronées de Pierre et de Paul? Avant tout, il faut éviter en droit, comme en toute science, ces tours d'adresse du langage, ces *dissimilia* comme disait Bacon, *in quibus magis, valent acumina ingeniorum, quam veritas rerum*. Or, dès qu'on prend la bonne foi dans le sens d'une croyance positive quelconque, il est impossible de se rendre compte de la prescription qui a couru pendant l'intervalle qui s'est écoulé depuis le temps de la dissolution de la société et celui du partage. C'était là aussi l'idée de Pothier qui nous dit très-explicitement (1) que, « quoique je sois censé avoir acquis « pour le total ces choses qui me sont tombées en « partage dès le moment de *l'indivision* par l'effet ré- « troactif que notre jurisprudence attache aux par- « tages, néanmoins le temps de la prescription ne « peut commencer à courir que du jour du partage; « car n'ayant pu savoir avant le partage si ces choses « m'écherraient par le partage, je n'ai pu avoir, avant « le partage, l'opinion que j'étais propriétaire de ces « choses. C'est dans cette opinion que consiste la « bonne foi sans laquelle la prescription ne peut « courir. » Pothier refusait ici la prescription parce qu'il n'y trouvait pas la bonne foi telle qu'il la définissait. Mais dès qu'on admet la prescriptibilité, et c'est ce que font une foule d'auteurs, et notamment M. Bugnet, n'est-il pas évident qu'on ne peut justifier cette solution, qu'en s'attachant à l'idée de bonne

(1) *De la prescr.*, n° 79, *in fin.*

foi en tant qu'elle est exclusive de la mauvaise foi? M. Bugnet raisonne, il est vrai, dans le système qui considère la société comme une personne civile, mais d'abord il donne la même solution pour le cas de communauté (1), et la communauté n'est pas une société comme une autre ; ensuite, et en admettant même que la société soit une personne civile, toujours est-il qu'après sa dissolution, les associés se trouveront dans l'indivision, et c'est ce qui nous a fait raisonner pour le temps qui a suivi la dissolution de la société bien plus que pour le temps pendant lequel la société subsistait encore. C'est dans l'hypothèse où la société subsiste encore que Pothier et M. Bugnet se placent; mais le terrain sur lequel nous avons porté la discussion nous a semblé plus propre à mettre en saillie une seconde fois, dans cette même question, la nécessité de concevoir la bonne foi sous la forme négative de la mauvaise foi.

Nous avions admis jusqu'à présent que la société est une personne civile; mais les auteurs ne sont pas unanimes sur ce point. Voyons comment la question se présentera pour ceux qui ne voient dans la société qu'une convention d'indivision pour ainsi dire. Dans ce système l'effet rétroactif de l'art. 883 nous fait remonter non plus à la dissolution de la société, mais à la formation du contrat lui-même. Dans l'hypo-

(1) *Id. ib.*

thèse de la société personne civile, il n'y avait qu'une question de bonne foi, ici la question de bonne foi se complique de la question du titre. Ainsi, si, ayant apporté un immeuble dans la société, je reprenais ce même immeuble par l'effet du partage lors de la dissolution de la société, je ne pourrai pas chercher dans ce partage un juste titre pour prescrire. « La conséquence légale de ce partage, dit Marcadé (1), c'est que je suis censé avoir toujours été le seul possesseur de l'immeuble; je l'ai toujours possédé au même titre que je le possédais le jour que je l'ai apporté dans le fonds social; et c'est par l'état de choses antérieur à la société que se réglera l'effet de ma possession. Si donc cet immeuble m'était originairement advenu avec titre et bonne foi, la prescription de dix à vingt ans a couru pour moi; dans le cas contraire, je ne puis invoquer que celle de trente ans. »

Si l'on suppose que l'immeuble apporté par moi tombe dans le lot de mon coassocié, celui-ci sera réputé en avoir été seul possesseur dès le début de notre association, c'est-à-dire suivant le même auteur, « l'avoir directement acquis de moi dès cette époque; en sorte que c'est notre contrat même de société qui a constitué pour lui un titre translatif équivalent à une vente ou à un échange. » Marcadé

(1) *Prescr.*, art. 2269, III.

raisonne bien, croyons-nous, jusqu'ici. Mais qu'a-t-il prouvé en somme ? Il prouve que mon associé a juste titre ! Voilà ce qu'il prouve, mais cette preuve est insuffisante pour la fin qu'il se propose, à savoir, que mon coassocié sera censé avoir usucapé. Pour usucaper il faut la bonne foi, et c'est précisément le défaut de bonne foi qui avait motivé la décision de Pothier en sens contraire; or comment Marcadé lève-t-il cette difficulté ? L'opinion de Pothier, dit-il, était trop rigoureuse; mais il n'y a pas rigueur qui tienne lorsqu'il s'agit, comme dans la question qui nous préoccupe, de déduire tout simplement des conséquences logiques de principes législatifs aussi importants que ceux de l'art. 883 et 2269. Et en somme sur le chapitre de la bonne foi, Marcadé, qui exige pour en accorder le bénéfice que : 1° l'acquéreur ait cru l'aliénateur propriétaire de l'immeuble ; 2° qu'il l'ait cru capable de l'aliéner; 3° que le titre de transmission ait été à ses yeux pur de toute espèce de vice, Marcadé, disons-nous, qui exige tout cela, nous semble en réalité plus rigoureux que Pothier lui-même. D'ailleurs encore une fois, il ne s'agit pas ici du plus ou moins de rigueur. Pothier a opposé à ceux qui voudraient soutenir l'opinion de Marcadé, un raisonnement *in forma* qui ne souffre pas de réplique, tant que l'on s'en tient pour ce qui est de la bonne foi à l'idée positive d'une *croyance;* aussi Marcadé que trouve-t-il à opposer à Pothier, un passage de M Troplong (1), confirmé aussi par l'autorité de M. Dalloz (2), passage qu'il est plus facile d'admirer que de comprendre, dans lequel M. Troplong dit : « que pendant le cours de l'indivision la *possession* de ce communiste a été une possession *à toutes fins*, qui ne devait prendre son caractère définitif que par le partage ; que ce communiste se trouve avoir constamment possédé pour lui seul ce qui tombe à son lot, et n'avoir possédé le reste que comme mandataire et pour le compte de son copropriétaire ; que dès lors il est réputé s'être regardé comme étant propriétaire exclusif des choses, sous la condition résolutoire d'un partage qui les mettrait dans l'autre lot, etc. »

Il s'agissait de prouver que le communiste a été de bonne foi, dans ce sens qu'il *s'est cru propriétaire* ; or, que fait M. Troplong? il prétend que le communiste a *possédé à toutes fins*, c'est-à-dire, même à *fin de se croire propriétaire !* En vérité la portée de cette explication nous échappe. Mais si nous rejetons l'explication, nous ne faisons pas moins notre profit de la solution que nous croyons en somme très-bonne, puisque le communiste n'avait pas été de mauvaise foi, et n'avait pas eu l'intention de commettre un délit ou un quasi-délit. Il a possédé, dirons-nous pour employer les termes de M. Troplong, à *toutes fins hon-*

(1) *Prescr.*, n° 886.
(2) *Prescr.*, p. 292.

nêtes ; or posséder à toutes fins honnêtes (car c'est là en définitive le seul sens que nous puissions trouver à la phrase de M. Troplong), ou posséder sans mauvaise foi, n'est-ce pas tout un, et alors n'est-il pas évident que le communiste devra usucaper, puisque, sans être de mauvaise foi, il a un juste titre et la possession requise?

Nous renvoyons au surplus aux détails que nous avons donnés dans la partie consacrée au droit romain, sur cette vérité qui nous semble incontestable : que si en matière de prescription l'on a soin de bien séparer le titre de la bonne foi, celle-ci se trouvera ne consister que dans le défaut de mauvaise foi.

Si nous ne nous trompons, les recherches précédentes n'ont fait que confirmer les deux principes que le droit romain nous a déjà servi à mettre en lumière. Il demeure constaté qu'en droit français comme en droit romain : 1° il n'y a point de théorie générale de l'erreur; 2° dans les cas mêmes où la loi en fait l'objet de dispositions spéciales, elle ne se présente en réalité que comme une condition négative.

POSITIONS.

DROIT ROMAIN.

I. Dans la formule de l'action *in jus*, donnée par Gaius au §47 de son comm. IV, les mots *nisi restituatur*, qu'on est dans l'habitude d'intercaler, sont de trop.

II. Labéon a raison de dire dans la l. 21, *De contr. empt.* 18, 1, que le pacte obscur doit s'interpréter contre le vendeur, dans l. 34, *eod.*, que le vendeur n'est tenu qu'à ce qu'il a entendu donner.

III. La bonne foi exigée à deux époques différentes dans le contrat de vente est une conséquence de la nature de ce contrat.

IV. Les fruits perçus par le possesseur de bonne foi ne peuvent être revendiqués par le propriétaire.

V. Le titre putatif ne peut jamais servir de base à l'usucapion.

VI. La quarte Falcidie a eu à l'origine le caractère d'un droit de rétention.

VII. Les biens du pupille vendus par lui, sans l'autorisation de son tuteur, ne peuvent être usucapés.

VIII. Il est inexact de dire (Savigny) que l'institution d'héritier est nulle lorsqu'elle est faite dans la supposition erronée du décès d'un héritier *ab intestat*, ou d'un héritier institué antérieurement.

IX. Il en est de même de cette autre règle donnée par le même auteur, que l'institution d'héritier est nulle si elle a été faite dans la supposition erronée d'un lien de parenté entre le testateur et l'héritier.

X. L'erreur de droit n'exclut pas la répétition de ce qui a été payé indûment.

XI. L'*actio empti* comprenait aussi la rédhibition.

XII. Le droit romain ne refuse pas l'*actio negotio-*

rum contraria à celui qui a géré les affaires d'autrui croyant gérer ses propres affaires.

—

DROIT FRANÇAIS.

I. Les articles 180, 181, du C. N., visent l'article 146.

II. La célébration est indispensable pour qu'il y ait mariage putatif.

III. Les aliénations faites par l'héritier apparent sont nulles.

IV. L'héritier n'est pas tenu des legs *ultra vires*.

V. Malgré l'art. 783, il n'y a pas d'annulation d'acceptation d'hérédité pour cause de lésion.

VI. La *cause* dans les obligations ne constitue pas un élément distinct, à moins qu'elle ne consiste dans l'intention de contracter.

VII. Ce qui a été payé avant le terme, sans parfaite connaissance de cause, peut être répété.

VIII. La distinction de l'erreur de fait et de l'erreur de droit en matière d'aveu est sans utilité.

IX. La révocation de l'aveu pour erreur ne tombe pas sous l'application de l'art. 1304.

X. L'erreur sur la personne est toujours une cause de nullité dans les transactions.

XI. La transaction faite entre un héritier et un légataire en connaissance du testament est nulle, si plus tard la nullité du testament est prononcée.

XII. La maxime *consulto dati donatio fit* n'a pas d'application en droit français.

XIII. L'art. 1238, 2e al., n'établit la nécessité de la consommation que pour les choses perdues ou volées.

XIV. L'art. 1379 doit s'entendre du possesseur qui était de mauvaise foi lors de la perte de la chose.

XV. La circonstance que l'obligation annulée d'un incapable peut être une obligation naturelle n'en rend pas moins nulle la novation.

XVI. Que l'on reporte l'effet rétroactif du partage à l'époque de la dissolution de la société ou à celle de sa formation, le temps qui aura couru depuis la mise du bien en société jusqu'au partage n'en profitera pas moins, pour ce qui est de l'usucapion, à l'associé qui a le bien dans son lot.

—

DROIT PÉNAL.

I. Lorsqu'un Français a subi à l'étranger une condamnation dans les circonstances prévues par l'art. 7 du C. d'instr. crim., il est passible en France des peines de la récidive.

—

DROIT DES GENS.

I. L'art. 2 de la loi du 14 juillet 1819 ne peut être mis en harmonie avec l'art. 1 de la même loi, si l'on ne distingue pas entre les différentes causes d'exclusion.

—

HISTOIRE DU DROIT.

I. Dans l'organisation de l'empire romain, la juridiction municipale n'était pas un effet du *jus italicum.*

II. César ne nous présente pas le régime de communauté comme existant chez les Gaulois.

Vu par le président de la thèse,

A. VALETTE.

Vu par le doyen,

C.-A. PELLAT.

Permis d'imprimer :

Le vice-recteur,

ARTAUD.

TABLE DES MATIÈRES

DROIT FRANÇAIS.

Printed in Dunstable, United Kingdom

91219947R00208